U0510682

A LIBRARY OF
DOCTORAL
DISSERTATIONS
IN SOCIAL SCIENCES IN CHINA

中国
社会科学
博士论文
文库

农村集体经济的变迁：
基于中山市龙瑞村的历史考察

Changes of the Rural Collective Economy:
A Historical Survey of Longrui Village in Zhongshan City

孙　敏　著

导师　杨国安

中国社会科学出版社

图书在版编目（CIP）数据

农村集体经济的变迁：基于中山市龙瑞村的历史考察/孙敏著. —北京：
中国社会科学出版社，2024.2
（中国社会科学博士论文文库）
ISBN 978 - 7 - 5227 - 2787 - 5

Ⅰ. ①农… Ⅱ. ①孙… Ⅲ. ①农村经济—集体经济—研究—中国
Ⅳ. ①F321.32

中国国家版本馆 CIP 数据核字（2023）第 236604 号

出 版 人	赵剑英	
责任编辑	马 明 郭 鹏	
责任校对	刘文奇	
责任印制	李寡寡	

出 版	中国社会科学出版社	
社 址	北京鼓楼西大街甲 158 号	
邮 编	100720	
网 址	http://www.csspw.cn	
发 行 部	010 - 84083685	
门 市 部	010 - 84029450	
经 销	新华书店及其他书店	

印 刷	北京明恒达印务有限公司	
装 订	廊坊市广阳区广增装订厂	
版 次	2024 年 2 月第 1 版	
印 次	2024 年 2 月第 1 次印刷	

开 本	710 × 1000 1/16	
印 张	18.5	
字 数	305 千字	
定 价	98.00 元	

凡购买中国社会科学出版社图书，如有质量问题请与本社营销中心联系调换
电话：010 - 84083683
版权所有　侵权必究

《中国社会科学博士论文文库》
编辑委员会

主　　任：李铁映

副 主 任：汝　信　　江蓝生　　陈佳贵

委　　员：（按姓氏笔画为序）

王洛林　　王家福　　王缉思

冯广裕　　任继愈　　江蓝生

汝　信　　刘庆柱　　刘树成

李茂生　　李铁映　　杨　义

何秉孟　　邹东涛　　余永定

沈家煊　　张树相　　陈佳贵

陈祖武　　武　寅　　郝时远

信春鹰　　黄宝生　　黄浩涛

总 编 辑：赵剑英

学术秘书：冯广裕

总　序

　　在胡绳同志倡导和主持下，中国社会科学院组成编委会，从全国每年毕业并通过答辩的社会科学博士论文中遴选优秀者纳入《中国社会科学博士论文文库》，由中国社会科学出版社正式出版，这项工作已持续了12年。这12年所出版的论文，代表了这一时期中国社会科学各学科博士学位论文水平，较好地实现了本文库编辑出版的初衷。

　　编辑出版博士文库，既是培养社会科学各学科学术带头人的有效举措，又是一种重要的文化积累，很有意义。在到中国社会科学院之前，我就曾饶有兴趣地看过文库中的部分论文，到社科院以后，也一直关注和支持文库的出版。新旧世纪之交，原编委会主任胡绳同志仙逝，社科院希望我主持文库编委会的工作，我同意了。社会科学博士都是青年社会科学研究人员，青年是国家的未来，青年社科学者是我们社会科学的未来，我们有责任支持他们更快地成长。

　　每一个时代总有属于它们自己的问题，"问题就是时代的声音"（马克思语）。坚持理论联系实际，注意研究带全局性的战略问题，是我们党的优良传统。我希望包括博士在内的青年社会科学工作者继承和发扬这一优良传统，密切关注、深入研究21世纪初中国面临的重大时代问题。离开了时代性，脱离了社会潮流，社会科学研究的价值就要受到影响。我是鼓励青年人成名成家的，这是党的需要，国家的需要，人民的需要。但问题在于，什么是名呢？名，就是他的价值得到了社会的承认。如果没有得到社会、人民的承认，他的价值又表现在哪里呢？所以说，价值就在于对社会重大问题的回答和解决。一旦回答了时代性的重大问题，就必然会对社会产生巨大而深刻的影响，你也因此而实现了你的价值。在这方面年轻的博士有很大的优势：精力旺盛，思想敏捷，勤于学习，勇于创新。但青年学者要多向老一辈学者学习，博士尤其要很好地向导师学习，在导师的指导下，发挥自己的优势，研究重大问题，就有可能出好的成果，实现自己的价值。过去12年入选文库的论文，也说明了这一点。

什么是当前时代的重大问题呢？纵观当今世界，无外乎两种社会制度，一种是资本主义制度，一种是社会主义制度。所有的世界观问题、政治问题、理论问题都离不开对这两大制度的基本看法。对于社会主义，马克思主义者和资本主义世界的学者都有很多的研究和论述；对于资本主义，马克思主义者和资本主义世界的学者也有过很多研究和论述。面对这些众说纷纭的思潮和学说，我们应该如何认识？从基本倾向看，资本主义国家的学者、政治家论证的是资本主义的合理性和长期存在的"必然性"；中国的马克思主义者，中国的社会科学工作者，当然要向世界、向社会讲清楚，中国坚持走自己的路一定能实现现代化，中华民族一定能通过社会主义来实现全面的振兴。中国的问题只能由中国人用自己的理论来解决，让外国人来解决中国的问题，是行不通的。也许有的同志会说，马克思主义也是外来的。但是，要知道，马克思主义只是在中国化了以后才解决中国的问题的。如果没有马克思主义的普遍原理与中国革命和建设的实际相结合而形成的毛泽东思想、邓小平理论，马克思主义同样不能解决中国的问题。教条主义是不行的，东教条不行，西教条也不行，什么教条都不行。把学问、理论当教条，本身就是反科学的。

在21世纪，人类所面对的最重大的问题仍然是两大制度问题：这两大制度的前途、命运如何？资本主义会如何变化？社会主义怎么发展？中国特色的社会主义怎么发展？中国学者无论是研究资本主义，还是研究社会主义，最终总是要落脚到解决中国的现实与未来问题。我看中国的未来就是如何保持长期的稳定和发展。只要能长期稳定，就能长期发展；只要能长期发展，中国的社会主义现代化就能实现。

什么是21世纪的重大理论问题？我看还是马克思主义的发展问

题。我们的理论是为中国的发展服务的，绝不是相反。解决中国问题的关键，取决于我们能否更好地坚持和发展马克思主义，特别是发展马克思主义。不能发展马克思主义也就不能坚持马克思主义。一切不发展的、僵化的东西都是坚持不住的，也不可能坚持住。坚持马克思主义，就是要随着实践，随着社会、经济各方面的发展，不断地发展马克思主义。马克思主义没有穷尽真理，也没有包揽一切答案。它所提供给我们的，更多的是认识世界、改造世界的世界观、方法论、价值观，是立场，是方法。我们必须学会运用科学的世界观来认识社会的发展，在实践中不断地丰富和发展马克思主义，只有发展马克思主义才能真正坚持马克思主义。我们年轻的社会科学博士们要以坚持和发展马克思主义为己任，在这方面多出精品力作。我们将优先出版这种成果。

2001 年 8 月 8 日于北戴河

摘　　要

　　当代中国农村集体经济是社会主义公有制经济的重要组成部分。在具体实践中，集体的"统"与个体的"分"这对基本矛盾推动着集体经济不断进行自我调适。本书以中山市龙瑞村为个案，通过考察不同市场环境下农村集体经济的变迁与适应，探讨集体经济及其组织在中国农村现代化过程中的角色与功能，由此理解不同时期"农民集体"的内涵及其变迁逻辑。

　　首先，对集体化时期传统集体经济的生成、调整和发展进行素描，重点讨论在一个相对封闭计划经济环境中，由强制性制度变迁形塑的集体经济是如何经营与分配的，以实现国家汲取与农民生存之间的平衡。传统集体组织依靠自上而下的制度合法性和政治性权威，以农村土地资源、劳动力和农产品的绝对统筹能力为基础，实现了农业剩余和工业产品在农民和国家之间进行强制性交换。国家通过高度组织化的生产要素体系建构国家主导的汲取型农民集体。高度依附于传统集体经济的部分农民虽然因不能迅速适应而有所不满，甚至出现各种个体性、小规模的"反抗"，但"公有公用共享型"集体经济在村社内部建构了一个"分配最公、松弛有度"的生产关系，让农民不再有"被剥削"感。

　　其次，对改革开放以来新型集体经济的发展路径、策略及困境进行综合性考察，主要包括两个方面：一是集体统筹下的现代农业发展；二是集体经营下的集体物业发展。珠三角地区随着国家的"退场"以及一系列"特区政策"的实施，本地工业化所需的三大主要生产要素——土地要素、劳动力要素和资本要素市场全面放开，"计划性市场"被一个生产要素可自由流动的开放性市场取代，传统集体经济在与不同市场主体的反复博弈和互动中实现转型，以农地经营为核心的农业集体经济和以工商物业经营为核心的非农集体经济成为新型集体经济的核心内容。在集体经济转型过程中，本地农民直接参与工商业劳动力市场实现非农就业，集体组织凭借土地要素的"所有权"参与土地市场和工商业资本市场以谋求集体利益，由此形成集体主导下的发展型农民集体。国家放权激活各类要素市场，农民和农民集体均从中获得发展，由此形成"让利于民"的国家与农民关系。

最后，对 21 世纪以来新型集体经济的分配秩序进行讨论。1998 年东南亚金融危机和 2008 年国际金融危机迫使产业资本要素市场去泡沫化并趋于稳定；在国家粮食安全与地方城市化扩张的巨大张力下，国家开始采取措施强力地干预土地要素市场；由此形成一个核心生产要素有限自由流动的相对稳定的市场环境。在这种形势下，以集体经营与集体再分配规范化与制度化建设为目标的农村集体经济股份合作制改革逐渐提上议程。这一改革一方面强化了非农集体经济的保守性；另一方面强化了集体成员对地租的依赖。最终集体组织依托物业经营收益和土地增值收益建构了一个"高福利、高分红、低积累、低发展"的"食租社区"。

本书通过对龙瑞村集体经济历史变迁的考察发现，集体经营层面的统分关系与集体分配层面的公私关系共同形塑了两种"农民集体再生产"的理想类型，即发展性集体再生产与耗散性集体再生产。中华人民共和国成立以来的农村集体经济是珠三角村落共同体得以延续的经济基础。但不同时期农村集体经济的产权样态折射出不同的"国家—农民"关系。集体化时代表现为"强集体"统摄下的"强国家—弱农民"，后集体化时代则日益呈现"强集体"保护下的"弱国家—强农民"的变化趋势。

关键词：珠江三角洲；农村集体经济；农民集体；集体产权；制度变迁

Abstract

The contemporary Rural Collective Economy is an important part of the socialist public ownership economy in China. In practice, the basic contradiction between the unity of the collective and the separation of the individual impels the Rural Collective Economy to undertake self – adjusting ceaselessly. Taking Longrui village of Zhongshan city as an example, this paper attempts to discuss the role and function of the Rural Collective Economy in the process of China's rural modernization by investigating the changes and adaptation of rural collective economy under different market environments, so as to understand the realistic connotation and debugging logic of "Peasant-Collective" in different periods.

First of all, this chapter attempts to draw literary sketch about the generation, adjustment and development of the traditional Rural Collective Economy in collectivization period. In a relatively closed "planned market" environment where the state monopolizes the market of key elements, it focus on the rural collective economy shaped by forcible institution-change how to manage and distribute to achieve the balance between the national tax and farmers survival. The traditional Rural Collective Organization rely on top-down institutional legitimacy and political authority to have the absolute overall planning ability of rural land resources, labor force and agricultural products. On this basis, it has realized the compulsory exchange of agricultural surplus and industrial products between farmers and the state. Individual farmers are highly embedded in the national development goals. The state constructs the state-led absorbing farmer collective through the highly organized production factor system and forms a pattern of "competing for the interests of the people". Although farmers who highly dependent on the traditional collective economy have some dissatisfaction and even a variety of individual or small-scale resistance, the collective economy of "publicly-owned and publicly-used and sharing type" has constructed a production relation of "the most common and relaxed distribution" within the village community to alleviate the peasants' sense of "being exploited".

Secondly, a comprehensive study of the development path, strategy and dilemma of the New Rural Collective Economy since the reform and opening up, and it mainly includes two aspects: first, the development of modern agriculture under collective overall arrangement; second, the development of collectively owned property under collective operation. In the Pearl River Delta Region as the government decent ralization and a series of "special zone policies" were implemented, the three principal factors of production for local industrialization including land factor, labor factor and capital factor are fully liberalized. A "planned market" monopolized by the regime was replaced by an open market that production factors could flow freely. The traditional Rural Collective Economy has realized the transformation through the repeated game and interaction with different market subjects. Thus it is transformed into a new type of the Rural Collective Economy which contains Agricultural Rural Collective Economy with farmland management as the core and Non-agricultural Rural Collective Economy with industrial and commercial property management as the core. In the transformation process of rural collective economy, local farmers directly participate in the industrial and commercial labor market to achieve non-agricultural employment, The Rural Collective Economy Organization participates in the land market and the industrial and commercial capital market by virtue of the collective land ownership to seek collective interests, thus forming the developing Peasant-Collective under the collective leadership. The state has delegated power to activate various factor markets so that farmers and Peasant-Collective can get development at the same time, thus forming the relationship between the state and farmers that "benefits the people".

Furthermore, the distribution order of the New Rural Collective Economy since the 21st century is discussed. The two economic crises in 1998 and 2008 forced the industrial capital factor markets to be debubbled and stabilized. Under the great tension of national food security and local urbanization expansion, the state began to take measures to strongly intervene in the land factor markets. Thus a relatively stable market environment with limited free flow of core production factors will be formed. Under such situation, the Share cooperated System reform of New Rural Collective Economic aiming at the canonicalization and institutionalization of collective management and collective redistribution is gradually put on the agenda. On the one hand, this reform strengthens the conservatism of non-agricultural collective economy, and on the other hand, it strengthens the dependence of collective members on land rent. In a word, the New Rural Collective Economy has built a a community of rentiers with "high welfare, high dividend, low accumulation and low development" relying on the earnings from property management and the value-added profit of land.

Based on the investigation of the historical changes of collective economy in Longrui village, this paper finds that the dominant relationship at the level of collective management and the public-private relationship at the level of collective distribution jointly shape two ideal types of Collective reproduction of farmers, that is, the development of collective reproduction and dissipative collective reproduction. Since the founding ceremony of the People's Republic of China, the rural collective economy is the base of the village community in the Pearl River Delta. However, there are great differences in the relation of State-Collective-Peasant contained in the village community in different periods. In the era of collectivization, the three relations are Weak State-Strong Collective-Weak Peasant, after the collectivization era is increasingly showing a Strong State-Weak Collective-Strong Peasant trend.

Key Words: Pearl River Delta Region; Rural Collective Economy; Peasant-Collective; Collective Property Rights; Institutional Change

目　　录

Contents

第一章

导　论

第一节　选题缘起

当代中国农村集体经济是中国社会主义公有制经济的重要组成部分，其中集体所代表的"统"与个体所代表的"分"成为集体经济实践中的基本矛盾。在不同的历史阶段和社会环境中，该基本矛盾的表现形式成为理解当代中国农村经济、农民发展及基层治理的重要窗口。

2017 年 4 月，笔者在苏州相城区漕湖街道的农村调研，发现始于 20 世纪 50 年代的"集体经济"经历计划经济体制、社会主义市场经济体制乃至经济全球化的锤炼后，它对当地农民的生产生活仍产生直接或间接影响，俨然成为当地社区的一种具有"中时段"特性的"社会局势"。① 在广大中国农村"固然存在大量成功的村庄集体经济，但失败的村庄集体经济更是不胜枚举"，② 笔者家乡的"集体经济"便是失败方阵中的一员，普通老百姓已经很难感受到它的存在，更无缘享受它带来的福利。因而，苏南地区农村集体经济的发展韧劲对一个成长于中部山区农村的青年研究者来说是令人惊叹且好奇的。在以小农经济为主要形式的历史传统中，以及在全国普遍实行家庭联产承包责任制的实践中，农村集体经济在当地农

① 布罗代尔在《菲利普二世时代的地中海和地中海世界》中提出"时段理论"，即根据不同历史事物对历史发展的影响程度，将历史时间分为长时段、中时段和短时段。长时段是结构的历史也叫自然时间；中时段是局势的历史（社会史），又称社会时间；短时段是事件的历史（政治、军事史），也可称事件时间或个人时间。他认为结构史擅长定性，局势史擅长定量，事件史不过是燃烧着激情的历史，值得怀疑。参见布罗代尔《菲利普二世时代的地中海和地中海世界》第 1 卷，商务印书馆 1996 年版，第 10 页。

② 王晓毅：《资源独享的村庄集体经济》，《北京行政学院学报》1999 年第 3 期。

村社会为什么如此富有生命力？如何理解不同地区集体经济差异化的发展路径成为笔者持续关注的焦点问题？

2017 年 7 月笔者来到中山市沙溪镇龙瑞村调研。龙瑞村位于中山市城区西郊，属于典型的城市近郊村。该村集体经济的发展韧劲不亚于苏南地区的村庄，但具体到两地集体经济的发展历程、运作模式、分配秩序等微观层面的考量时，二者一致性与差异性并存的局面将上述问题进一步发酵。二者一致性的地方在于两村集体经济均在本地工业化和就近城市化的推动下实现涅槃重生，且一直保持较为稳定的集体收益与个体分红。不同之处则在于两村集体经济在选择不同策略应对外部市场变化过程中形塑了不同的"国家—集体—农民"的关系。[1] 在同样的外部环境下，两村集体经济发展路径的分野是如何发生的？它们各自经历了怎样的历史变迁？由此，本书问题意识由一个横向的区域比较问题逐渐演变为一个纵向的历史演变问题，即农村集体经济经历大半个世纪的历史发展，在改革开放前后以及新时代背景下，其断裂与延续的是什么？不同时期不同阶段的"农民集体"的现实内涵是什么？我们又该如何审慎地认识这一特殊的实体经济及其组织？

关于中国农村集体经济的史学研究，从研究时段来讲，其重心放在 20 世纪 50—70 年代的"集体化时代"，[2] 对改革开放以来的集体经济的关注较少，这与历史学科强调"现实距离感"的研究取向有关。从研究内容来看，以普通老百姓日常生活逻辑为研究对象的社会史研究为主，[3] 核心史料是村级档案资料以及经历者的访谈资料，而较少关注集体化时代

---

[1]　孙敏：《三个走向：农村集体经济组织的嬗变与分化——以深圳、苏州、宁海为样本的类型分析》，《农业经济问题》2018 年第 2 期。

[2]　集体化时代是行龙先生提出的。行龙先生认为，集体化时代在中国历史上是一个特殊的时代，一个以国家权力为后盾对社会进行系统改造的时代，一般以 20 世纪 50 年代初的土地改革为起点，以 80 年代的改革开放为终点。这是中华人民共和国成立后的第一个三十年，他认为科学客观地重新审视这段历史，是近现代史学者必须面对的时代话题。参见其著作《走向田野与社会》，第 170—178 页。相关研究的代表性著作有：罗平汉的《农村人民公社史》、张乐天的《告别理想——人民公社制度研究》、凌志军的《历史不再徘徊——人民公社在中国的兴起和失败》、高王凌的《人民公社时期中国农民"反行为"调查》等。

[3]　其中具有代表性的研究成果有：马维强《红与黑：集体化时代的政治身份与乡村日常生活》，《开放时代》2011 年第 8 期；马维强、邓宏琴《生计与生存：集体化时代的村庄经济与农民日常生活——以山西平遥双口村为考察中心》，《中国农业大学学报》（社会科学版）2016 年第 1 期；李伟、常利兵《被改造的剃头匠：以山西临汾为民理发社为例》，《山西大学学报》2008 年第 3 期；邓宏琴《反省：集体化时代塑造乡村干部群体的运作机制》；以及《包夹：集体化时代乡村阶级斗争的运作机制》，分别载于《开放时代》2009 年第 12 期和 2011 年第 12 期。

集体经济在村落中的具体实践。而这两次田野调查，一方面将改革开放以来的农村集体经济纳入研究视野，另一方面将研究重心回归到集体经济本身，即重在"经济史"而非"社会史"。这与当代中国集体经济史研究的不足相契合。从这个意义上看，本书以个案村集体经济的具体实践为考察对象、以集体化时代与"后集体化时代"为时间界限，将农村集体经济放在前后相继的"六十年"的时间脉络中来考察，可以更深刻地理解农村集体经济及其组织作为"历史惯性或者'实践逻辑的存在'，或者说是一种'结构化特性'的持续存在"① 的价值与意义。一个新话题一旦在研究者的脑海中留下痕迹，后续其他农村地区的情况也会不自觉地予以关注，以确认特定村庄的历史事实是否具有区域普遍性或全国普遍性。

总体而言，改革开放以来，集体经济发展较为稳定的农村集中在东部沿海发达地区，包括山东半岛地区、长江三角洲地区以及珠江三角洲地区。那么，是以苏南集体经济为研究对象还是以华南集体经济为研究对象？这就需要从资料的丰富性与完整性来考虑。广东中山沙溪镇的调研同时在 3 个行政村进行，笔者所调研的龙瑞村建有一个标准化的村级档案室。通过查看档案目录，笔者发现该村不仅保留了1949 年以来的农村发展的各种原始资料，而且这些资料已经由专人整理归档，其中分量最重的便是与集体经济相关的历史资料。正是基于龙瑞村村级档案的系统性与独特性，珠江三角洲的农村集体经济成为本书的研究对象。

第二节　学术史回顾

一　"集体所有制"的理论渊源

在马克思的《巴枯宁〈国家制度和无政府状态〉一书摘要》和恩格斯的《法德农民问题》两篇文章中，首次阐述了关于社会主义政党应该采取怎样的态度和方式来对待小农经济的思考。马克思认为无产阶级夺权后，将以政府的身份采取措施，"这些措施，一开始就应当促进土地的私有制向集体所有制过渡，让农民自己通过经济的道路来实现这种过渡；但

---

① 行龙：《走向田野与社会》，生活·读书·新知三联书店 2007 年版，第 176 页。

是不能采取得罪农民的措施，例如宣布废除继承权或废除农民所有权"，① "尤其不能像在巴枯宁的革命进军中那样用简单地把大地产分给农民以扩大小块地产的办法来巩固小块土地所有制"，② "在集体所有制下，所谓的人民意志消失了，而让位给合作社的真正意志"。③ 恩格斯在《法德农民问题》中明确提出，无产阶级政党对于小农的任务，"首先是把他们的私人生产和私人占有变为合作社的生产和占有，不是采用暴力，而是通过示范和为此提供社会帮助"，④ "一个村庄或教区的农民应当把自己的土地结合为一个大田庄，共同出力耕种，并按照入股土地、预付资金和所出劳力的比例分配收入"。⑤ 通过合作社这种新的生产组织形式来挽救农民的房产和田产，"我们将竭力设法使他们的命运较为过得去一些，如果他们下了决心，就使他们易于过渡到合作社，如果他们还不能下这个决心，那就甚至给他们一些时间，让他们在自己的小块土地上考虑考虑这个问题"。⑥ 这些思考成为科学社会主义合作社经济与集体经济的重要指导思想。

　　苏联是最早将"农业领域集体所有制"付诸实践的主权国家。列宁把马克思恩格斯关于农民问题的思考运用到本国时，区分了两个不同的阶段：一是废除土地私有制，实现土地国有化，即"地主的和私人的所有土地，以及皇族和教会等等的土地，都应该立即无偿地交给人民"，"土地私有制应该根本废除，即全部土地的所有权只应属于全体人民。土地应该由地方民主机关来支配"；⑦ 二是通过公共的、共耕的或劳动组合的集体农业向社会主义过渡，即"掌握国家政权的工人阶级，只有在事实上向农民表明了公共的、集体的、共耕的、劳动组合的耕作的优越性，只有用共耕的、劳动组合的经济帮助了农民，才能真正向农民证明自己正确，才能真正可靠地把千百万农民群众吸引到自己方面来"。⑧ 1918—1920 年

---

① 《马克思恩格斯文集》（第三卷），人民出版社 2009 年版，第 404 页。
② 《马克思恩格斯文集》（第三卷），人民出版社 2009 年版，第 404 页。
③ 《马克思恩格斯文集》（第三卷），人民出版社 2009 年版，第 406 页。
④ 《马克思恩格斯文集》（第四卷），人民出版社 2009 年版，第 524 页。
⑤ 《马克思恩格斯文集》（第四卷），人民出版社 2009 年版，第 525 页。
⑥ 《马克思恩格斯文集》（第四卷），人民出版社 2009 年版，第 526 页。
⑦ 《列宁选集》（第三卷），人民出版社 2012 年版，第 72 页。
⑧ 《列宁选集》（第四卷），人民出版社 2012 年版，第 81 页。

期间，以农业公社、劳动组合和共耕社为代表的"共耕制组织"，总数从 1579 个增加到 16012 个，参加农户占总农户的 0.5%，占用土地面积从 20.16 万俄亩增加到 117.66 万俄亩，占全国农用土地总面积的 0.4%。① 该组数据说明"共耕制组织"在实践中并未达到理想的状态，列宁认识到"改造小农，改造他们的整个心理和习惯，这件事需要花几代人的时间"。②

　　1921 年，列宁在俄共（布）第十次代表大会的《俄共（布）中央政治工作报告》中指出，"征收农户的余粮是战争环境迫使我们不得不采取的一种办法，这种办法对于农民经济所处的稍微和平的生存条件就不再适合了"，"应当让农民在当地流转方面有一定的自由，把余粮收集制改为实物税，使小业主可以更好地安排自己的生产，根据税额的多少来确定生产规模的大小"，③ "这种流转对农民来说是一种刺激、动因和动力"，④ "用这种办法一定能够在无产阶级和农民之间建立起牢固的关系"。⑤ 为了进一步论证新政策的意义及其条件，1921 年 4 月列宁发表《论粮食税》一文，明确指出粮食税"即把最必需（对军队和工人来说）的粮食作为税收征来，其余的粮食我们将用工业品去交换"，⑥ "实行粮食税，发展农业和工业间的流转，发展小工业"，"流转就是贸易自由"，"支援为农业服务并帮助农业发展的小工业；为了支援它，在一定程度上也要供给它一些国家的原料"。⑦ 列宁主导的"新经济政策"由此拉开序幕。

　　在新经济政策推行过程中，列宁认为俄国共产党对合作社注意得不够，"在新经济政策中，我们向作为商人的农民作了让步，即向私人买卖的原则作了让步；正是从一点产生了合作社的巨大意义"。"因为现在我们发现了私人利益即私人买卖的利益与国家对这种利益的检查监督相结合

---

① 杨承训：《市场经济理论典鉴——列宁商品经济理论系统研究》，知识产权出版社 2019 年版，第 374 页。
② 列宁：《列宁论新经济政策》，人民出版社 2020 年版，第 11 页。
③ 列宁：《列宁论新经济政策》，人民出版社 2020 年版，第 5 页。
④ 列宁：《列宁论新经济政策》，人民出版社 2020 年版，第 21 页。
⑤ 列宁：《列宁论新经济政策》，人民出版社 2020 年版，第 24 页。
⑥ 列宁：《列宁论新经济政策》，人民出版社 2020 年版，第 70 页。
⑦ 列宁：《列宁论新经济政策》，人民出版社 2020 年版，第 93 页。

的合适程度，发现了私人利益服从共同利益的合适程度"。① 在此基础上，一方面在原则上使"生产资料所有权在国家手中"，另一方面"采用尽可能使农民感到简便易行和容易接受的方法过渡到新制度方面"。② "由小业主合作社向社会主义过渡，则是由小生产向大生产过渡"，"合作制政策一旦获得成功，就会使我们把小经济发展起来，并使小经济比较容易在相当期间内，在自愿联合的基础上过渡到大生产"。③ 在列宁看来，"合作社的发展也就等于社会主义的发展"，④ "要是完全实现了合作化，我们也就在社会主义基地上站稳了脚跟"。⑤ "但完全合作化这一条件本身就包含有农民（正是人数众多的农民）的文化水平的问题，就是说，没有一场文化革命，要完全合作化是不可能的"，⑥ 所以列宁指出要"在农民中进行文化工作，就其经济目的来说，就是合作化"。⑦ 列宁充分认识到当时苏联内部小生产者尤其是未经过"共产主义文明洗礼"的农民的现实需求，从而及时调整向共产主义社会过渡的方式。列宁新经济政策的实践及其反思，是马克思主义思想与俄国国情相结合的产物，"是马克思所有制理论史上的一个巨大贡献，它为后来的马克思主义者和社会主义思想家留下了宝贵的遗产"。⑧

　　20 世纪上半叶，中国共产党开始在革命根据地开展以合作社的方式促进农村经济发展的各项试验。1934 年毛泽东在《我们的经济政策》一文中提到，"很多的地方组织了劳动互助社和耕田队，以调剂农村中的劳动力；组织了犁牛合作社，以解决耕牛缺乏的问题。同时，广大的妇女群众参加了生产工作"。⑨ "劳动互助社和耕田队，是当时革命根据地的农民在个体经济的基础上为调剂劳动力以便进行生产而建立起来的劳动互助组织。"⑩ 在当时国共两党力量悬殊的背景下，毛泽东认为"目前

---

① 列宁：《列宁论新经济政策》，人民出版社 2020 年版，第 261 页。
② 列宁：《列宁论新经济政策》，人民出版社 2020 年版，第 261 页。
③ 列宁：《列宁论新经济政策》，人民出版社 2020 年版，第 76 页。
④ 列宁：《列宁论新经济政策》，人民出版社 2020 年版，第 266 页。
⑤ 列宁：《列宁论新经济政策》，人民出版社 2020 年版，第 267 页。
⑥ 列宁：《列宁论新经济政策》，人民出版社 2020 年版，第 267 页。
⑦ 列宁：《列宁论新经济政策》，人民出版社 2020 年版，第 266 页。
⑧ 文魁主编：《制度支柱与体制根基——论科学发展的经济基础》，首都经济贸易大学出版社 2017 年版，第 45 页。
⑨ 《毛泽东选集》（第一卷），人民出版社 1991 年版，第 131 页。
⑩ 《毛泽东选集》（第一卷），人民出版社 1991 年版，第 135 页。

自然还不能提出国家农业和集体农业的问题，但是为着促进农业的发展，在各地组织小范围的农事试验场，并设立农业研究学校和农产品展览所，却是迫切地需要的"；① 并明确指出"现在我们的国民经济，是由国营事业、合作社事业和私人事业这三方面组成的。尽可能地发展国营经济和大规模地发展合作社经济，应该是与奖励私人经济发展，同时并进的"。② 在新民主主义阶段，毛泽东将合作社定为中国农民摆脱贫困的唯一办法，源自他对中国农民的深刻认识，他指出："在农民群众方面，几千年来都是个体经济，一家一户就是一个生产单位，这种分散的个体生产，就是封建统治的经济基础，而使农民自己陷于永远的穷苦。克服这种状况的唯一办法，就是逐渐地集体化；而达到集体化的唯一道路，依据列宁所说，就是经过合作社。"③ 但边区的农民合作社，"还是一种初级形式的合作社，还要经过若干发展阶段，才会在将来发展为苏联式的被称为集体农庄的那种合作社"。④

20 世纪 50 年代，中央领导层试图通过不断提高公有制的程度来实现农业经济的大跃进，将具有一定空想色彩的人民公社作为过渡到共产主义社会的具体方式。⑤ 人民公社围绕所有权、经营权的层级安排经历了从公社到生产队的转移，形成"三级所有、队为基础"的统一经营体系，人民公社是"集基层政权组织、社会组织、经济组织为一体，兼具基层行政管理、社会生产管理职能的复合体，是农村集体经济的基本组织形式"。⑥ 正是这种制度的复杂性设计在意识形态、成员认识、管理技术等不到位的情况下，催生了大量额外的制度运行的成本，在"集体统一经营、集体统一分配"的具体实践中，存在集体劳动的监督成本过高，劳动成果的平均分配导致农民生产积极性不足、行政权力过度干预基层经济

---

① 《毛泽东选集》（第一卷），人民出版社 1991 年版，第 132 页。

② 《毛泽东选集》（第一卷），人民出版社 1991 年版，第 134 页。

③ 《毛泽东选集》（第三卷），人民出版社 1991 年版，第 931 页。

④ 《毛泽东选集》（第三卷），人民出版社 1991 年版，第 931 页。

⑤ 辛逸：《制度"创新"与农村人民公社的缘起》，《山东师范大学学报》（人文社会科学版）2003 年第 6 期。

⑥ 赵宇霞、褚尔康：《对我国农村集体经济法律规范的思考》，《毛泽东邓小平理论研究》2014 年第 5 期。

和社会生活等问题。①

　　20 世纪 80 年代初，"家庭承包经营为基础、统分结合的双层经营体制"正式取代集体化时期高度统一的农村集体经济经营制度。这次农业经营制度转型是"广大农民为争取生产力的解放而自发进行的一场革命"。②中央自上而下的政策支持成为这场革命得以快速推进的重要原因。邓小平在《关于农村政策问题》中肯定了凤阳县"大包干"的地方创新，并指出"实行包产到户的地方，经济的主体现在也还是生产队。这些地方将来会怎么样呢？可以肯定，只要生产发展了，农村的社会分工和商品经济发展了，低水平的集体化就会发展到高水平的集体化"，③"关键是发展生产力，要在这方面为集体化的进一步发展创造条件"。④随着改革开放持续推进，工业化和城市化先行地区的本地农民大量转移到非农产业就业，以家庭为单位的分散经营呈现的外部性问题越来越明显，"再集体化"或"再合作化"成为解决这类外部性问题的重要途径。对这一历史发展趋势，邓小平指出："中国社会主义农业的改革和发展，从长远的观点看，要有两个飞跃。第一个飞跃，是废除人民公社，实行家庭联产承包为主的责任制。这是一个很大的前进，要长期坚持不变。第二个飞跃，是适应科学种田和生产社会化的需要，发展适度规模经营，发展集体经济。这是又一个很大的前进，当然这是很长的过程。"⑤随着中国工业化和城市化非均衡发展，实现第二次飞跃的过程中出现了地域非同步性，农村集体经济的"再集体化"路径和动力均呈现出多元化。如何认识和定位改革开放以来中国农村集体经济出现的新的实现形式，邓小平提出两项原则：一是以生产力为标准，坚持因地制宜的原则。"所谓因地制宜，就是说那里适宜发展什么就发展什么，不适宜发展的就不要去硬搞"；⑥二是以农民利益为本，尊重农民的自主选择，"从当地具体条件和群众意愿出发，这一点很重要"。⑦

---

① 冯尚春、冯蕾：《比较视域下我国农村集体规模经营绩效研究》，《财经问题研究》2013年第 12 期。
② 温铁军：《三农问题与世纪反思》，生活·读书·新知三联书店 2005 年版，第 85 页。
③ 《邓小平文选》（第二卷），人民出版社 1994 年版，第 315 页。
④ 《邓小平文选》（第二卷），人民出版社 1994 年版，第 315 页。
⑤ 《邓小平文选》（第三卷），人民出版社 1993 年版，第 355 页。
⑥ 《邓小平文选》（第二卷），人民出版社 1994 年版，第 316 页。
⑦ 《邓小平文选》（第二卷），人民出版社 1994 年版，第 316 页。

可见，关于当代中国农村集体经济的理论，按照"西学东渐"的传播历程，大致经历了马克思、恩格斯的"理论创立期"——列宁、斯大林的"苏俄实践发展期"——以毛泽东思想、邓小平理论为代表的"中国化"时期。总之，中国共产党根据不同阶段的具体实践，推动中国农村集体经济不断调整自身，从而形成内容十分丰富的、具有中国特色的农村集体经济理论认识。正如学者徐勇所言，"集体经济的内在价值在于个体通过集体得以更充分发展以及与集体共同发展。要实现这一内在价值需要相应的形式，更是一个探索过程"。①

二　"终点"亦"起点"：集体经济形式变化的再认识

从农业经营制度的角度来看，中国农村集体经济经历了"三级所有、队为基础"的集体化时代和"统分结合、双层经营"的家庭联产承包责任制两个阶段。1983 年家庭联产承包责任制在全国推广实施后，便引起一批学者对这次改革合理性的探讨。高鸿宾认为，在农村商品经济不断焕发活力的历史进程中集体经济被否定必然成为一种不可逆转的历史趋势。② 他指出家庭联产承包责任制的实施将形式上的土地使用权转化为实质上的土地所有权，农村商品经济进一步发展的实践历史地要求"形成生产资料所有权和使用权统一的新结构"。③ 王晓桦、黎初认为高鸿宾所提的"新结构"是土地所有权和使用权统一到农户的所有制结构，其本质是农村生产资料土地的私有化主张。④ 邹东涛认为"集体经济是个一般形态，它既可以和自然经济相结合，也可以和商品经济相结合，这两种不同内容的结合构成了两种不同类型的集体经济：一种是自然型集体经济，一种是商品型的集体经济"。⑤ 郭家主要分析商品型集体经济在建立和健全农村农产品市场体系中发挥的重要功能，认为应该从生产力出发，在集体范围内

---

① 徐勇、赵德健：《创新集体：对集体经济有效实现形式的探索》，《华中师范大学学报》（人文社会科学版）2015 年第 1 期。

② 高鸿宾：《对农村集体经济中双层结构的历史认识》，《农业经济问题》1985 年第 3 期。

③ 高鸿宾：《论农村经济中联合的存在与发展》，《农业经济问题》1985 年第 5 期。

④ 参见王晓桦《对〈对农村集体经济中双层结构的历史认识〉一文的一点不同看法》，《农业经济问题》1986 年第 4 期；黎初《关于农村集体经济和土地所有权问题的论争》，《学习与研究》1986 年第 2 期。

⑤ 邹东涛：《对农村集体经济的"再认识"》，《中国农村经济》1985 年第 6 期。

依据商品经济的纽带形成商品型集体经济，并充分体现生产资料的集体所有和农村集体经济的社会主义性质。[①] 罗洪唉则从经济基础、经营内容和积累方式三个层面区分商品型集体经济和产品型集体经济的差异。[②] 可见，20 世纪 80 年代末的讨论主要集中于农民家庭经营、农村商品经济与农村集体经济的关系。这次讨论首次突破了刚性意识形态对农村集体经济的束缚，初步意识到乡村市场化对集体经济"再出发"具有重大影响。

在笔者看来，围绕农村集体经济和统分结合的双层经营体制的关系，存在"起点论"和"终点论"的争论。高鸿宾认为，随着农民家庭经营的发展，集体经济变得越来越不重要，因而以家庭联产承包经营为基础的统分结合的双层经营体制预示着农村集体经济的瓦解，由此否定中国农村集体经济继续存在的必要性，实为"历史终点论"。另有学者则认为，一方面农民的承包经济是集体经济的一种经营形式，[③] 另一方面乡镇集体企业的发展成为农村集体经济新的实现形式。同时，由于农民家庭分散经营难以自发供给低成本的生产性公共品，农村集体经济"统一经营"的职能的发挥作为家庭经营的补充，反而显得更加重要了。从这两个层面来讲，统分结合的双层经营体制不是历史的否定与抛弃，而是农村集体经济再出发的起点，属于"历史起点论"。对持"历史起点论"学者的观点起关键性支撑作用的"农村集体经济"大致分为两类：一是以江苏省华西村、河南省刘庄村、河北省半壁店村等为典型代表的，这种直接发轫于传统集体经济的同时又能取得巨大成功的历史实践。[④] 二是以苏州、无锡、常州等农村为代表，它们在分田到户的基础上大力发展镇村集体企业从而形成农业与工业长期并存的集体经济形态，即"苏南模式"。[⑤]

[①]　郭家：《对农村集体经济的再认识》，《江西社会科学》1987 年第 3 期。

[②]　罗洪唉：《对农村集体经济的再认识》，《中国农村经济》1990 年第 11 期。

[③]　黎初：《关于农村集体经济和土地所有权问题的论争》，《学习与研究》1986 年第 2 期。

[④]　具有代表性的研究成果有：许兴亚、贾轶等：《我国社会主义新农村建设的榜样——河南省竹林镇、刘庄村、南街村集体经济考察报告》，《马克思主义研究》2008 年第 7 期；张晖、于金富：《新时代创新农村集体经济实现形式的理论探索和实践反思》，《毛泽东思想研究》2018 年第 6 期；张旭、隋筱童：《我国农村集体经济发展的理论逻辑、历史脉络与改革方向》，《当代经济研究》2018 年第 2 期。

[⑤]　具有代表性的研究成果有：何干强：《中国特色社会主义的城镇化道路的探索——江苏部分地区城镇化的调查与思考》，《马克思主义研究》2011 年第 3 期；刘家强：《"苏南模式"形成机制探析》，《理论与改革》1997 年第 9 期；胡同恭：《论工业反哺农业》，《现代经济探讨》2005 年第 3 期；王玉贵、娄胜华：《当代中国农村社会经济变迁研究：以苏南地区为中心的考察》，群言出版社 2006 年版。

随着中国社会主义市场经济持续推进，20世纪90年代初期，在"特区经济"推动下珠三角和长三角地区出现了一批更具"特色"的农村集体经济。1992年广州市天河区区委书记于幼军在《管理世界》上首次发文，特别指出与苏南地区的由传统集体所有制乡镇企业转化而来的股份制乡镇企业不同，广州市天河区和深圳市宝安县出现了以乡、镇、行政村和自然村为单位的社区型股份合作社。① 同时，黄瑞标和郑奔主要分析了该区股份合作经济的起因、基本做法、特点、趋势、成效和相关理论的探讨。② "中国经济体制改革研究会"课题组则以中山市为例，在综合分析中山市在探索如何经历社会主义商品经济新体制的实践经验基础上，认为农村合作股份制促进了集体经济的进一步发展。③ 这成为学界最早讨论股份制集体经济或股份合作制集体经济的学术研究。随后，广东省内的地方期刊发表了一系列调研报告，这为后续研究者提供了基础性历史资料。④ 其中，何浩塑以深圳市农村社区股份合作制为对象、以存在的问题为导向，较为全面地总结了作为新生事物的突出问题，包括农村股份合作制的规范化建设、股份合作经济决策管理中横向分权的问题、不明确的产权关系、不稳定的利益关系、现代企业管理的新型人才引进问题、农村产业结构转型问题。⑤

可见，在改革开放之初的二十年间，中国农村集体经济在自主应对社会主义市场经济的过程中至少沿着三条不同路径变迁：中西部远郊农村由于集体经济"底子被掏空"而逐渐演变为停滞型集体经济，即学界称呼的"空壳村"；⑥ 东部沿海发达地区的农村集体经济因工业发展而转型，按照早期工业化路径又分为两种理想类型，以苏南某些村庄为代表的主要依靠本地资本发展本地集体企业从而实现集体经济转型的"内生型集体

---

① 于幼军：《中国农村股份合作经济初探》，《管理世界》1992年第4期。

② 黄瑞标、郑奔：《股份合作经济与农村集体经济运行机制转换》，《中国农村经济》1992年第6期。

③ "中国经济体制改革研究会"课题组：《广东中山市探索社会主义商品经济新体制的实践》，《改革》1992年第2期。

④ 参见周锦廷《探索特区农村集体经济新模式》，《广东经济》1993年第3期；潘威《发展农村集体经济的新路子——深圳市横岗镇股份合作经济调查》，《探求》1993年第1期；石霞《重建集体经济组织——深圳横岗股份合作制调查》，《燧石》1995年第5期；冼润洪、梁祥发《推行股份合作制再造顺德农村集体经济发展新优势》，《南方农村》1997年第6期。

⑤ 何浩塑：《谈规范深圳市农村股份制改造的几个问题》，《广东社会科学》1993年第3期。

⑥ 王晓毅：《资源独享的村庄集体经济》，《北京行政学院学报》1999年第3期。

经济"和以珠三角地区的农村为代表的主要依靠外来资本发展"三来一补"企业从而实现集体经济转型的"外输型集体经济"。从产业分布来看，二者均属于以工商服务业为主导的集体经济，是农业集体经济的变相形态，故统称"非农集体经济"。[①] 事实上，21世纪以来，非农集体经济不再是单纯地处理集体与局部商品经济的关系，它必须面对更加复杂的全国市场乃至国际市场环境变化，还要面对更加复杂的集体资产保值增值、集体收益合理分配、集体成员政治参与等内部关系。相关问题在新制度经济学家以及法学家的讨论中逐渐聚焦于集体经济产权特点及其性质的讨论，其核心是关于集体土地所有权的讨论。

1982年《中华人民共和国宪法》确立了现行的集体土地所有权制度。该制度是20世纪50—60年代来一系列政治运动的产物，"其创制之初为遵循法律制度的理论与实践逻辑，且'集体'又不是一个严格的法律术语，故该制度存在不少缺陷，因此不少学者主张取消集体土地所有权"，[②] 其深层次含义是实行农村土地私有化。其中，显性的土地私有化的代表人物[③]所持的观点有二：其一，"万能药"的说法。土地私有化是"万能药"，可以解决目前中国发展中遇到的种种问题；与此相应的说辞是将土地集体所有制视为市场经济的巨大阻力，他们将制度性排斥农民城市化、严重阻碍土地资本化、加剧城乡收入差距等，一些发展中遇到的现实问题都归咎到"农村集体土地所有制"；其二，"高效率"的说法。他们认为土地私有化是土地资源配置最高效的制度安排。因而，在农地政策导向方面，他们主张将农民承包经营权长期化、市场化和确权化。如果不能处理好集体承包经营权的"财产收益权"和集体土地所有权的"统一管理权"的平衡关系，农户承包经营权的绝对化可能会瓦解农村集体土地所有权。而在农村集体经济产权制度改革方面，他们则强调按份共有制、成员财产权利，从而从集体经济内部为其成员过度声张其个人利益提供制度支持，从而快速瓦解集体经济自我积累的能力。

---

① 蓝宇蕴：《非农集体经济及其"社会性"建构》，《中国社会科学》2017年第8期。
② 高飞、陈小君等：《农村集体经济有效实现的法律制度研究论纲》，《私法研究》第9卷。
③ 参见赵伟鹏《实行土地私有化解决农民增收问题》，载于《WTO与我国农业系列研讨会论文集》，2001年；程文仕《从农民的视角研究农村土地私有化的可行性》，《国土资源科技管理》2009年第3期；文贯中《市场畸形发育、社会冲突与现行的土地制度》，《经济社会体制比较》2008年第2期；党国英《让农民真正成为土地的主人》，《科学决策》2006年第8期；苏昕《"城市新移民"公民权的缺失及回归探析》，《中国行政管理》2012年第5期。

　　另有部分学者虽承认集体土地所有权的历史性和合理性，但集体土地所有权的权利行使主体存在缺位的问题。他们认为，一方面由于集体组织成员除了以成员身份承包经营农地外，并不能够真正从中分享作为所有者的利益；另一方面，由于集体组织成员对集体土地所有权的权利行使表现出冷漠的旁观态度，导致集体土地所有权事实上演变为地方政府的权利或村干部的权利。① 尽管宪法明确规定集体土地所有权的主体是农民集体，农民集体对其拥有的财产具有完全的独立性，② 但"农民集体"不是具体的个体农民，在一些法学家看来，抽象意义上的农民集体不能成为一个法律意义上的主体，他们由此从法学的角度判定集体土地所有权是主体缺位的，需要进行更加彻底的改造。

　　改革开放以来，农村土地私有制的声音一直以不同形式、不同力量或明或暗地存在，与之争锋相对的部分学者认为，以农村土地私有制取代农村土地公有制，至少是一种不尊重中国历史、不尊重中国现实的"休克疗法"。彭海红在多篇文章中指出"近年来，国外和国内学者内外呼应，制造了一次次推动土地私有化改革的声势，冲击农村土地集体所有制，折射出了农村改革和发展过程中各阶层寻求自身利益代言人以及利益多元化的社会现实"。③ 有部分学者进一步从农民发展、社会稳定、社区治理等功能性层面来分析土地集体所有权的现实意义。温铁军通过对印度等发展中国家调研发现，以土地私有制为基础的国家，土地交易必然导致土地的集中，大量失地农民进入城市，却难以在城市完成劳动力再生产，最终落入城市贫民窟中，成为社会中主要的不稳定力量。④ 韩松认为，集体所有权的本质是指"农村一定社区的成员集体在对本集体土地不可分割地共同所有基础上实现成员个人的利益。所谓不可分割，就是不可将土地所有权分割为单独的个人私有权，从而保障每个集体成员都能够对集体土地享有利益，实现耕者有其田，居者有其屋，防止富者兼并土地，穷者失去土地。这也就使集体土地对集体成员具有了社会保障功能"。⑤ 贺雪峰认为

---

① 高飞：《论集体土地所有权主体之民法构造》，《法商研究》2009 年第 4 期。

② 孙宪忠：《争议与思考：物权立法笔记》，中国人民大学出版社 2006 年版，第 494 页。

③ 彭海红：《警惕土地私有化思潮对农村土地集体所有制的冲击》，《红旗文稿》2016 年第 7 期。

④ 温铁军：《三农问题与世纪反思》，生活·读书·新知三联书店 2005 年版，第 146—147 页。

⑤ 韩松：《坚持农村土地集体所有权》，《法学家》2014 年第 2 期。

农地集体所有是"三农"的底线，农地集体所有的政治优势在于保证集体成员的承包经营权，从而给进城失败农户提供返乡种田的制度空间、物理空间，从这个意义上讲，土地的保障功能是指底线保障，是农民最后的退路。①

三　"终结"与"延续"：珠三角集体产权改革与村庄再造

学界关于我国集体化时代成就、问题及其社会影响给予了不同程度的关注，但以珠江三角洲农村集体经济为研究对象的专著并不多。改革开放以后，由于地理位置和特区政策等原因，该地区的农村集体经济发展步伐加速，其内容也随之发生重大变化，成为当代社会科学学者关注的重点对象。其中，20世纪90年代一批具有社会科学背景的学者关于珠三角地区乡村都市化的研究成果对本研究产生较大影响。主要代表人物有李培林、折晓叶、蓝宇蕴、周大鸣等，尽管他们的重心在于理解"乡村终结"与"乡村延续"的机制，但每个都市化或将要都市化的村庄的"集体经济"都是他们进行社会学解剖的对象。

李培林的《村庄的终结：羊城村的故事》一书，从不同角度展现村庄都市化的历史变迁，从社会结构、社会关系、生活方式、心理状态及建筑风格等方面考察"城中村"的实践逻辑。在他看来，后工业时代的农村集体经济具有"嵌入性"的特点，这里的"嵌入性"是指集体产权的"有限性"，换句话说"村落产权并不是完全的产权，它'嵌入'村社组织和村落社会关系，给它造成很多的约束，使它只有有限的权利"。② 同时，集体经济与村落单位制的强关联，即集体经济的分红和福利是"村落'单位化'的物质基础"，村集体对村落社区生活的全面负责，形成了"村民"对"村落单位"的依赖。但这种依赖还来自另外一个更加利益攸关的因素，这就是具有村落排他性的、社区内非村民不能分享的村落集体经济分红。③ 作者认为，村落终结最终要伴随产权的重新界定和社会关系网络的重组，羊城村不仅仅是一个村落，它也是一个企业，是一种村落和企业合一的特殊的经济组织，这种经济组织为学者提供一个解释现实经济

---

① 贺雪峰：《农地集体所有是"三农"底线》，《同舟共进》2006年第2期。

② 李培林：《村落的终结：羊城村的故事》，中国社会科学出版社2014年版，第43页。

③ 李培林：《村落的终结：羊城村的故事》，中国社会科学出版社2014年版，第36页。

组织及其运行规则的很好的特例。①

折晓叶的"超级村庄"主要分布在长三角和珠三角地区。在乡村工业化过程中,这类村庄是在村庄经济边界开放和村庄社会边界封闭的冲突与共生中得以发展的。珠三角的"超级村庄"主要在外向型工业背景下,通过"股份制"合作体系实现"再组织"。② 就集体经济层面而言,"经济再组织"体现在三个方面:其一,参与市场经济活动的主体不再是单个小农,而是以"村集体"为内核和主导的股份合作社组织;其二,村庄经济开放的范围扩展到区域的、全国的乃至国际的市场;其三,农民离土不离村,村庄经济的开放性突出了村庄的整体利益,强化了村庄的内聚力。③ 作者认为,珠三角的这种社区集体产权主要不是一种市场合约性产权,而是一种社会合约性产权。这种社会性合约,是在集体"带头人"的人力资本与社区成员合力聚成的社会资本之间达成的。对村组织和带头人而言,这一合约具有动员村民广泛参与并以合作方式支持村庄工业化。对社区成员来说,"原来可以分割清楚的地权,经过非农使用后,不再能够分割,而是转换成了非农就业权和集体福利分享权"。④ 因而,"在市场合约不完备的情况下,它(社区集体产权)可能以非正式的方式比较好地处理和解决社区内部的合作问题和产权冲突,具有界定和维护社区产权秩序的作用"。⑤

蓝宇蕴的《都市里的村庄:一个"新村社共同体"的实地研究》以珠江村为典型案例,试图在"自然秩序"与"本土资源"的脉络中厘清都市村社共同体的内在逻辑及其功能意义。"都市村社共同体"是指村庄在非农化与城市化过程中形成的、以非农产业为基础的、以行政村社为边

---

① 李培林:《透视"城中村"——我研究"村落终结"的方法》,《思想战线》2004 年第 1 期。

② 折晓叶按照社区内部组织水平和合作方式的差异,将超级村庄分为"集体制"合作体系、"股份制"合作体系和"村政"与"民企"合作体系,珠江三角洲农村集体经济属于"股份制"合作体系。参见其文《"田野"经验中的日常生活逻辑:经验、理论与方法》,《社会》2018 年第 1 期。

③ 折晓叶:《村庄边界的多元化——经济边界开放与社会边界封闭的冲突与共生》,《中国社会科学》1996 年第 3 期。

④ 折晓叶、陈婴婴:《产权怎样界定——一份集体产权私化的社会文本》,《社会学研究》2005 年第 4 期。

⑤ 折晓叶、陈婴婴:《产权怎样界定——一份集体产权私化的社会文本》,《社会学研究》2005 年第 4 期。

界的、以利缘关系为主的混合性人际关系联结起来的、在地理上已经"走进"都市的城市社区共同体。[1] 作者通过对撤村改制、社区股份制经济、社区治理模式、共同体民间生活以及社区流动人口等方面的综合考察，认为都市共同体是一个符合布迪厄"场域理论"的社会实践，它是"已经走进城市生活的特殊'村民'群体之利益与权益高度依附于其中的独特场域"，[2] 是弱势的非农化农民群体"小传统"得以依托、行动逻辑得以体现的社会场域。其中，守护型的经济模式与弱性的内部市场保护机制是该共同体的经济基础，经济关联型与拟家族化相结合的权力运作模式是其社区治理的特点，同时也是引导"末代农民"适应现代都市文明的重要桥梁。[3]

作者在其著作中单列一章讨论都市村社共同体的经济基础，即社区股份制经济——一种按"份"共有的集体经济。[4] 这类集体经济的来源，基本上与土地资源密切相关，或者由留用地直接转化而成，或者由征地补偿款与留用地相结合转化而成，由此形成规模庞大的物业出租经济。[5] 它具有以下三个特点：一是相对较低的市场风险；二是经营管理相对简单；三是相对低下的劳动力吸纳量。蓝宇蕴认为这种农村集体经济在"发展的理念与策略上，村庄时时都在'保守'着社区边界防线"，[6] 由此形成集体物业出租一统天下的"守护型"集体经济创收模式。在村庄复杂的特殊主义社会关系网络中，现代式经营管理由于沉重的"传统式成本"约束而难以与精确的经济理性精神并存，这成为珠江村集体经济退为"守护型经济"的主要原因。因而，社区股份制经济的效率虽然不高，但它"在依托市场原则、本土规则与资源以及国家力量的基础上把村社共同体

①　蓝宇蕴：《都市里的村庄：一个"新村社共同体"的实地研究》，生活·读书·新知三联书店 2005 年版，第 10 页。

②　蓝宇蕴：《都市里的村庄：一个"新村社共同体"的实地研究》，生活·读书·新知三联书店 2005 年版，第 4 页。

③　蓝宇蕴：《都市村社共同体——有关农民城市化组织方式与生活方式的个案研究》，《中国社会科学》2005 年第 2 期。

④　蓝宇蕴：《都市里的村庄：一个"新村社共同体"的实地研究》，生活·读书·新知三联书店 2005 年版，第 127 页。

⑤　蓝宇蕴：《都市里的村庄：一个"新村社共同体"的实地研究》，生活·读书·新知三联书店 2005 年版，第 178 页。

⑥　蓝宇蕴：《都市里的村庄：一个"新村社共同体"的实地研究》，生活·读书·新知三联书店 2005 年版，第 178 页。

在非农化过程中再组织起来，并形成具有特定形态的都市村社共同体"。①

此后若干年，笔者一直围绕社区股份制集体经济进行实地调研，试图回答以产权清晰化为方向的股份制改革为何出现非预期效果。笔者认为需要从非农集体经济的"社会性"来解答。在集体经济由传统农业型转向现代非农业型的过程中，集体经济"社会性"不断弱化，这体现在三个方面：一是非农集体经济的"去劳动化"难以激发劳动价值感；二是非农集体经济的封闭性导致"内部人"的特殊主义；三是经营形式单一、社区福利泛化限制其再生产能力。② 因此，笔者认为，社区股份制改革出现非预期后果的主要原因是，在城乡一体化暂时难以实现的背景下，非农集体经济需要承担诸多社会职能，其本质是一种追求社会和经济"双重效益"的社会经济。③ 因而，在地方政府所能提供的公共支持比较有限的情况下，珍视非农集体经济"社会性"的培育与维护，充分发挥其特定作用，是非农集体经济规范化、公平化与效率化的关键。

关于珠江三角洲"城中村"的社会学研究，学者们试图从经济、政治、社会和文化等方面总体把握珠三角地区城中村的实践逻辑，农村集体经济的变迁成为整体中的局部，往往被操作为基础性变量而不自觉地成为"研究背景"。这些"研究背景"向读者展示了珠三角地区农村集体经济在快速工业化和城市化的宏观历史进程中实现了自身的转型，其转型道路大致经历了传统集体经济向工业集体经济转型，再由工业集体经济向后工业集体经济转型。学界目前关于珠三角农村集体经济发展脉络的总结，从某种程度上佐证了笔者所调研的村庄所具有的代表性和普遍性。但由于这些研究将时间节点放在 20 世纪 90 年代初期以来的社区股份制经济研究中，其重心在于分析"都市化村庄"的总体性特征，其以社会学结构功能主义分析为主，农村集体经济只是总体性结构的某个层面，故难以向读者展示集体经济微观层面的、不同历史时期的变迁。

总的来看，全国性的研究路径可分为两类：一是从农村集体经济的一个或若干个方面来讨论局部的问题及其可能的解决办法，这种研究路径因缺乏整体视角而容易陷入片面的机械式研究，从而忽视了这种局部改革可

---

① 蓝宇蕴：《都市里的村庄：一个"新村社共同体"的实地研究》，生活·读书·新知三联书店 2005 年版，第 173 页。

② 蓝宇蕴：《非农集体经济及其"社会性"建构》，《中国社会科学》2017 年第 8 期。

③ 蓝宇蕴：《非农集体经济及其"社会性"建构》，《中国社会科学》2017 年第 8 期。

能带来的外部性问题。其中，需要警惕的是，局部改革的负外部性可能不自觉地瓦解着农村集体经济。二是较为系统地阐述农村集体经济的变迁、内涵、特征、现状、问题及其优化途径等。这类系统论述有利于形成关于农村集体经济较为完整的总体性认识并提出一些"中层理论"，但这种较为宏观的讨论倾向于将动态化、实践性以及复杂化的要素互动逻辑静态化、本土化和简约化，因而对于具体问题的解决往往是指导性、方向性的。本研究试图以某个具体村庄的集体经济的变迁为个案，较为详细地描述集体经济变化的不同侧面及其变迁动力，重点探讨不同时期集体经济内部关系的历史逻辑，用历史的时间性和个案的生动性来弥补上述两条研究路径的不足。

第三节　研究方法与村庄介绍

一　眼光向下与田野调查

在西方历史学界和社会学界，对田野访谈和实地调查资料的重视始于以托马斯和兹纳涅茨基为领军人物的芝加哥学派。芝加哥学派率先绕开史学界传统的研究范式，即以过去的官方文本为基础、围绕重大人物和事件的政治、战争等主题的"精英叙事"，而转向以"普通人"的日常生活包括失业、贫困、社会动荡、无根漂泊等为主题，进行"自下而上"的历史书写，"眼光向下"的区域史研究成为历史学新方向。[1] 这种视野投向普通民众的生活、交往、组织、观念等方面，而由于传统文献中有关普通民众之生活、组织与关联的记载非常稀少，这直接引发了方法论的一种"革命"，即"走向田野"。[2] "自下而上"的书写与"眼光向下"的视角转换要求研究者必须深入基层社会了解基本的社会事实，而"深入基层"的最有效的方式便是与生活在基层的普通人面对面的接触，从他们的自我叙事中重新认识国家、认识社会、认识历史。这种"面对面的接触"在具体实践中一般有两种方式：一是通过面对面的交谈获取相关信息；二是通过第三方现场参与和观察获取相关信息。前者以访谈者的语言表述来展现其日常生活主观性的一面，后者以被研究者的现场行为来展现其日常生活客观性的一面。研究者便围绕相关问题在普通人的"主观"与"客观"

---

① 行龙主编：《回望集体化：山西农村社会研究》，商务印书馆 2014 年版，第 24 页。

② 杨国安、周荣：《明清以来的国家与基层社会》，科学出版社 2013 年版，第 4 页。

之间来回穿梭，从而形成相对完整的"同情式理解"，这应该是"自下而上"的历史书写的基本出发点。正如陈春声所言，田野考察更重要的意义是"在调查时可以听到大量的有关族源、开村、村际关系、社区内部关系等内容的传说和故事，对这些口碑资料进行阐释，所揭示的社会文化内涵往往是文献记载所未能表达的"。①

中华人民共和国成立后，农村集体经济成为与广大农民群众密切相关的最为重要的经济生活。尽管改革开放以来绝大部分农民因劳动力自由流动而获得个体性非农收入，但只要他们没有完全脱离村庄，农村集体经济便总会与其成员发生或直接的、或间接的关系。根据笔者在多个省份的调研来看，一方面农村集体经济的发展状况对农民生产生活产生重大影响；另一方面农民生产生活的"理性化"也会反作用于农村集体经济。因而，对当代中国农村集体经济的考察，首先是对村落共同体经济层面的考察，其次是对个体农民日常生产生活的考察。中国农村集体经济生长于农村基层社会，是农民日常生活的重要内容，这必然要求研究者采用"眼光向下""自下而上"的历史书写方式。日常生活作为国家和社会行动体系与人们现实相遇互动的具体场域，便构成了理解制度变迁具体实践形态的一种路径，从而将人们的日常生活与结构的宏观制度安排联系起来。②

山西大学行龙先生坚持"用脚做学问"，在长期关于"集体化时代"普通农民的日常生活的研究中充分认识到这种"自下而上"的研究框架对全面理解中国农村的重要性和必要性，并提出研究当代中国农村社会的"四要法"：要从农村社会发展变迁的实际出发、要更多关注下层农村社会的实态、要更多关注农民的日常生活、要注意对基层农村资料的搜集和整理。③尽管行龙先生总结的这一"方法论"主要针对的是集体化时代的社会史研究，但对笔者研究长达60多年农村集体经济的"经济史"同样具有意义：首先，将改革开放前后30年对比来看，集体化时代的"农业集体经济"在珠三角农村转变为后集体化时代的"非农集体经济"，这种"社会发展变迁"所产生的影响不亚于中华人民共和国成立前后由"传统小农经济"转变为"农业集体经济"的社会影响；其次，如果说在高度

---

① 陈春声：《中国社会史研究必须重视田野调查》，《历史研究》1993年第2期。
② 郑清波：《中国当代社会史研究的问题意识与整体观念》，《河北学刊》2012年第2期。
③ 行龙主编：《回望集体化：山西农村社会研究》，商务印书馆2014年版，第83页。

政治化的集体时代下农民展现出各种"反行为"①或者"弱者的武器"②
的各种运用是其自身生存策略的"社会实态",那么,在高度市场化的后
集体时代下的农民展现出的各种"逆市场化"的保守决策也是一种存在
悖论的"社会实态",深入细节探讨其缘由,亦是我们全面认识当下农村
集体经济的基础。

在此,笔者还想特别指出本书中的"田野调查"与一般的"田野调
查"的不同之处,正是这不同之处成为推进本书研究的关键所在。

首先是田野调查中的"集体调查"。一般情况下,博士学位论文从最
开始的选题确定、资料收集、田野调查、研究思路等环节大多数是研究者
一个人独立完成的。但本研究,不论是从选题的确定、问题意识的产生、
主题的拓展和升华,都是在"集体田野调查"中完成的。这里的"集体
田野调查"是指5—7名学科背景不同、学术水平不同但同时对农村社会
感兴趣的师生一起参与某个农村的社会调研。每位参与本次调研的成员都
不给本次调研"设限",从村庄的基本概况入手,然后逐步延伸至村庄经
济发展、治理状况、民俗活动、社区内部经济分化与社会分层、传统文化
转型、农地开发、宅基地分配、社区矛盾、农民家庭再生产、农民城市
化、农民婚姻生育等。这种"不设专题""不设问题"的开放式调研,其
最大的优势是让调查者从这个纷繁复杂的个体村庄内部提出"经验性的
问题"。这些问题意识可能比较粗糙,但经历了多个村庄的"重复调研"
和"深刻剖析"后,粗糙的问题意识可逐渐转化为具有理论水平的学术
命题。

其次是田野调查中的"集体研讨"。所谓集体研讨就是在集体共享调
研信息的基础上,调研小组的成员每天晚上就白天的信息进行充分讨论、
发表自己的想法,大家你一言我一语就自然而然地将相关问题层层推进:
从现象归纳到经验分析,从经验分析到问题提炼,从问题提炼到机制分
析,从机制分析到理论提升。正是在这种基于共同资料和分享思考的基础
上较快地把握问题的症结,在一定程度上冲破个体独立思考的有限性和局
限性。本书的农村集体经济研究思路正是在这种集体的头脑风暴中逐步形

---

① 高王凌:《人民公社时期中国农民"反行为"调查》,中共党史出版社2006年版,第
192页。

② [美]詹姆斯·C.斯科特:《弱者的武器:农民反抗的日常形式》,郑广怀、张敏、何江
穗译,译林出版社2007年版,第14页。

成的。笔者不敢妄言这种集体研讨出来的结论必然有效、准确，但"众人拾柴火焰高"，在集体研讨基础上生发的个体研究也许会更接近社会事实。

二　村级档案与访谈资料

改革开放前后的农村基层档案资料存在较大的差异。在高度组织化的生产生活中，三级生产单位出于"统一经营"需要，必须详细计算生产成本、产出和分配，这些统计数据为后来的研究提供了基础资料。只是随着时间流逝，集体化时代的村级档案资料因各种主客观原因大部分已经"消失"了，所以行龙认为我们必须抓紧时间来"抢救"。实际上，村级档案资料不仅存在"已有档案"的流失问题，更为严峻的是，随着全国绝大多数村庄的集体经济衰弱、集体组织式微，基层社会更难形成较为系统的、记录改革开放以来的村级档案，农村基层档案资料在改革前后的断层也是令人遗憾的。目前关于新时期中国农民转型的资料更多地集中在官方统计数据中以及少量"个案研究"中。

而本书研究对象龙瑞村的村级档案资料具有两大优势：一是改革开放前后的村级档案保持了延续性，这为考察近70年的村庄集体经济的历史变迁提供了极大的便利；二是中华人民共和国成立后的所有村级档案在村委会的组织下，已经由专人整理过，档案的分类、编号、收纳都非常有序，这为整理资料节约了大量时间，包括散乱材料有序化和主题材料专题化的时间。本研究的资料主要分为两部分，一部分是龙瑞村的村级档案资料；一部分是龙瑞村的村民访谈资料。接下来，就这两大类资料做简要说明：

龙瑞村已保留的档案总数约6300卷，按照形式分为文书档案、基建档案、会计档案、声像档案和实物档案，其中文书档案按照档案保留时间分为永久性的、30年的和短期的三类，会计档案分为报表类、账簿类和凭证类，声像档案中主要以照片为主。从档案涉及的内容来看，该村村级档案中保留了民国时期流传下来的刘氏族谱、1950—2016年的各类经济统计表、文书资料、土地征用合同、民政工作统计、阶级成分登记表、各类租赁合同和招标合同等。其档案涉及面之广、保存数量之多是非常少见的。据了解，该村的档案整理工作于2005年启动，由刚退休的村两委委员刘×柱和一位本村籍退休教师负责整理、分类、装订，将历史档案整理成册花了近2年时间。当前这些档案统一存放于现村委会4楼的档案室。该档案室于

2003 年 6 月经沙溪镇批准成立，现有馆库面积 50 平方米，设有档案库库房、办公室和阅览室。同时，该村充分利用电子档案管理系统大力推进档案信息化建设，目前已形成一个信息资源共享的"村级档案小型数据库"。

同时，笔者根据前后 2 次驻村调研整理了近 10 万字的"访谈资料"。"访谈资料"是在研究者与被访谈者的直接沟通中所获得的资料。一般而言，研究者是带着问题意识来访谈的，访谈会以"一问一答"的方式展开逻辑的证伪或证实。但也不排除因受访者的"特殊经历"而脱离原有的"问题"，从而获得其他方面的"意外"，这些"意外"往往因触动了受访者的某个"兴奋点"而让他不由自主地"主动诉说"所产生，因而常常以有趣的"故事"呈现，在社会学中亦称为"个案"。这些"故事"不仅能够弥补村级档案材料中人物和事件缺失的不足，还能通过访谈史料更细腻地还原历史场景和人物情感从而产生"同情"。这部分"访谈资料"，除了原汁原味地记录受访者的"回答"和"故事"之外，还包括对村庄政治、经济、文化和社会等各层面的"解读"和"疑惑"，因而，准确地讲，这近 10 万字的"访谈资料"是一份总体性的调研报告，它成为与农村集体经济的相关性分析的重要参照系。

三　个案研究与村庄简史

学术史回顾已充分展示了中国农村集体经济实践的丰富性。以珠三角地区为例，有学者从集体经济起步资金来源的不同进行划分，认为珠三角的农村集体经济发展路径至少存在三种模式：征地补偿收入发展型、行政手段扶持发展型和自我谋求发展型。[①] 如果深入探讨珠三角农村集体经济内部关系的差异，可分为公共积累主导型和股份分红主导型、政经合一型和政经分离型，等等。因而，从某种意义上讲，"一村一类型"或者"一村一理论"有其现实基础。要解决个案研究的"普遍性"困境，其关键是能否在这些具有一定特殊性的"类型"或"理论"背后抽离出导致其类型差异的一般性的、结构性的变量。笔者将这个从"一村一类型"到"多类型再分析"的普遍变量提炼总结归纳的过程称为"理论二次建构"。如果说"类型（理论）一次建构"主要从研究对象本身找差异，那么，

---

① 王亚新：《"四化同步"下的农村土地经营模式探索——基于广东湛江的实践》，《经济地理》2015 年第 8 期。

"理论二次建构"则主要从与研究对象发生因果关系、相关联系的外部关系找差异。这实际上需要研究者有一种自觉的"跳脱视野",将农村集体经济置身于其所处的"村庄"中,正是村庄中具有底色性质的"结构力量"成为既不同于市场调节也不同于国家干预的"另一只看不见的手"①影响着农村集体资源配置的方式与方向,它们成为透视农村集体经济的重要分析资源。

本书的研究个案——中山市沙溪镇龙瑞村,是一个历史悠久的村庄。据 2009 年修订的《溪角刘氏族谱表册》记载,中华人民共和国成立前夕龙瑞村原属于溪角乡,由始迁祖刘汝贤的第六传孙刘子忠、刘子平兄弟分支于 1370 年前后迁居溪角里头坑,为溪角刘氏开族始祖,自始祖开村立足于此至少有 600 多年历史。② 据叶显恩等研究可知,南宋末年至明末清初,由南雄珠玑巷移民迁居此地围垦成田,其聚落多分布在围田区和民田区,成为珠三角的控制力量。同时他们利用宗族势力和商业资金役使疍民、卢亭户等贱民和失业的游民,进行规模更大的沙田开发。③ 这成为珠三角地区部分豪门望族的核心"族产"。据蓝叔介绍,溪角刘氏中华人民共和国成立前有族田至少 2 万多亩,分由 5 大管公堂分别管理,族田收入便主要用于本乡公共管理和公共服务开支。④ 以公共安全为例,溪角石碉楼建于民国十年(1921 年),墙身用坚硬的花岗岩长方形石块砌成,由溪角乡自卫队驻守,⑤ 石碉楼的建设资金、自卫队的人员和武器开支、日常驻防所需的油蜡等物品,均由"公尝(族田)"负责。民国时期溪角刘氏的宗族经济实力在当地应在"地方豪族"之列。

为便于行政管理和缴纳赋税,中华人民共和国成立前夕溪角乡已经分为三堡:起隆堡、芳瑞堡和云汉堡。中华人民共和国成立后,1952 年将原溪角乡三堡分成两乡:原起隆堡和芳瑞堡合并为"隆瑞乡",因"龙"是至尊吉祥之物,故改为同音字"龙瑞乡"。云汉堡单独划为云汉乡。集体时代,龙瑞生产大队一直作为本村"政经合一"的治理单元,下辖 8

---

① 李培林:《另一只看不见的手:社会结构转型》,社会科学文献出版社 2016 年版,第 20—24 页。

② 溪角刘氏宗祠修缮筹备委员会编:《溪角刘氏族谱表册》,2009 年,第 4 页。

③ 叶显恩、周兆晴:《沙田开发与宗族势力》,《珠江经济》2008 年第 1 期。

④ 访谈资料:蓝叔,云汉村普通村民,编号:2017 – 12 – 03。

⑤ 中山市沙溪镇人民政府编著:《沙溪访古问俗(下册)》,岭南美术出版社 2012 年版,第 80 页。

个生产队。1984 年改生产大队为管理区，1998 年改管理区为行政村，沿用至今。据村书记刘×源介绍，20 世纪 80 年代初期，全村辖区面积约 5000 亩，其中住宅区 150 多亩，农田 3600 多亩，靠近村庄的民田大约 2400 亩，远离村庄的沙田大约 1200 亩。随着工业化和城市化发展，在改革开放的 30 多年里，政府已经征用本村土地约 2000 亩，因而截止到 2016 年，全村辖区面积约 3300 亩，按照功能可分为住宅区（新老）、商业区和农田区。其中新村宅基地位于村委会东北方，占地面积约 200 亩，住宅区北边与云汉村接壤，南边与东边分别与沙溪大道和沙溪南路接壤；105 国道以西、沙溪南路以东则以商业区为主，占地面积大约 500 亩；另有沙朗地区沙田（属于基本农田）1200 多亩，2015 年全部流转给一家农业公司，用于科研基地和开发生态农业园。

在村庄土地格局发生巨变的同时，还有村庄人口结构的变化、农民生产生活的变迁。1979 年有 883 户 3467 人，2005 年有 882 户 3415 人，2015 年有 840 户 3700 多人，本村户籍人口数呈递增趋势，但总体增长幅度不大，户籍人口总量较为稳定。但随着本村工业的发展，20 世纪 80 年代中后期便有外来务工人员进入村庄，2000 年前后达到峰值，外来务工人员是本村户籍人口的 3 倍，2008 年国际金融危机以来，本村劳动密集型的制衣产业逐步衰退，外来务工人员也随之减少，现在本村户籍人口与外来务工人员保持 1∶2 的比例，因而，在村庄公共事务中，如何加强外地人管理以及如何推动本地人与外地人的融合一直是镇村两级的"重点工作"。本地农民的生产生活的变化用简单的四个字便可概括，即"洗脚上楼"，其本质是农民职业的非农化、农民生活的商品化、居住空间的私密化。总之，本地农民基本上与土地脱离了直接性的生产关系，其生活生产的方方面面基本上均通过与外部市场直接联系，通过市场交易而实现家庭再生产，谓之当地农民的"千年变局"。

第四节　概念界定与章节安排

一　若干概念的界定

集体经济：通过考察中国改革前后农村集体经济的关键属性的变迁，韩松认为农村集体经济的"当代内涵"应指农村社区集体组织以本集体成员集体所有的财产，作为生产资料和要素投入物质资料直接生产过程或者流通、服务过程，以适当的经营方式的管理和分配，实现效益增殖，增加集体收入，实现集体成员利益的过程。[①] 结合此定义，本书中的"集体经济"是指基于所有制形态、物质基础现状、组织机构运转、集体成员参与、集体收益分配等要素相互配合、相互作用的一种"综合物"。

集体产权：在产权经济学中，当一种交易在市场中议定时，就发生了权利束的交换。这里的权利束具体包括所有权、占有权、使用权、支配权、索取权或要求权、继承权、不可侵犯权等一系列权利。本书的"集体产权"主要围绕宪法承认和社会承认的、能够由"农民集体"支配的社区资源的权利束及其表现形式。这一"集体产权"，既是一个"总量"概念，即产权是由许多权利构成的，如产权的排他性、可让渡性、可分割性等，也是一个"结构"概念，即不同权利束的排列与组合决定产权的性质及其结构。[②] 按照中华人民共和国宪法规定，集体产权的行为主体为"农民集体"，而"农民集体"是一个相对抽象的客体，该抽象客体包含了两大具体主体，即"农民集体"的成员和"农民集体"的代理人。前者依据"成员权"在集体产权中分享部分权利，后者依据相关法律政策或集体成员授权拥有集体资产的经营权、集体收益的分配权等权利。

集体自主性：集体自主性展现了集体经济不依附于国家和资本的自主性，其根本目标在于依托集体经济的统筹能力实现本地资源的有效配置，其服务于土地秩序更新、土地价值实现、集体资产增值、成员福利提升，而基层社会秩序是其最终归宿。[③] 在本书中集体经济通过自主适应外部市场环境以调整自身发展策略从而实现自我利益的扩张，这成为集体自主性生成和发展的核心表现。作为抽象国家与具体农民联结的媒介，农民集体的自主性弥合了社会与国家的断裂、缓解了农民与政府的冲突。

农业现代化：农业现代化是一个内涵极其丰富的概念，它对农业发展的各个层面均有所定义，比如生产领域中农业技术、农业机械、种植规模、种植作物结构、农田水利等方面都设定了一定的标准，另外，农产品流通领域中组织方式、流通渠道等方面也有相应的标准。结合研究主题和

---

① 韩松：《论农村集体经济内涵的法律界定》，《暨南学报》（哲学社会科学版）2011 年第5 期。

② 卢现祥：《西方新制度经济学》，中国发展出版社 2003 年版，第 154 页。

③ 杜鹏：《土地与政治——集体土地制度的政治社会学研究》，博士学位论文，华中科技大学，2018 年。

资料占有情况，本研究中的"农业现代化"主要指生产领域中农业经营方式的集约化发展、农业经营面积的规模化发展和农业经营主体的专业化发展，重点分析这些农业生产变化与集体统筹的内在联系，而不涉及农业现代化的其他方面。

乡村产业化："产业化"是指某种产业在市场经济条件下，以市场需求为导向，以实现经济效益为目标，依靠专业服务和质量管理，形成系列化和品牌化的经营方式和组织形式，一般包括第一产业化即农业现代化、第二产业化即工业化和第三产业化。本研究中的"乡村产业化"专门指代第二、第三产业的集聚与发展，即包括乡村工业化和乡村商贸化，且重点探讨乡村产业化过程中集体经济的适应性问题。

村域城镇化：一般而言，城镇化包含人口结构的转化、经济结构的转变、空间地域结构的转变以及基础设施的完善，其实质是城镇生产生活方式的扩散以及城镇文明向乡村广泛渗透的过程。[1] 根据中国城镇化的动力，又可分为由政府包办的"自上而下"的城镇化和市场力量诱导的"自下而上"的城镇化。[2] "村域城镇化"是指建制村域经济社会结构、人口集聚规模、聚落建筑景观、农民生产生活及基本公共服务的方式和水平趋同城镇的过程。[3] 本研究中的"村域城镇化"取城镇化最为核心的内容，即本村农民向市民转化和集体土地向非农用地转化，且这两大历史进程均属于由区域社会内市场力量诱导的自发类型。

二 分析框架：产权权能结构变迁视域下的集体经济实践

在西方制度经济学中，对于什么是"产权"并没有完全统一的定义。[4]

---

① 何磊、王柏杰：《中国乡村城镇转型的依据、内涵及模式》，《中共天津市委党校学报》2012 年第 3 期。

② 辜胜阻、李正友：《中国自下而上城镇化的制度分析》，《中国社会科学》1998 年第 2 期。

③ 王景新：《中国农村发展新阶段：村域城镇化》，《中国农村经济》2015 年第 10 期。

④ 关于什么是产权，西方学者有不同解读。罗纳德·科斯没有专门给产权下过明确的定义；哈罗德·登姆赛茨认为"产权是界定人们如何收益及如何受损，因而谁必须向谁提供补偿以使他修正人们所采取的行动"，"产权是一种社会工具，其重要性就在于事实上它们能帮助一个人形成他与其他人进行交易时的合理预期"；阿梅恩·阿尔钦则认为"产权是一个社会强制实施的选择一种经济品的使用权利"。参见哈罗德·登姆赛茨《关于产权的理论》、阿梅恩·阿尔钦《产权：一个经典注释》等文，转引自 [美] R. 科斯、A. 阿尔钦等《财产权利与制度变迁——产权学派与新制度学派译文集》，刘守英等译，上海人民出版社 1994 年版，第 97、166 页。

但产权经济学的一个共同特征是强调所有权、激励与经济行为的内在联系，产权会影响激励和行为，产权的发展是为了使外部性内在化。① "所有权"（在民法学中又称"自物权"）是一切财产权利的基础和核心，是"产权"全部范畴逻辑展开的最初始的出发点。② 集体经济的产权基础和核心是农村集体土地所有权。这里的"集体"是行政权力与地缘关系、血缘关系耦合的"集合体"，其对内的实质逻辑是一定区域内的农民个体的集合，而对外的实质逻辑是相对于"国家所有权"和"农民所有权"而言的，土地集体所有权的政治意图便是否定土地私人（农民个体）所有权，而国家所有权和集体所有权在中国宪法中均属于"公有制"，二者围绕稀缺资源——土地的交换，遵守有限的市场原则。在这个意义上讲，集体产权的基础便指土地集体所有权，其权利的客体是"农村土地"、其行使的主体为"农民集体"，集体经济只能依据土地集体所有权的四项权能，即占有权、使用权、收益权和处分权，方能逐步实现实体化。

在民法学中，所有权的绝对性因受到他物权（用益物权和担保物权合称"他物权"）、社会公益和国家政治权力的限制而相对化。③ "相对化"实际上指所有权的变动：一是所有权的"权能"的分割和转让，这形成"他物权"；二是所有权的"权属"（绝对性、排他性和永续性）的转移，这形成"债权"。④ 近半个世纪内，珠三角地区集体土地要素的市场化、资本化及其衍生的集体资产的资本化使土地集体所有权的"权能"分化、"权属"转移不断复杂化。其中，集体土地的使用权在"集体农民"的代理人和成员发生反复，主要表现为"集体统一经营"或者"农民分散经营"两类，这是使用权能的两种表现形式，笔者简称"公用"或者"私用"。集体土地的收益权是在集体土地的交易过程中产生的，交易主体因"所有权主体"和"使用权主体"的分离程度导致交易成本的不同和交易形式的多样。

农民集体经营集体土地及其衍生物（集体物业）产生的集体经济收益如何分配，界定了土地所有权的处置权的实际形态。一般情况下，参与集体收益分配的主体有三：一是国家以征税的方式提取部分；二是"农

---

① 卢现祥：《西方新制度经济学》，中国发展出版社2003年版，第152页。
② 纪坡民：《产权与法》，生活·读书·新知三联书店2001年版，第21页。
③ 纪坡民：《产权与法》，生活·读书·新知三联书店2001年版，第212—213页。
④ 纪坡民：《产权与法》，生活·读书·新知三联书店2001年版，第15—20页。

民集体"授权其代理人提取公共积累部分；三是集体成员依据成员权所享有的个人收益。农村集体经济是由国家强制性制度安排与地域社会诱致性制度安排共同形塑的，国家在集体产权中亦享有某种强制性的权利，这种权利最直接的体现是农业税收，其他间接性的权利只在某些特定非日常性的"特殊事件"中实现，如集体土地国有化即地方政府征收农村集体土地的事件。从这个角度来看，在农村集体经济收益的分配秩序中国家提取是一个不变量，就内部分配关系而言，影响集体经济收益处置权的关键变量是集体公共积累与集体成员个人收益。按形式逻辑推演，这两者有三种可能的排列组合：一是全部归公共积累，集体成员不参与分配；二是二者按照一定规则共同参与分配，以尽可能实现集体经济公共积累与集体成员个人收益共同发展；三是集体不提留任何公共积累而全部用于集体成员分配，这种情况下，集体经济不具备生产性。其中第一种和第三种都属于单一主体独享收益，笔者简称"独享型分配"，但因主体的"群属性"不同，前者为集体独享分配权，后者为个体独享分配权，第二种则属于二元主体共享收益，笔者简称"共享型分配"。需要注意的是，由于集体组织具有社区服务和管理职责，公共积累一般会以社会福利的方式让集体成员间接分享这部分集体收益。

结合笔者在多地的集体经济调研发现，笼统地讨论集体收益的分配秩序并不能触及问题的实质，需要有针对性地区分不同种类的集体经济收益的分配样态才能精准把握集体经济分配秩序中的"国家—农民"的关系。首先，土地集体所有权的"权属"变化即由集体所有权转变为国家所有权的过程中，集体所得收益即土地征地补偿款的分配就存在失地承包户独享、集体成员均质化分享和集体与集体成员共享的三种实践。其次，土地集体所有权的"权能"变化带来的收益分配格局，因土地用途和使用方式而存在巨大差异。在乡村工业化背景下，集体土地的用途主要分为两类：农业用地和建设用地。其中，农业用地因经营方式不同而产生"共享型分配"和"独享型分配"两种类型。建设用地即非农业用地的经营性收益，往往较为简单，为保证集体经济的扩大再生产能力，集体必须提取部分收益作为公共积累，然后再按照"村规民约"发放分红，由此形成"共享型分配"。

本书是以特定区域内某个村庄为个案的实证研究，力图借用上述三组——公有或私有、公用或私用、共享或独享——分析性概念，来描述个案村集体经济在不同时期的实践样态。通过这种细致的、微观的、长时段的历史考察来理解集体经济及其组织在产业化、城镇化进程中发挥的功能，进而从市场—权利的角度来展现中华人民共和国成立以来珠三角地区一种双向互动的"国家—农民"关系。① 由于本选题内容兼跨经济史、社会史和制度史，在坚持历史学实证主义的基础上，充分借鉴和吸收制度经济学、农村社会学、历史人类学等相关学科的理论和方法，并将本研究融入到村庄所处的具体的历史情境中去，以"了解之同情"的态度去认识中国传统农村"千年未有之变局"。

三　章节安排

本书以村落时间为基本线索，以专题形式展现集体经济的不同面向。除导论和结语外，第二章至第三章主要分析传统集体经济产生的历史背景以及集体化时代不同时期的变化。第四章至第六章则从工业化和城镇化的视角探讨改革开放以来新型集体经济的发展与危机。各章的具体内容安排如下：

第一章导论部分主要介绍本书的问题意识和研究主题，在梳理相关已有研究成果中明确本研究的现实意义。本书的问题意识来源于实地调研，实证研究是本书的基本特点。当代珠三角集体经济的发展具有明显的地域特点，对这些特点进行分析将有利于从整体的角度定位当地集体经济的特殊性与普遍性。

第二章主要介绍中华人民共和国成立后龙瑞村的土地改革运动、互助组及初级合作社的基本情况。在外部政治力量干预下，该村土地改革运动完成村庄地权关系的重塑。土地改革尽管给个体农民带来"私人所有"的幸福感，但在实际耕种过程中，生产资料越是分散，其内生性合作需求越是强烈。正是在农民合作需求和国家工业化战略两股力量的推动下，农村互助运动从引导性互助转向制度性互助，最终形成以土地农民私有为基础的合作经济，由此形成的"私有公用私享型"产权形态成为传统农村集体经济的前奏。

第三章围绕龙瑞村传统集体经济的形成和调整展开。土地集体所有制

---

① 杨国安：《明清两湖地区基层组织与乡村社会研究》，武汉大学出版社 2004 年版，第24 页。

的建立，以及按劳分配制度的确立，标志着农村集体经济以"公有公用共享型"的产权形态正式在农村社区落地。由于"公用"和"共享"的集体层级性差异，该村集体经济经历了一级集体经济（1956—1960年）—二级集体经济（1961—1968年）—三级集体经济（1969—1983年）三个阶段。通过详细分析不同阶段传统集体经济制度的实践样态及其变化，发现集体经济产权安排的内部调整动力，既有国家在场的"强制力"也有社会在场的"自主性"，而后者在集体经济较快发展中发挥了更为重要的作用。这正是在强制性制度变迁背景下充分尊重诱致性制度变迁的历史逻辑。

第四章围绕传统集体经济的农业经营转型展开。在家庭承包经营和集体统一经营的"统分结合"的农业经营制度安排下，农业集体经济走向"公有私用私享型"的产权安排。其中，"私用"在改革初期分为两类：一类是"承包地—自耕型"的"私用"，一类是"承租田—代耕型"的私用。1999年土地二轮延包后，外代耕户对本村自耕户全面取代，集体农地反租倒包经营模式成为当地推动农业集约化、专业化发展的主要路径。集体通过"取之于民、用之于民"的内部再分配方式以及"以工业反哺农业"的外部输血方式，一方面将家庭经营所得的农业剩余最大限度地让渡给"私用者"从而实现"私用私享"，另一方面集体组织通过统筹经营与生产性公共品供给来释放土地集体所有权的权能。

第五章主要围绕传统集体经济的非农产业转型而展开。改革开放后特区政策诱导下的本地工业化对规模土地的内在需求促使集体土地必须以"规模化""统筹化"的非农用地形态来参与第二、第三产业的经济活动。这"倒逼"亦是"引导"农民将分散使用的土地以入股方式交由集体组织统一使用，由此形成"公有公用型"的非农集体经济。非农集体经济的核心内容是集体物业经营，根据产业类型其"集体物业"分为两种形式，即集体厂房物业和集体商贸物业，不同物业的资本密度和管理难度不同，导致集体经营方式存在一定差异，但总体体现为集体组织利用集体非农用地、由集体统筹开发和管理的"公有公用型"产权安排。

第六章主要围绕改革开放以来集体经济收益分配制度展开论述。村域城镇化带来的集体土地增值收益与集体物业经营产生的收益成为新型集体经济收益的核心组成部分，本章重点分析集体产权股份制改革后集体经济收益对集体和农民家庭再生产的影响。2003年集体产权股份制改革将核心矛盾集中在集体组织内部：集体公共积累与集体成员分红的矛盾；集体公共管理开支与集体公共福利开支的矛盾。总体来讲，该村集体组织在确保当年集体股分享的收益能够保证当年公共管理和公共福利开支的前提下，将剩余的大部分收益则以个人股分红的方式增加股民的财产性收入，由此延续了"公有公用共享型"的集体产权形态。

第七章结语部分，通过回顾龙瑞村集体经济的发展历程，重新认识发达地区集体产权的功能与价值，并从"农民与市场"的视角解读不同时期"农民集体"的内涵。

第二章

有破有立：传统集体经济的历史前奏

新中国成立后，开启了以土地为核心的农村社会改造——土地改革运动。近年来有部分学者已关注到土地改革在国家权力扩张过程中发挥的重要作用，[①] 在不否定土地改革的经济意义的前提下，认为重视土地改革中"国家与农民""国家与乡村"的政治关系的研究，是全面认识土地改革历史意义的前提，由此形成认识土地改革运动的两大维度，即经济的"土改"和政治的"土改"。[②] 而互助组与初级社常与高级社放在一起研究，将它们视为农村集体化的起点，[③] 相关研究围绕经济效益和农民心态展开。[④] 尽管土地改革与互助合作运动在研究重心方面存在较大差异，但这些研究均不同程度地指向同一个问题：这前后相继的农村改造究竟是乡村社会矛盾激化的必然产物，还是外部力量嵌入的"设计结果"？从制度经济学的角度来看，便是在探讨它们到底是诱致性制度变迁还是强制性制

---

① 参见李里峰《阶级划分的政治功能——一项关于"土改"的政治社会学分析》，《政治学研究》2008 年第 1 期；郭于华等《诉苦：一种农民国家观念形成的中介机制》，《中国学术》2002 年第 4 期；吴毅《从革命到后革命：一个村庄政治运动的历史轨迹——兼论阶级话语对于历史的建构》，《学习与探索》2003 年第 2 期。

② 李里峰：《经济的"土改"与政治的"土改"——关于土地改革历史意义的再思考》，《安徽史学》2008 年第 2 期。

③ 岳谦厚、李卫平：《从集体化到"集体化"：1949 年以来郝庄的经济社会变革之路》，中国社会科学出版社 2015 年版，第 55 页。

④ 参见武力《农业合作化过程中合作社经济效益剖析》，《中国经济史研究》1992 年第 4 期；常明明《效益下降抑或增收差异：农业合作化后农民退社原因再研究——基于 1955—1956 年合作社中各阶层农户收入的视角》，《中国农史》2011 年第 1 期；李巧宁《农业合作社与农民心态》，《浙江学刊》2005 年第 1 期；张晓玲《新中农在农业合作化运动中的心态分析（1952—1956）》，《历史教学》2010 年第 8 期。

度变迁，抑或是二者兼有？

如果以土地占有方式为线索，"互助组—初级社"与"高级社—人民公社"明显不同，前者是个体农民占有土地，其本质是私有制，而个体农民占有土地是土地改革的直接后果；后者是农民集体占有土地，其本质是公有制。本章正是基于土地占有方式的不同，将土地改革与"互助组—初级社"纳入一个时段内，而将高级社后移与人民公社纳入一个时段内。故本章中"有破"是指土地改革打破地主土地所有制建立农民土地所有制，"有立"是指在农民土地所有制基础上建立互助组和具有"半社会主义性质的初级农业生产合作社。"① 中华人民共和国成立前夕溪角乡三堡是一个农产品市场发达、劳动力市场略有规模的、以商品经济为主导的相对开放的"农商社会"，在这样的社会进行"有破有立"的农村社会经济改革，其实践具有怎样的特殊性和普遍性？本章试图利用地方政策资料、地方志以及村级档案资料和访谈资料从微观层面展现溪角龙瑞乡土地改革—互助组—初级社的大致过程。在现有档案基础上，本章节重点讨论土地改革过程中财产关系的重组和农业生产互助需求与供给的关系，具体内容包括族田分割、阶级斗争、互助合作等方面。通过对内部结构和外部力量互动机制的深入探讨发现，正是国家目标与农民需求的耦合成为当地"有破有立"得以顺利进行的关键变量。

第一节　土地改革运动：土地关系的变动

全国新解放区从 1950 年开始分三批发动群众改革土地制度，广东省土地改革属于新区第一批。1950 年中山县解放后，溪角乡归中山县第二区管辖，其下三堡解放后直接改名三乡：云汉乡、起隆乡和芳瑞乡。当时起隆乡乡长为刘×海、农会主任刘×道，芳瑞乡乡长为刘×扶、农会主任刘×大，土地改革运动便以乡为单位、在乡长和农会主任与工作队的领导下进行。1953 年，与香山县第二区更名中山县第十二区同步，起隆乡与芳瑞乡正式合并，合并后各取原名一字合为"隆瑞"，"龙"与"隆"同音且象征吉祥，故取名"龙瑞乡"。龙瑞乡第一任乡长，即原起隆乡乡长

---

① 《关于建国以来党的若干历史问题的决议》，中国共产党中央党委会通过，中共党史出版社 2010 年版，第 71 页。

刘 × 海，并乡后成立了基层党组织，刘 × 海兼任龙瑞乡党委书记一直到1956 年。龙瑞乡第一任农会主任由原起隆乡农会主任刘 × 道担任至 1954年。尽管土地改革运动是两乡分开进行的，但当时的档案在并乡之后也随之统一管理，接下来根据相关档案资料来简要分析龙瑞乡土地改革的基本情况。

一 溪角刘氏"万亩族田"的去向

20 世纪 30 年代，陈翰笙先生通过对广东省 38 个县的 152 个村庄的调查发现，广东省的地主应该分两类区别分析：一类是占有耕地面积不少的而且不参加农业生产的私人地主；另一类是以一个较大的法人团体占有大量土地且出租经营的集团地主。[①] 他进一步指出集团地主可分为政府机关和慈善机构占有、庙宇占有、宗族占有、商会占有等多种集体占有形式，但"尚未被一个宗族中各户瓜分的太公田"是唯一占支配的共同占有的形式。[②]在全省范围内，土改前夕占总户数 5.8%、总人口 8% 的地主阶级占有土地26.9%；名义上为宗族或家族公有而实际上绝大部分支配权在地主阶级手中的公尝田占土地 33%；占总户数 56.7%、总人口 50.3% 的贫雇农只占有土地 11.6%，[③] 集团地主占有土地的比例与陈翰笙的估计高度一致。[④]

1951 年 1 月，中山县在第一区长洲乡和张溪乡开展了土地改革试点工作，同年 5 月该县被列为广东土地改革试点县之一。中山县"由于该区域内大部分新田都是海水和河水冲击而成的沙区，其族田占耕地的比例高达 50%，仅次于顺德和新会两县"[⑤]。这种土地高度集中在集团地主手中的局面一直延续到土地改革运动前夕。中山县解放前夕各阶级占有土地

---

① 陈翰笙：《解放前的地主与农民——华南农村危机研究》，冯峰译，中国社会科学出版社1984 年版，第 23 页。

② 陈翰笙：《解放前的地主与农民——华南农村危机研究》，冯峰译，中国社会科学出版社1984 年版，第 29 页。

③ 黄勋拔：《广东的土地改革》，《当代中国史研究》1995 年第 1 期。

④ 陈翰笙根据广东省中南部、广东东路、广东北路、广东西南部不同地区族田占有的比例推算，当时全省范围内有 1/3 的耕地是族田。参见其书《解放前的地主与农民——华南农村危机研究》，冯峰译，中国社会科学出版社 1984 年版，第 38 页。

⑤ 陈翰笙：《解放前的地主与农民——华南农村危机研究》，冯峰译，中国社会科学出版社1984 年版，第 38 页。在其表格"族田在耕地面积中所占比例（广东中南部 15 个县）"中显示，顺德县和新会县的比例均为 60%，中山县和台山县均为 50%。据他估计在珠三角地区有一半的耕地是族田（太公田）。

的基本情况，如表 2 - 1 所示。

表 2 - 1　　中山县各阶级土改前占有土地基本情况（1952 年 8 月）

阶级成分	户口（户）	占总户数比（%）	在家人口（人）	占总人口数比（%）	土改前占有土地（亩）	占总耕地面积比（%）
合计	167952	100	671070	100	781457.11	100
地主	8252	4.9	42047	6.3	429728.72	55.0
富农	2843	1.7	17651	2.6	40871.24	5.2
农业资本家	543	0.3	3481	0.5	3057.22	0.4
工商业者	1314	0.8	5910	0.9	3485.55	0.4
小土地出租者	6271	3.7	18212	2.7	50422.22	6.4
中农	26930	16.0	134729	20.1	114592.84	14.7
贫农	66109	39.4	273749	40.8	36618.57	4.7
雇农	19597	11.7	63219	9.4	672.60	0.1
贫民	13761	8.2	35988	5.4	1501.60	0.2
其他	22332	13.3	76084	11.3	20767.22	2.7
公田	—	—	—	—	79739.33	10.2

注：（1）土地以排亩为单位（1 排亩 = 1.2588 市亩 = 666.6 × 1.2588 = 839.12 平方米）；（2）土改前占有土地数缺 24 个乡（全县 97 个乡）；（3）阶级成分户数、人数缺 9 个乡；（4）公田数缺大部分乡；（5）石岐、小榄两镇未作统计。

资料来源：中山市地方志编纂委员会编：《中山市志》（下册），广东人民出版社 1997 年版，第 718—719 页。

表 2 - 1 显示，中山县占总户数 4.9%、占在家总人口数 6.3% 的私人地主占有全县 55.0% 的土地，在不完全统计的情况下公田占有 10.2% 的土地，两者共占有全县 65.2% 的土地。而占总户数 39.4%、占在家总人口数 40.8% 的贫农只占有 4.7% 的土地。中间阶层的富农、中农、工商业者、小土地出租者占有 26.7% 的土地。同时期，沙溪区各阶层占有情况统计表显示，当时占总户数 6.4%（798 户）的私人地主占有 64%（40973 亩）的土地，公田占有 5.5%（3526 亩）的土地，两者共占有 69.5% 的土地。而贫农、雇农和贫民占总户数的 45.5%、占在家总人口

数的 47.1% 却只占有 1.8% 的土地，就算加上当地的中农，两者占有的土地面积不到 6%。① 需要注意的是，这两组数据均是在"缺少大部分乡的公田数"的情况下的统计结果，也就是说，如果加上以族田为代表的集团地主所占有的耕地，该地区内土地占有的两极分化非常明显，这是珠江三角洲沙田占有的普遍情况。

陈翰笙先生认为，广东绝大多数的地主是诸如宗祠和庙宇之类的集团地主，住在村里的少数地主大都拥有较小的土地，他们决不能代表整个地主势力。② 而上述两组代表"集团地主"的"公田"却难以支撑其说法，沙溪区及龙瑞乡的公田占有情况到底如何？为何地方志中会出现"公田数缺大部分乡"的情况？

据退休两委干部刘×柱回忆：中华人民共和国成立前夕溪角三堡在家人口约 7000 人、刘氏族田约 2 万亩，在沙朗、东升、板芙等地均有三堡的公尝田，这些族田绝大部分在沙田区，而靠近溪角乡的民田面积约 6000 亩。③ 如今老百姓口中的民田和沙田，历史地看实属于沙田。叶显恩、周兆晴研究显示，珠三角的耕地"先是由土著和唐代之前的汉族移民开放三角洲边缘小平原、台地和垌地；继而由珠玑巷移民围垦既成之沙；再是世家豪族役使徭蜑、失业游民围筑未成之沙。民居的聚落区域也由开发的先后形成民田区、围田区和沙田区"。④ 溪角刘氏祖先六世祖子平公与子忠公于明洪武年间迁居此，这意味着溪角乡附近的耕地经过三四百年的开发早已成为地力肥沃、耕种便利、租金较高、地价昂贵的"民田"，老百姓俗称"门口田"。随着时代变迁，由于开发时间的早晚及地力差异产生不同的价值，"沙田""民田"或"门口田"成为当地区分现存土地价值大小的"民间表述"。

根据《沙溪镇志》1952 年土地改革的统计数据显示，当时芳瑞、起隆和云汉被征收的土地分别为 560 亩、1294 亩和 272 亩，被没收的土地分别为 320 亩、285 亩和 3874 亩。⑤ 且认为这次统计的"被征收田亩"全

---

① 中山市沙溪镇人民政府编：《沙溪镇志·经济篇》，花城出版社 1999 年版，第 141 页。

② 陈翰笙：《解放前的地主与农民——华南农村危机研究》，冯峰译，中国社会科学出版社 1984 年版，第 23 页。

③ 访谈资料：刘×柱，60 岁，村两委退休干部，编号：2017 - 07 - 06。

④ 叶显恩、周兆晴：《沙田开发与宗族势力》，《珠江经济》2008 年第 1 期。

⑤ 中山市沙溪镇人民政府编：《沙溪镇志·政治篇》，花城出版社 1999 年版，第 126 页。数据来源于《1952 年土地改革运动部分乡没收、征收地主余粮、耕牛、农具、田亩面积表》。

部为溪角刘氏族田，① 其总面积仅为 2126 亩，与刘×柱提供的数据"2 万亩"相差甚远。原因何在？原表下方的"注"可提供某种解释："土地改革时，土地在外乡又为外乡人承耕的，由承耕人所在地参加土地改革，因而数字缺乏统计，仅起隆乡就达 5130 亩。"② 民田区被征收的公田 2126 亩加上起隆乡"外乡"沙田区的 5130 亩，便有 7256 亩。如果再加上未能统计到的芳瑞乡和云汉乡的"公尝田"，刘×柱所提供的解放前夕刘氏"万亩族田"应该是有可能的。在《沙溪镇志·经济篇》中特别提到："由于沙溪是民田区，土地占有情况和实际耕种地区较为复杂，地主和公产的土地大部分都坐落于沙田地区，而沙溪大耕家所耕的大围口，亦全部在坦洲、横栏、沙朗、坦背、港口等地。"③

　　从卫星云图来看，现在的龙瑞村和云汉村分别坐落在溪角凤岭山东北方和东南方，两村的居民区沿着山脚密密麻麻地以扇形展开，以现有道路为界限，在文炳街—迎熏街—北州大街—河东街—云汉大街以东、现沙溪南路—岐江公路以西是近村民田，再往东则是本乡范围的远村民田，而超出本乡范围的土地则属于跨乡沙田。刘×柱所言的"溪角乡民田"便是在村落聚居区以外、本乡范围内的土地，而本族公尝田则远在他乡的围田区或沙田区。中华人民共和国成立前夕，这些在外乡的公尝田一般由族内少数精英来管理，即本族或本房具有官员身份的族长、族尊、族董、理事、值理、理数等。这些人一般在共同祭祀祖先的时候由族人公推。族中的所有收入——主要包括塘租、房租、地租和利息——统归理事或理数管理支配。如果管理族产的组织极少公开详细收支，普通老百姓是不可能清楚地知道本族族产情况的。而土改时候不在"本乡范围的族田"则不归本乡支配，因而，起隆和芳瑞两乡当时到底有多少族田以及如何处置的，本村村民包括对本族历史比较了解的老干部们都不甚清楚。那么这些"在外乡又为外乡人承耕"的"集团地主"的土地到底命运如何？

　　集团地主占有的土地均在肥沃的沙田区，以围口为单位的沙田农业

---

　　① 说明：根据《广东省土地改革实施办法》的第三、第四条规定，当时没收对象主要是私人地主的土地、耕畜、农具、多余的粮食和在农村中的多余房屋，而被征收的对象主要是祠堂、庙宇、寺院、教堂、学校和团体在农村中的土地及其他公地，即"集团地主"。参见《广东省土地改革实施办法》，载于广东省土地改革委员会编《广东土地改革法令汇编》，新华书店华南分店 1950 年版，第 3—5 页。

　　② 中山市沙溪镇人民政府编：《沙溪镇志·政治篇》，花城出版社 1999 年版，第 126 页。

　　③ 中山市沙溪镇人民政府编：《沙溪镇志·经济篇》，花城出版社 1999 年版，第 140 页。

耕作系统不同于一般南方分散的小农农业耕作方式，如果不能妥善处理这类土地，极有可能会给该地区的农业生产带来巨大的麻烦。因此，广东省于 1950 年出台了针对沙田的处理办法，即《广东省土地改革中沙田处理办法》（以下简称《沙田处理办法》）。根据沙田水利工程的大小分两类处理，《沙田处理办法》中第五条规定："其中属于水利工程较大，不利于分散经营者，均应收为国有。按实际情况分别采用下列四种办法经营之：一、私人投资经营；二、国家与私人合作经营；三、农民合作经营；四、国家经营（具体办法另订之）。"① 第六条规定："属于水利工程较小，适合于分散经营者，其土地均应分配给农民所有"，但"在人少田多的地区，应酌情规定每人平均分得数，多余的土地，由当地人民政府管理"。② 为了保证这类小型围田的水利正常发挥作用，其明确规定"基围等水利建筑，则不予分配，属于分得该基围土地之农民共有，民主管理并合理经营"。③

同时，地方政府考虑到大多数沙田是经过包佃人或资本家大力投资而成的耕地，为保证他们能够获得合理的回报，《沙田处理办法》第九、十条规定："收归国有之沙田，原有投资经营之包佃人，除废除其各种额外剥削外，对其投资部分的合法利润，应予以保留"；"收归国有之沙田，一般应以原耕原佃为基础，继续经营，包佃人应照常经营水利建筑，佃户亦须照常耕种，不得荒废。至于今后土地收益之分配，应由该地人民政府、农民协会，协同包佃人及佃户共同议定之。佃户所得不得低于二五减租之标准"。④

根据《沙田处理办法》的相关规定以及《沙溪镇志》提供的有限信息可知，土地改革运动时，起隆乡、芳瑞乡及云汉乡的大量"在外乡且为外乡人承耕"的族田可能有两种命运：一是直接收归国有，成立国有农场，以规模经营为主；二是直接分配给当地的农民，为农民私有，以家

---

① 《广东省土地改革中沙田处理办法》，载于广东省土地改革委员会编《广东土地改革法令汇编》，新华书店华南分店 1950 年版，第 18—19 页。

② 《广东省土地改革中沙田处理办法》，载于广东省土地改革委员会编《广东土地改革法令汇编》，新华书店华南分店 1950 年版，第 19 页。

③ 《广东省土地改革中沙田处理办法》，载于广东省土地改革委员会编《广东土地改革法令汇编》，新华书店华南分店 1950 年版，第 19 页。

④ 《广东省土地改革中沙田处理办法》，载于广东省土地改革委员会编《广东土地改革法令汇编》，新华书店华南分店 1950 年版，第 19 页。

庭经营为主。在龙瑞乡的《阶级成分登记表》中，有些农户会提及自己曾在哪个围口做田或者地主家庭里详细登记"股份田"所在位置。以沙朗沙田为例，该地区于清中叶淤积成萌滘沙、中流沙、沙腰沙，1949 年以前属于溪角乡，先后归属沙萌乡、沙溪公社、港口公社。沙朗内部有多块围田，稻香围、大有围、裕生围、长丰围、穗兴围等。该地区沙田属于中高沙田区，平均海拔 1.2 米，主要生产稻谷和甘蔗，其次为塘鱼、蔬菜等，正常年份能够旱涝保收。其中稻香围紧挨着河道，水运交通较为便利，土改时就直接分配给了附近的农民。

以上是沙田区私人地主和集团地主所占土地的处置办法，这种处置办法给以民田为主的沙溪区各乡的土地分配带来了新问题，即"1952 年土地改革时，以原耕为基础，围口和佃户都不在沙溪，故土地改革时都不属于沙溪的土地分配范围，使沙溪变成了人多地少的地区"。① 那些坐落在民田区的一些乡（自然村）因没收、征收的地主土地太少，而本族村民又密集地居住在所谓"祖宗之地"，导致可直接分配的土地太少，当时解决的办法便是用"土地改革的胜利果实（稻谷）与沙田地方换回耕地（其中大部分为俗称吊耕地）分配给本乡农民"。② 起隆乡和芳瑞乡土地改革运动时期没收、征收地里各项财物的基本情况如表 2 - 2 所示。

表 2 - 2　　　起隆乡、芳瑞乡土地改革运动期间没收、征收
地主土地、财物基本情况

项目	起隆乡	芳瑞乡	项目	起隆乡	芳瑞乡
余粮（斤）	285390	389450	耕牛（头）	—	1
没收土地（亩）	285	320	征收土地（亩）	1294	560
农具（件）	343	1810	衣物（件）	4872	7220
床柜（件）	173	140	碗碟锅（个）	8055	5087
房屋（间）	51	57	台椅（件）	706	1492

注：土地面积以"旧排亩"为单位，民国时期 1 顷等于旧排亩 100 亩，1 旧排亩等于 1.25 市亩。

资料来源：原始数据分布在《沙溪镇志·政治篇》的《1952 年土地改革运动部分乡没收、征收地主余粮、耕牛、农具、田亩面积表》和《1952 年土地改革运动部分乡没收、征收地主房屋、衣物、家具表》2 个表格中，第126—127 页。

---

① 中山市沙溪镇人民政府编：《沙溪镇志·经济篇》，花城出版社 1999 年版，第 140 页。
② 中山市沙溪镇人民政府编：《沙溪镇志·经济篇》，花城出版社 1999 年版，第 140 页。

表 2 – 2 显示，当时两乡共追缴余粮 674840 斤，这里的 "余粮" 指多余粮食，即地主扣除应减租粮、应缴公粮、按当地一般农民生活水平所留给全家至下季收获以前口粮以外，所有多余的粮食。此外，还包括其收租及经营所得各种农业经济作物，均应折合主要粮食计算，除留其自己所必需外，亦应随粮没收分配。[①] 两乡没收、征收地主土地加起来共有 2459 亩，在 "富农、工商业者、华侨等中上层的财产不在收缴范围内" 的情况下，[②] 意味着当时两乡用于分配给贫苦农民的只有这 2459 亩。据 1966 年龙瑞乡《阶级登记前后情况统计表》显示，当时共 843 户、3179 人，其中 "依靠阶级" 605 户、2267 人，"团结阶级" 161 户、635 人，"专政对象" 77 户、277 人。[③] "依靠阶级" 便是当时不占有或极少占有土地的贫农、贫民、雇农、小贩等，以此计算，他们理论上户均可分到 4.06 亩、人均可分到 1.08 亩。溪角乡属数当地早期开发的民田区，其土地肥力应该属于中上等，在不考虑地利在最近 20 年间的变化，就算按此没收和征收的土地数量再分配，绝大多数贫苦农民依旧无法维持基本生活。[④] 因而必须想办法从其他地方获取土地来缓解这 "人多地少" 的困境。前任书记刘×光告诉笔者，当时起隆和芳瑞两乡就是利用追缴的余粮约 67.4 万斤 "赎回" 了部分太公田，即 "吊耕地" ——位于距离本村约 8 公里的沙朗地区的 1200 多亩沙田，如此，贫苦农民户均可达 6.04 亩，刚好达到当地基本生存水平。[⑤]

二　地主阶级的改造及其后果

已有关于 "翻心革命" 的研究将重心放在 "新社会的主人" 即贫雇农的阶级意识的生发机制方面及其对传统乡土伦理的改造作用，较少关注

---

① 《广东省土地改革实施办法》，载于广东省土地改革委员会编《广东土地改革法令汇编》，新华书店华南分店 1950 年版，第 4 页。

② 参见《广东省土地改革实施办法》的第五、第六条和第七条规定，这些规定对中农、小土地出租者、工商业者的财产基本采取保护性政策。原文载于广东省土地改革委员会编《广东土地改革法令汇编》，新华书店华南分店 1950 年版，第 5—6 页。

③ 村藏档案：《阶级登记前后情况统计表》，1966 年。

④ 陈翰笙曾以番禺县 12 村的数据为例，指出 20 世纪 30 年代维持 4 口之家的最低生活所需的田亩数视具体地力在 6—10 亩之间且不用上交地租。参见陈翰笙《解放前的地主与农民——华南农村危机研究》，冯峰译，中国社会科学出版社 1984 年版，第 10 页。

⑤ 访谈资料：刘×光，70 岁，前任村书记，编号：2017 – 07 – 18。

失去势力的"旧社会的主人"即地富阶级如何表现以实现最大化地自我保护的目标。

龙瑞大队 1966 年复查后确定的各阶级成分的户数及其占比情况如表 2-3 所示。为检验该大队的阶级分布情况在中山县范围内是否具有代表性，现将全县的情况摘录此中，以便对比。

表 2-3　　　　　　　龙瑞大队各阶级成分占比情况（1966 年）

阶级成分	雇农	贫农	贫民	工人	小贩	手工业者	单车劳动者	中农	自由职业者	小商
户数（户）	23	260	109	94	64	23	9	48	25	18
占本队总户数比（%）	2.7	30.8	12.9	11.1	7.6	2.7	1.1	5.7	3	2.1
全县比例值（%）	11.7	39.4	8.2	—	—	—	—	16.0	—	—
户数（户）	9	44	1	9	34	7	54	13	844	
占本队总户数比（%）	1.1	5.2	0.1	1.1	4	0.8	6.4	1.5	100	
全县比例值（%）	0.8	—	—	—	3.7	1.7	4.9	13.3	—	

资料来源：龙瑞生产大队第一生产队至第八生产队《阶级成分登记表》，藏于中山市沙溪镇龙瑞村档案室；"全县平均"数据参见本章表 2-1"中山县各阶级土改前占有土地基本情况（1952 年 8 月）"。

对比两组数据可归纳龙瑞大队阶级结构的基本特点为"两低一平一高"：

其一，该大队雇农比例远低于中山县的平均水平。这与解放前夕溪角乡的商业发展相关。表 2-3 中显示该队中的"工人、小贩和单车劳动者"群体占比达 19.8%，这表明该大队中部分底层无产者通过第二、三产业来维持基本生存。这类就业机会只有在商业较为繁荣、早期工业较为发达的农村社区才会出现，而这正是当时溪角乡的区域市场发展的状态。据了解，沦陷之间，县政府驻扎地曾转移至溪角乡，原本在石岐县城做生意的商人、手工业者、家庭作坊等随着政治重心的转移而转移，这为溪角乡的商业发展提供了重要的条件。

其二，该大队的中农和富农比例远低于全县的水平。中农阶级全县为16.0%，而龙瑞大队仅为5.7%，后者仅为前者的1/3；富农阶级全县为1.7%，龙瑞大队仅为0.8%，仅为全县1/2。本队中农和富农比例如此偏低，其原因可能与溪角乡"华侨经济"有关。在中华人民共和国成立前溪角乡远赴海外、近赴港澳的侨胞非常多，一批依靠非农收入维持富农或中农的生活水平的中等收入阶层被划为"侨工""侨商"或"华侨兼有土地"。

其三，该大队贫农和贫民的比例与全县统计水平基本一致。该大队两大阶级之总和占43.7%，比全县47.6%低了3.9个百分点。这说明，该生产大队的底层社会结构与全县一致的，都是以无地、少地的农民为主，他们是中国共产党开展土地改革运动的最重要的"依靠力量"。

其四，该大队私人地主阶级的比例略高于全县水平。这说明龙瑞大队上层的数量高于其他地区，因为当地地主阶级除了以地租为主要生活来源外，还能依托县乡范围内商品经济赚取其他收入，其生活总体水平亦高于其他乡村地主阶级。同时，其总量上的微小差异表明土地改革的"斗争对象"在全县范围内具有一致性，说明实现"经济土改"在当地具有社会基础和必要性。

土地改革运动在溪角乡至少具有三个层面的含义：一是大面积"族田"被切割给外乡外族人，彻底瓦解了传统宗族社会的经济基础；二是"打土豪、分田地"彻底改变了传统社区地权分配不均衡的局面，无地少地农民获得了适量的生产资料；三是"翻心革命"重构了一套新的政治伦理和社会交往规则，使那些不能脱离这个场域的个体在公共场合自觉检验和实践自身言行。1951—1952年的土地改革运动不仅改变了既存的土地关系，而且使中国乡村社会—政治结构发生了根本性转换。这一转换推动了农民社会心理由"知足常乐"到"发家致富"、由保守到激进，以及阶级意识替代家族意识等方面的变迁。[①] 因而，无论从哪个方面讲，土地改革运动的核心是全方位地打破"旧秩序"，建立一个土地占有相对均质的、以个体农民土地私有制为基础的乡村社会。

---

① 李立志：《土地改革与农民社会心理变迁》，《中共党史研究》2002年第4期。

第二节　互助合作运动：生产互助的制度化

在中国共产党领导的农村改造工程中，土地改革运动仅仅是第一步，1951 年 12 月，叶剑英在《关于华南区一九五二年工作计划纲要向毛主席、中共中央和中南局的报告》中就明确提出："（在完成土改的农村）由土改转向生产，要做好四件事情：第一，确定私有财产所有权，宣布生产政策，解决农民及其他阶层的生产顾虑；第二，明确生产方向——互助合作（由季节性的小型互助逐步提高），爱国增产；第三，大力解决农民生产困难（肥料、牲口、农具等）；第四，训练农民积极分子，每乡 30 人，全省共训练 30 万人，分明年夏季和冬季两批进行完毕。"[1] 可见，由季节性的小型互助逐步提高到初级农业合作社是土地改革后农业生产的基本方向。在 1952—1955 年夏期间存在大量并未参加互助运动的群众，他们在 1955 年秋至 1956 年春耕期间又突然几乎是全部接受了初级社的生产组织。对这种多数人前后不一致的行为如何理解，学界的讨论比较少。本节试图通过对农民互助需求与政府互助供给的具体分析，以期更深入地理解农民这看似矛盾的行为，并在此基础上归纳制度变迁主导下的集体产权的最初形态。

一　互助合作运动的发展概况

1951 年 12 月中共中央印发《关于农业生产互助合作的决议（草案）》（以下简称《互助合作决议（草案）》）以及 1953 年 2 月党中央发布的《关于农业生产互助合作的决议》（以下简称《互助合作决议》），即向全国农民明确表明中国共产党对于农业生产互助合作的态度。全国上下正式大规模地推进互助合作化运动。1953 年广东省开始有步骤地推动互助合作化运动。到 1953 年底参加互助组的农户占全省总农户的 17%，其中 98% 为临时互助组。到 1954 年底，这一比例上升到 50%。当年 12 月中共中央作出《关于发展农业生产合作社的决议》，广东省于 1954 年

---

[1]　广东叶剑英研究会、中共广东省委党史研究室编：《叶剑英在广东》，中央文献出版社 1996 年版，第 449 页。

开始逐步推行初级农业生产合作社。全省第一批初级社在 1954 年春耕前成立，第二批则在夏收前后完成。1954 年 8 月 16—29 日，华南分局召开全省第二次互助合作会议，会议要求各区党委和县委从 9 月中旬开始积极培训办社干部，并计划在 1954 年冬至 1955 年 2 月底全省建立新社 9850 个，入社农户共 19.7 万户。随后，地方政府通过《南方日报》大力报道各地办社进展情况以营造办社的热烈气氛。于是，全省组织了 25 万多名办社干部，集训了 12.5 万多名办社农民骨干，赶在 1955 年秋收前突击筹建了 7455 个初级社。①

　　1955 年 7 月毛泽东主席发表《关于农业合作化问题》的报告以及 1955 年 9 月内部发行的《怎样办农业生产合作社》（1965 年 1 月公开出版改名为《中国农村的社会主义高潮》）两件大事是我国社会主义改造加速进行的转折点。② 中共广东省委根据中共七届六中全会扩大会议批判在合作化运动中右倾保守思想的精神，要求在 1956 年春耕前全省合作社发展到 7 万个，占总农户的 27%，而到 1957 年几乎再翻一番，达到 12 万个，占总农户的 57%。③ 9 月 5 日至 14 日广东省第二次党代表会议召开，省委认为应该以最大努力与尽可能快的速度发展合作社。此后宣传舆论全力开动，党、政、工、青、妇各界积极行动，全省农业合作化的步伐骤然加快。

　　1955 年 10 月，中共七届六中全会扩大会议在北京召开，会议通过了《关于农业合作化问题的决议》（以下简称《决议》），该《决议》对农业合作化的发展做了全面规划，要求在比较先进的地方在 1957 年春季之前、全国大多数地方在 1958 年之前，入社农户达到当地总农户的 70%—80%，基本实现半社会主义的合作化。广东省紧跟中央规划，于 1955 年 11 月 10—23 日，省委召开全省区党委书记会议，省委第一书记陶铸在报告中要求在 1956 年春耕前全省合作社发展到 9.5 万—10 万个，争取在 1958 年春耕前完成全省的初级农业合作化。于是，各县大搞合作化群众运动，到 1956 年 1 月已建成 10 万多个合作社，入社农户占全省总农户的

---

　　① 中共广东省委党史研究室：《回忆中共中央华南分局》，中共广东省委党史研究室 2000 年版，第 147 页。

　　② 中共中央文献研究室编：《建国以来重要文献选编》（第四册），中央文献出版社 1993 年版，第 327、377 页。

　　③ 中共广东省委：《关于省委扩大会议情况的报告》，1955 年 8 月 19 日。

81.4%，广东省基本实现了半社会主义的合作化。

中山县互助合作化运动的发展态势基本与全省同步。在《互助合作决议（草案）》发布后，中山县于 1951 年在张溪乡试办第一个临时互助组。1952 年初，全县在土改复查阶段便大力宣传互助和生产合作化；1952 年底，全县共有常年和临时互助组 127 个；1953 年底，全县常年互助组有 288 个、临时互助组有 2739 个，占全县农户数的 10%；1954 年增至 3547 个、近 5 万户，占全县农户数的 27%；至 1955 年秋增至 8968 个、约 7.25 万户，占全县农户数的 39.2%。①

1952 年中山县第十二区在农村中广泛宣传互助与合作，率先响应区政府号召的便是龙瑞乡乡长刘×海，他于 1953 年春耕时组织 10 户贫雇农成立第一个生产劳动临时互助组，后发展为常年互助组。与他同批的还有厚山乡的张兆培互助组和港头乡的胡国华互助组。到 1954 年春耕结束时全区发展临时互助组 1007 个，常年互助组 179 个，总户数 4384 户，占全区总户数的 29.6%，略高于同时期全县的平均数 27%。临时互助组与常年互助组的差别在于，前者只是在春耕或收获等农忙季节简单的劳动互助，与传统的"以工换工"形式基本一样，是临时性或季节性的，只是互助成员比传统互助更为稳定；后者则实行农副业生产全面互助，有一定的生产计划和记工计分，实行以工换工的结算制度。互助组"由于团结协作，大大提高劳动生产效率，大部分获得不同程度的增产，在群众中起了良好的示范作用。而且由于互助组不改变农民所有制，保持个体经营的自主权，按照自愿互利的原则，只是在主要农活方面才组织互助，农民因而容易接受"。② 可见，互助阶段主要集中在劳动力和生产工具的合作中，劳动成果完全由农户支配，两者的共同之处是均保留农民土地所有制，同时保留个体在副业领域的经营自主权。

但这种为"农民容易接受"的互助合作形式，"也还是在小私有的基础之上组织起来的小农经济，而不是集体化经济"。③ 小农经济中生长起来的自发的资本主义势力是中国共产党领导的社会主义革命需要剔除的旧事物，因而不可能允许其长期存在。"互助组跟农业生产合作社不同，互

---

① 冯平主编：《广东当代农业史》，广东人民出版社 1995 年版，第 566—567 页。

② 冯平主编：《广东当代农业史》，广东人民出版社 1995 年版，第 566 页。

③ 中共中央文献研究室编：《建国以来重要文献选编》（第四册），中央文献出版社 1993 年版，第 147 页。

助组织只是集体劳动，并没有触及到所有制"，它只是社会主义的萌芽。因而，推动互助合作继续向前，"由社会主义萌芽的互助组，进到半社会主义的合作社，再进到完全社会主义的合作社（也叫农业生产合作社，不要叫集体农庄）"，[①] "我们必须随着国家工业化的过程，把农业集体化当做农村中的主要建设任务……对那些不热心于小农经济改造工作的自流论者，必须加以反对"。[②] 这里已经显示国家工业化与小农经济之间的内在矛盾，中国共产党将农业集体化视为进一步改造小农经济的手段，"随着工业化的发展，一方面对农产品的需要日益增大，一方面对农业技术改造的支援日益增强，这也是促进个体农业向合作化方向发展的一个动力。"[③] 因而，将互助组发展为半社会主义的初级农业合作社是中国共产党的既定方向。

中山县第一个农业生产合作社是第四区的张家边乡胜利农业生产合作社，该社以黄×互助组为基础，吸收部分农户组成，最初办社仅有14户、144亩耕地，至1954年秋才扩大到169户、1377亩耕地。同批次（第一批1953年12月—1954年1月）的还有25个试办初级社。中山县第十二区的第一个初级农业生产合作社是黎明社，1953年底由厚山乡张×培等组织20户、共40个劳动力办起来的，属于"第一批25个试办初级社"之一。第二批从1954年5月到7月中旬，全县农业初级社达62个，参加农户1289户，占全县农户总数的0.87%。1954年9月中共中山县委根据全国第二次农村工作会议精神再次制订积极发展合作社的计划，到1955年春耕时，全县再办402个农业初级社，参加农户24795户，占全县农村总户数的16.6%。[④] 中山县从1955年9月开展广泛深入的宣传活动，在短短两个月内陆续新建1400多个初级社，到1956年1月中旬，初级社增至2634个，占总农户数的85%，这标志着全县实现了农业合作的初级化。[⑤]

---

① 中共中央文献研究室编：《建国以来重要文献选编》（第四册），中央文献出版社1993年版，第472页。

② 中共中央文献研究室编：《建国以来重要文献选编》（第四册），中央文献出版社1993年版，第112页。

③ 《关于建国以来党的若干历史问题的决议》，中国共产党中央委员会通过，中共党史出版社2010年版，第69页。

④ 冯平主编：《广东当代农业史》，广东人民出版社1995年版，第567页。

⑤ 冯平主编：《广东当代农业史》，广东人民出版社1995年版，第568页。

以黎明社为例，该初级社的特点是："土地和生产资料仍保留私有制，耕地经过评定产量入社，参加土地分红；社员保留原有的家庭副业和果树、林木等生产经营项目；耕牛、农艇和大农具折价入社。土地、生产资料和劳动力由合作社统筹安排生产计划和使用，建立固定的生产小组或生产队的责任制，实行包工包产，按劳动、数量和质量评工积分。一般土地分红占收益的 40%—50%，劳动分红占收益的 50%—60%。"[①] 这类"典型社""试点社"的成功吸引了不少贫下中农的兴趣，各乡入社的农民和合作社的数量不断增加。这表明，在 1953 年至 1954 年 7 月间，中山县的基层干部基本上保持了较为清晰的头脑，并未大规模地推进农业合作化运动，他们的工作推进似乎还落后于老百姓的内在需求。但后来受中央和省委政治形势的影响，全区合作化运动进入高潮，到 1955 年初，全区共 19 个初级社，入社农户占全区总户数的 40%，[②] 远远超出中央 1953 年预期的 12%，也超出中山县的平均水平 16.6%。最后于 1955 年底也基本实现了全区合作社的初级化。

由于村级档案中保留的年份最早的集体时代的资料是 1957 年的，档案中已经很难找到龙瑞乡互助组和初级社发展的具体数据。访谈资料也因很多亲历者已经去世，没有收集到更多的细节内容。起隆、芳瑞于 1953 年并为龙瑞乡后共有 843 户、3179 人，到 1955 年按全区入社率 40% 计算，龙瑞乡当时入社的大约有 340 户，以初级社规模平均 20 户为标准，当时全乡大约有 17 个初级社。如果说互助组主要集中在劳动力的互换互助，初级社则是以土地入股为基础的计划生产，它在承认土地农民私有的前提下通过"入股"方式从所有权中剥离出经营使用权，入股入社的"私有土地"如何耕种、收入如何分配开始受到初级社这一生产组织的制约。由于初级农业生产合作社实现了"小块并大块"的土地集中、其他生产资料的集中使用、劳动力在小范围内集体协作，劳动生产效率和土地生产效率均得到一定提高，初级合作社一般能够取得较好的收益。

但 1954 年 7 月后新建的初级社出现经营管理混乱的问题，老社也因社队规模快速扩张"出现了劳动安排不合理、财务管理混乱、包工粗糙、分配减少等问题"，"农民在思想上也感到恐慌，农村中出现卖牛、杀猪、

---

① 中山市沙溪镇人民政府编：《沙溪镇志·经济篇》，花城出版社 1999 年版，第 146 页。
② 中山市沙溪镇人民政府编：《沙溪镇志·经济篇》，花城出版社 1999 年版，第 146 页。

砍树等问题，甚至许多地方社员要求退社"。①

二　互助合作的需求与供给分析

根据前文的分析可知，当地互助合作化运动的发展大致经历了两个阶段：1953 年—1955 年 7 月，以平均每年 10% 左右的增速稳健发展；1955 年 7 月—1965 年 1 月，则以平均每月 10% 左右的增速跃进发展。这种跨跃式的发展是如何实现的？本节试图从当地农民家计特点、社会历史习惯、外部资源供给三个方面来理解群众在"合作化高潮"下的行为选择。

（一）兼业化家计催生内生性互助需求

根据龙瑞大队《阶级成分登记表》中"本人主要经历"以及"家庭成员主要经历"的相关资料显示，当时不少贫困家庭虽然通过土地改革获得了少量土地，但壮劳力仍旧投放在回报率更高的非农行业中。以第八生产队 45 号家庭为例，土改分田时他家只有他本人和他母亲，虽然分到了土地，但他本人"解放后踩单车，直到合作化后务农到现在（指 1966 年）"，于 1956 年结婚后夫妻俩才参加集体劳动。② 第八生产队 67 号家庭的阶级成分为小贩，1952 年分田时家有 6 口人，夫妻加 4 个子女，最大的儿子 7 岁。分田后他本人还是以做小贩生意为主，一直到 1956 年联组后才全部投入农业生产，到 1965 年因病退出集体劳动在家休息。③ 在不放弃传统非农经营行业的前提下，这类家庭的劳动力因农业生产的需要必然重新配置。那他们是如何平衡家庭农业和家庭副业的？

事实上，占有土地的喜悦并不必然带来农业收入的增加，因为农地投入与产出比虽然与土地所有权有直接联系，但农业技术、农具使用以及劳动力配置等情况都会直接影响其产出。其中"掌握生产技术而劳动力充足的农户，其增产效果十分明显，生产技术低和缺乏劳动力的，增产幅度就很不理想，个别甚至还延误了生产季节，造成减产"。④ 这里所谓"缺乏劳动力的家庭"主要是指以核心家庭结构为主的贫民、工人、小贩等阶级以及青壮年劳动力不在村的华侨家庭，这类家庭真正投入农业生产的

---

① 广东省地方史志编纂委员会编：《广东省志·农业志》，广东人民出版社 2002 年版，第 68 页。

② 村藏档案：《龙瑞大队第八生产队阶级成分登记表》，编号：8-45。

③ 村藏档案：《龙瑞大队第八生产队阶级成分登记表》，编号：8-67。

④ 中山市沙溪镇人民政府编：《沙溪镇志·经济篇》，花城出版社 1999 年版，第 145 页。

劳动力往往不足 1 人。因而，在一个兼业化家计模式较为普遍的社区，在户均 6 亩左右的小农经营格局下，因劳动力不足或农业技术不足而带来的生产互助需求具有内生性和急迫性。

对于那些贫民、雇农中一直在"做田"的农户来说，土地所有权的变更带来的变化是原有的地主剥削被取消，劳动所得全部由自己支配。但对于那些一直没有"做过田"的农户来说，他们还需考虑做田工具从哪里来、田如何种、如何兼顾原来的非农生产与农业生产等问题，"有土地无技术"是很难种好田的。而对于那些只有老妇幼在家的华侨户来说，家里实在没有劳动力可用于耕田，"有土地无劳力"也是一种忧伤与负担。土改初期政府并未对基层市场和商品流通进行严格管制，就近务工的家庭在农忙时能通过互助或雇工完成生产，而海外务工的华侨家庭则请人帮耕或者找人代耕。在当地政府还允许雇工进行农业生产或者承认代耕户的合理性的情况下，农业劳动力投入不足的问题还可以通过市场来解决。但随着政府对这种农业雇工或土地托管进行严格管控后，他们对农业生产互助的需求转向政府大力推广的互助组和合作社。

（二）传统帮工体系减少新型互助阻力

土地改革运动通过均分土地和生产工具建立了以家庭为生产单位的小农经济。在劳动力投入密集的水稻作物区，除了上述提到的家庭劳动力数量和种植技术在部分家庭中存在困难外，更为普遍的问题是，这种分散经营方式难以解决生产工具不足与水稻季节性种植之间的矛盾，在无组织的情况下更谈不上完成一些规模化的基础设施的建设来改善生产环境。

依据 1953 年 2 月华南分局的调查，发现在耕牛农具方面，中农、贫农中耕牛够用的占该阶层总户数的 44.48%，不足的占 20.01%，有田没有牛的占 35.51%；而农具够用的占 49.99%，不足的占 31.93%，有田没有农具的占 18.08%。[①] 而以种植水稻为主的农业生产环节具有极强的农时结构，必须在特定环节中抓住农时投工投劳才能保证收成。所谓"千犁万耙，不如早插一夜"，因生产工具不足发生错过农时的现象时有发生，对农民的收成也造成重大影响。事实上，土地占有过于细碎以及生产工具占有过于分散，在生产条件没有得到实质性改善的情况下，这种

---

① 中共广东省委农村工作部、广东省档案馆编：《广东农业生产合作制文件资料汇编》，广东人民出版社 1993 年版，第 1 页。

"发展个体经济高涨的热情与生产资料薄弱的矛盾"① 必然促使耕者之间产生更为强烈的互助需求。而且这种生产关系之间的互助需求与传统地权格局下的互助需求具有高度一致性。

传统的互助体系正是传统地权关系催生的产物。历史上，中山县农村有互助帮工的习惯，尤其是在大田作物区。传统的互助合作体系有两种：一是以劳动力和劳动时间互换为基础的生产互助，在这个互助过程中内含着人情往来与社会关系的建构。其主要形式有："大里捞"（合伙相帮）、"互相帮"（以工换工）、"搭牛脚"（人工换牛工）等，其特点是：临时性，规模小，三两户自由组合，农忙相互帮忙，农闲各顾各，包帮工伙食，不计算工资。② 二是以货币化的劳动力市场为基础的农业雇工，如长工、短工和代理人等，他们是基于熟人社会而产生的市场关系，本质上是一种农业生产领域的雇用关系，但也内含着乡土社会的人情世故。在当时的政治语境下，市场化的雇工是一种剥削行为，不能为劳动力缺乏型家庭所用，在传统帮工系统的路径依赖下，新型互助体系耦合了传统的历史习惯，从而大大降低了互助合作化运动的阻力。如果说土地改革运动实现的是土地占有均质化，形塑一个平等均质的以农民土地私有为基础的小农经济，那么紧随其后的互助合作化运动则是改变传统农民分散经营的状态，推动农民组织起来联合生产。

（三）外部资源供给支撑互助制度建设

不论是试办的互助组还是试办的初级社，最初都是经过上级有关部门精心挑选的，尤其是这种"只许成为先进旗帜"的重点组、重点社。龙瑞乡由刘×海组织的第一个临时性互助组也是本乡第一个常年互助组，后亦成为本乡第一批初级社，其取得明显成绩后便被作为区政府的"成功经验"进行广泛推广。这类"成功经验"的互助组、初级社的领导者和核心成员往往具备一定的政治身份。

据 1990 年填报的《中国共产党员名册》显示，刘×海是中华人民共和国成立后本乡最早参加中国共产党的党员之一。1 月转正。③ 刘×海最初为起隆乡的乡长，1953 年并乡之后，他担任龙瑞乡第一任书记兼任乡

---

① 余盛珍：《潮汕地区农业合作化运动与农村社会研究（1953—1957）》，硕士学位论文，华南农业大学，2016 年。

② 冯平主编：《广东当代农业史》，广东人民出版社 1995 年版，第 566 页。

③ 村藏档案：《龙瑞村支部中国共产党员名册》，卷宗号：122.58 – A – 1990 – 13。

长。从党员到乡长到书记，他一系列的政治身份均表明他是党重点发展和
培养的对象，这是组织在有针对性地培养基层干部。作为本乡第一批中共
党员，带头响应中共中央的政策是义不容辞的。党员身份既是一种身份荣
誉，也是一种责任与义务。以党的责任严格要求自己，以乡长和书记的
身份获取自上而下的资源或支持，是他所组织的互助组和初级社能够成功
的重要原因。

　　中国共产党除了为基层输入精干的领导者、组织者之外，还要扩大基
层党组织成员，以支持领导的工作。合作化运动的快速发展离不开群众运
动的支持，而开展和引导群众运动是需要普通党员和积极分子的，没有他
们群众运动是难以有方向地走向高潮的。龙瑞村 1953 年到 1959 年期间党
员发展情况如表 2 - 4 所示。

表 2 - 4　　　　龙瑞村中国共产党党员发展情况（1953—1959 年）　　　单位：人

年份							文化水平						性别	
1953	1954	1955	1956	1957	1958	1959	文盲	小学	初小	初中	高小	不详	男性	女性
2	1	3	11	0	1	6	2	17	2	1	1	1	19	5
						小计：24								

资料来源：村藏档案：《龙瑞村支部中国共产党员名册》，卷宗号：122.58 - A - 1990 - 13。

　　表 2 - 4 显示，20 世纪 50 年代龙瑞村共发展中共党员 24 人，其中党
员发展速度最快的是 1956 年，当年 1—5 月发展了 2 人，6—12 月发展 9
人，其次是 1959 年，共发展 6 人。从文化水平来看，当时党员以小学文
化水平为主，初中及以上的仅有 2 人。当时全乡文化水平较高的村民一般
以从事商业和自由职业为主，而中国共产党在农村的革命运动主要依靠的
力量是贫下中农阶级，高层次文化水平的村民往往不在"依靠力量"范
围内，也就很难纳入党员发展对象范围内。从性别来看，男性党员占据主
导，女性党员中有 2 位文盲，发展她们时都是 40 岁的中年妇女，其他 3
位均为小学文化水平，发展为党员时其年龄在 25—30 岁之间。尽管当时
发展女性党员极少，但它是将妇女从家庭劳务中解放出来的重要信号和手
段。基层党组织通过在妇女群体中树立女党员的形象和榜样来激发其他女
性劳动力参加集体劳动的热情。总之，基层党员的发展和基层党组织的扩
展是合作化运动组织供给的重要手段，也是快速推进其发展的动力源。

　　除了为初级合作社提供组织和人力资源外，政府还制定了一系列优惠政策为互助组和合作社提供物质支持。广东省于1952开始在农村建立农村信用社，当时信贷业务较少，仅在部分建社的乡村发放一些农户副业生产和生活贷款。1953年成立农业生产初级合作社后，信用社贷款由个人贷款转向集体贷款。1955年1月，中共中央发出《关于整顿和巩固农业合作社的通知》，华南分局按照中央的要求，"集中力量巩固已经建立的合作社，强调致力于搞好生产，并安排贷款给50户以上大社作基建投资和生产资金"。① 可见，为保证已建立的合作社能够拥有较为充裕的资金来提升生产力，地方政府为部分合作社提供贷款、技术、农机等方面的支持，以维持一部分规模较大的、管理较规范的先进合作社，同时也要注意扶持一些普通的合作社来吸引农民。甚至在有些地区，如揭阳县的农业生产互助组中有一部分是由于强迫命令或单纯为取得农贷和优先代耕华侨土地而成立的。另有一些宣传口号，如"组织起来无论向政府借贷或进行自由借贷都便利有保证"，② 都向单干户、犹豫户传达出一个重要信息，即组织起来享有政府政策性物质支持的优先权。

　　综上所述，1953—1956年在广大农村开展的农业生产互助合作化运动既是某些传统事务的延续过程又是某些新生要素的萌发过程。土地改革运动后均质化的地权关系以及生产工具占有格局，其隐含的基本矛盾体现在四个方面：第一，家庭劳动力不足与劳动力密集投入之间的矛盾；第二，生产工具不足与结构化农时不可延误之间的矛盾；第三，全面分散经营与公共品合作供给之间的矛盾；第四，市场化或社会化的解决方案与消灭剥削的革命目标之间的矛盾。总之，这四大矛盾总体表现为个体经济发展热情与家庭生产条件不足之间的矛盾，这激发了土地改革运动后巨大的生产互助需求。

　　政府正是牢牢抓住这一社会事实，从供给侧入手将社会自发互助合作转化为制度化互助合作。第一，外部组织供给。通过培育积极分子尤其是重点党员来提供有领导力的组织者，如贫下中农协会组织、基层党支部组织、互助组组长、初级社社长及管理者等。第二，外部资源供给。通过对

————————————

① 中共广东省委党史研究室：《回忆中共中央华南分局》，中共广东省委党史研究室2000年版，第146页。

② 余盛珍：《潮汕地区农业合作化运动与农村社会研究（1953—1957）》，硕士学位论文，华南农业大学，2016年。

试办组、试办社提供国家扶持性的资源和政策来促进新生事物发展从而吸引群众。第三，传统资源转化。将传统的互助方式带入新的互助组织内以减少老百姓的心理阻力。因而，制度性互助（初级社）之所以能够在当地较为顺利地推进，正是在外部资源有效供给与内部资源合理转化的情况下，政府采取合适的方式高效地回应了农民内部需求的结果。

第三节　小结：私有公用私享型合作经济的建立

本章主要梳理了龙瑞乡土地改革—互助组—初级社的发展概况，并参考村级档案《阶级成分登记表》的信息，重点分析龙瑞乡土地分配、思想改造、互助需求的基本情况及其与国家宏观政策或地方政策的关联。龙瑞乡的历史实践表明，自上而下的制度输入尽管遇到少数群众或明或暗的抵制或反抗，但整体而言，这种"有破有立"的农村社会改造在当地是有社会基础的，统一性的制度建设与基层社会的主要需求相匹配，并在国家目标与农民发展目标高度耦合的情况下，拉开了传统集体经济的序幕，即通过初级社建立起"私有公用私享型"的合作经济，其特点归纳如下：

首先，从所有权来看，初级社是在土地私有制的基础上，逐步建立非土地类公有财产的过渡组织。1955 年 11 月 9 日，全国人民代表大会常务委员会通过的《农业生产合作社示范章程（草案）》（以下简称《章程》）中提到，初级阶段的合作社"已经有一部分公有的生产资料；对于社员交来统一使用的土地和别的生产资料，在一定期间还保留社员的所有权，并且给社员以适当的报酬"。[1] 这里的"公有的生产资料"主要包含三类：一是互助组集体加入初级社时所积累的所有公共财产，包括公有耕畜、公有农具、公积金、公益金等；二是农户个体加入初级社时所缴纳的股份基金，按照其功能分为生产费股份基金和公有化股份基金；三是以合作社名义获得的政策性贷款以及合作社运转起来后的公共财产。可见，初级社"公有财产"最初以资金为主，随着初级社的公共收入增加，便可以逐步折价购买社员私有的生产工具从而形成公有固定资产。但农业生产最主要的生产资料——耕地和农具还是农民私有，只是土地和农具的使用权和经营权有偿转移到合作社，由合作社计划安排、统一使用，其建立的是

---

① 黄道霞主编：《建国以来农业合作化史料汇编》，中共党史出版社 1992 年版，第 324 页。

"私有公用"的产权。

其次，从经营制度来看，初级社已经具备统一管理、集体劳动的生产组织形态。初级社规模有大有小，一般设有社务委员会，初级社为了进行有组织的共同劳动，必须依据本社生产条件和社员结构合理安排劳动，实行劳动分工，并建立一定的劳动组织。《章程》第四十三条提到："合作社应该把社员编成几个生产队，把生产队作为劳动组织的基本形式，让各个生产队在全社的生产计划的指导下，自行安排一个时期的和每天的生产。"① "生产队可以按照需要分成临时性的生产组。规模较小的合作社可以只分生产组，不设生产队。"② 同时，每个社设有社务委员会，一般安排社主任 1 名，副主任若干名，他们社主要负责统筹计划、检查工作等。另外，"合作社应该指定专人担任或者兼任会计员、技术员、饲养员、保管员等。副业规模比较大的合作社，可以根据需要，设专门负责副业的生产队或者生产组"。③ 由此形成一个以社委会为组织领导、以生产队或生产组为生产单位的"统一经营管理"的基本模式。

最后，从分配制度来看，合作社在一定时期内承认农户个体生产资料所有权的收益权，但也必须坚持公有财产的积累。《农业初级合作社章程》第五十二条规定："一般地说，全社全年在生产中得到的实物和现金，在扣除生产费、公积金、公益金和土地报酬以后，用全社全年劳动日的总数来除，除出来的就是每一个劳动日所应该分到的。全社全年的收入越多，一个劳动日分到的也越多；全社全年的收入少了，一个劳动日分到的也就少了。"④ 广东省大部分互助基础较好的初级社基本按照上级规定执行："农民以土地入股方式加入，耕畜、农具等折价入社或者租用，如有损坏，由社公修或按价赔偿，全由社统一安排经营，按照劳六地四的比例进行分红。惠来县首办的 2 个合作社坚持入社自愿、退社自由的约法，规定土地入股分配占总收获的 42%—45%，扣除种子肥料等生产成本和提留少数公积金、公益金后，其余全部按劳分配。"⑤ 因而"私有公用"

① 黄道霞主编：《建国以来农业合作化史料汇编》，中共党史出版社 1992 年版，第 325 页。
② 黄道霞主编：《建国以来农业合作化史料汇编》，中共党史出版社 1992 年版，第 325 页。
③ 黄道霞主编：《建国以来农业合作化史料汇编》，中共党史出版社 1992 年版，第 329 页。
④ 黄道霞主编：《建国以来农业合作化史料汇编》，中共党史出版社 1992 年版，第 326 页。
⑤ 余盛珍：《潮汕地区农业合作化运动与农村社会研究（1953—1957）》，硕士学位论文，华南农业大学，2016 年。

所产生的收益强调土地私有产权的收益和个体劳动的收益分配，而公共性收益分配比并不高，是一种以"私享"为主导的分配制度。

党中央将初级农业生产合作社定位为"半社会主义"的性质，这个"半"字包含了"过渡""混合""摸索"等含义，但它的发展方向是非常明确的，即向"完全社会主义"转变。从所有制看，初级社并没有完整的生产资料集体所有权，即在农民私有基础上部分合作社占有的制度，[①] 它是私有制和公有制同时存在的混合制。从经营制度来看，劳动组织坚持有劳动分工的集体劳动，管理组织以社委会、小队长、组长为组织架构，以党员、积极分子为领导成员，以贫下中农为依靠力量，在基层建立一套能够推动农村社会主义革命的基层政权组织。从分配制度看，初级社承认非劳动要素的收益权，如土地报酬、耕畜报酬、农具报酬等，但更强调劳动报酬和公共财产积累的重要性。

总之，初级农业生产合作社是建立在基本生产资料私有制基础上的合作经济，其产权权能结构可概括为"私有公用私享型"。这种产权形态在一定时期内需要平衡合作社内部多重具有对抗性的关系。初级社主要包含以下两对基本矛盾：其一，土地报酬与劳动报酬的矛盾；其二，全社公共财产积累与社员个体收入的矛盾。这两对基本矛盾成为即将登上历史舞台的集体经济所要解决的核心问题，互助合作化运动成为传统农村集体经济的前奏。

---

① 中共广东省委党史研究室：《中国共产党广东历史·第二卷（1949—1978）》，中共党史出版社 2014 年版，第 230 页。

第三章

曲折徘徊：传统集体经济的曲折发展

　　1955 年底，毛泽东主席发表《中国农村的社会主义高潮的序言》和《征询对农业十七条的意见》，标志着高级农业合作社成为农村社会主义新方向。随后，高级合作社被进一步合并为人民公社，至此，中国农村集体经济的层级结构即"生产队—生产大队—公社"三级集体组织正式形成并经历了近 30 年曲折发展的历史。现关于集体化时代的研究成果非常丰富，包括传统集体经济运行与效率、公社体制的"小传统"与"大传统"、社会心理学视角下的社员行为与心态等。这些研究不同程度地折射出其理论关怀，即集体化时代中"国家"与"社会"的互动逻辑及其影响。这里的"社会"实际上是指个体公民抽象组合而成的学术概念，这里的"国家"则是一个由各层级集体组织、地方政府和中央政府相互糅合的学术概念。故研究者只有明确了研究对象为哪一层级的"社会"和哪一层级的"国家"后，方能准确地把握国家政权建设过程中"地方性"中介组织的功能与意义。

　　集体化时代的基层干部既有国家代理人的一面，也有村社当家人的一面。"乡村精英双重角色"理论预设了国家利益与农民个体利益的二元博弈格局，① 却忽视了国家与农民之间的中介组织，比如宗族组织以及集体组织创造与维护"本我利益"的冲动，它既不能完全依靠自上而下的"授权"也不能完全依靠自下而上的"认同"，更多时候是在平衡国家利

---

　　① 参见［美］杜赞奇《文化、权力与国家：1900—1942 年的华北农村》，王福明译，江苏人民出版社 2003 年版；吴毅《村治变迁中权威与秩序——20 世纪川东双村的表达》，中国社会科学出版社 2002 年版。

益与农民个体利益的过程中寻求"本我利益"，这也许是中介组织得以维系的原动力。而被集体"组织起来"的农民，其个体行为既有对抗组织的一面，也有服从组织的一面。① 在个体农民与基层干部的互动实践中，可以从人事的角度有效地解释传统集体经济何以失败，但简单地认为传统集体经济是国家单方面制度建设的结果，从而夸大人事与制度之间的张力，难以有效地解释传统集体经济稳定发展了 30 年的这一历史事实。本章以龙瑞大队和生产队两大层级的集体经济及其组织为研究对象，试图通过详细梳理大队与小队之间的博弈情况来理解当地传统集体经济稳定发展的实践逻辑。

第一节　加速过渡：一级集体经济的生成

一　公有型占有：大队集体所有制加速建设

中共广东省委②根据 1955 年颁布的最新的合作化发展规划，于 1955 年冬开始在少数农村试办高级农业合作社，要求沙田区的中山县、新会县和民田区的潮安县、荒地较多的琼山县各试办一个高级社。③ 很快广东省不断修改全省高级社的发展计划，"在这种层层的加温加码、不断冒进的情况下，各级领导和农村干部都怕犯右倾错误和落后于他人，争先恐后，一哄而起，多办高级社和大社……全省于 1956 年 11 月底便完成了 34870 个高级社，占总农户的 88.8%，出人意料地超速实现了农业合作社高级化"。④

在全省加速实现农业合作社高级化氛围中，中共中山县委认为，中山作为全省著名粮食生产区，农民已习惯集体生产，高级化完全可以提前实施。于是在 1956 年 1 月至 2 月期间将大量初级社扩大、合并和升级为高

---

① 参见张乐天《告别理想：人民公社制度研究》，上海人民出版社 2012 年版；刘金海《产权与政治：国家、集体与农民关系视角下的村庄经验》，中国社会科学出版社 2006 年版；高王凌《人民公社时期中国农民"反行为"调查》，中共党史出版社 2006 年版。

② 说明：1955 年 7 月 1 日华南分局撤销，正式成立中共广东省委。

③ 中共广东省委党史研究室编：《中国共产党广东历史·第二卷（1949—1978）》，中共党史出版社 2014 年版，第 230 页。

④ 中共广东省委党史研究室编：《中国共产党广东历史·第二卷（1949—1978）》，中共党史出版社 2014 年版，第 231—232 页。

级社。当时农村中整围、整村、整乡的农户加入高级社，入社农户达总农户数的 93.7%，建成高级社 396 个。[①] 沙溪区紧跟县委的安排，在短短几个月内建起 32 个高级社，这些高级社基本上是一乡（指自然村）一社，除 24 户外，其他 13938 户 54043 人全部加入高级社，入社率达99.83%，[②] 高出全县 6.13 个百分点。

可见，不论是全县还是沙溪区的发展速度都比中央计划的速度快得多，几乎在短短 2—3 个月内基本上实现了农业合作社高级化。在实行高级合作社的第一年里（1956 年），全县范围内取得较大成绩，85% 的高级社实现增产增收。其中，全区 11 个社实现了增产增收、13 个社保产保收、8 个社因自然灾害和经营管理不当造成减产减收。部分高级社因集体经济增产带来社员增收而得到巩固，但部分减产减收的高级社便遇到了社员闹退社的问题。1957 年 12 月，在全县迅速掀起以大规模兴修水利、积肥改土为中心的冬季生产高潮。该县根据中共八届三中全会通过的《1956 年到 1967 年全国农业发展纲要（修正草案）》的指示提出"三年实现三千，五年实现八千，每亩跃进 250 市斤，一年过二年半关"的农业生产目标。

1958 年，党的八大二次会议通过的社会主义建设总路线及其基本点，"反映了广大人民群众迫切要求改变我国经济文化落后状况的普遍愿望，其缺点是忽视了客观的经济规律。在这次会议前后，全党同志和全国各族人民在生产建设中发挥了高度的社会主义积极性和创造精神，并取得了一定的成果"，但是因为各个方面的原因，我国国民经济发生严重困难。

1958 年 8 月 22 日溪角乡率先成立第一个人民公社——火箭人民公社。随后中山县在 8 天内快速成立 34 个人民公社，均为一乡（指传统行政意义上的大乡，一般由若干自然村组成）一社，该县人民公社化运动的速度之快、规模之大可见一斑。1958 年 10 月，中山县由 34 个人民公社合并为 7 个大公社，12 月石岐市和珠海县并入中山县后又重新划分为 10 个大公社。此后若干年该县内各区的公社规模经常调整。1958 年 8 月，沙溪区的 3 个大乡沙溪乡、溪角乡和大涌乡分别改名太阳、火箭、先锋人

---

① 冯平主编：《广东当代农业史·地方篇》，广东人民出版社 1995 年版，第 568 页。
② 中山市沙溪镇人民政府编：《沙溪镇志·经济篇》，花城出版社 1999 年版，第 146 页。

民公社；1958 年 10 月，将 3 个公社及沙朗、坦背、港口、横栏公社组成大公社，称为沙溪公社；1959 年 4 月，撤销大公社，恢复沙溪区原来地域，分成沙溪、大涌两个公社；1961 年 8 月，恢复区建制，复称沙溪区，下辖沙溪、溪角、大涌、旗北 4 个小公社；1963 年 3 月，撤区恢复公社建制，并撤销小公社，复称沙溪公社；1966 年 5 月，沙溪公社划出原大涌片，保留沙溪片及溪角片。[①]

与公社这一层级频繁变动相比，龙瑞高级合作社于 1958 年 8 月改称龙瑞大队后，到改革开放前便没有发生辖区范围和行政建制的变化。高级社的核心变化是土地等生产资料的占有方式的转变，即取消土地报酬，"入社的农民必须把私有的土地和耕畜、大型农具等主要生产资料转为合作社集体所有"，[②] 其中土地是无偿转为合作社所有，部分耕畜和农具则视具体情况有偿转变，由于绝大多数合作社生产资金紧张，大多采取分期支付方式。农民个体私有土地转为高级社集体所有，其实质是在高级社内直接取消土地报酬，集体劳动果实全部按劳分配。故取消土地报酬的根本意义在于否定土地农民个体所有权的收益权，没有收益权的所有权便不再具有任何实质意义。

事实上，土地私有的生产与财产意义在于土地自由买卖市场和地租市场的存在，而这两大市场在土地改革运动中逐渐被取消。在土地"私有私用"的收益比不上土地"私有公用"的收益，以及在大多数农户对合作社抱有较大期待的情况下，将土地转为"公有公用"是可以接受的。因而，农业合作社高级化后农民关注的是自己个人收益能否跟着集体收益的增长而增长，而不会将个人注意力聚焦于土地到底是自己还是集体的。更何况，土地集体化是党领导的社会主义改造的核心内容，这种认识或者意识从土地改革运动开始就不断为基层党员干部所宣传，农民或多或少都能感受到这股不可逆的历史潮流。

人民公社最初是把规模较小的高级社并为规模较大的、公有化程度较高的"一大二公"的乡社合一的基层组织。开始时人民公社实行单一的公社所有制，将各高级社的生产资料、公共财产、当年的生产经营收入，

---

① 冯荣球主编：《中山市档案馆指南》，中国档案出版社 2008 年版，第 277 页。

② 黄道霞主编：《建国以来农业合作化史料汇编》，中共党史出版社 1992 年版，第 353 页。

以及社员尚未折价入社的山林、果树、耕牛、农具等，一律无偿收归公社所有。正如学者所言，"这些最初的公社管理起来证明规模过大……因此，在一系列阶段中，有效的集体组织的层次变得更低了，在公社中，这种演变最先促成大队的设立，然后是设立叫做队的更小单位"。① 1960 年冬，"党中央和毛泽东同志开始纠正农村工作中'左'倾错误，并且决定对国民经济实行'调整、巩固、充实、提高'的方针，随即在刘少奇、周恩来、陈云、邓小平等同志的主持下，制定和执行了一系列正确的政策和果断的措施，这是这个历史阶段中的重要制度"。②

1960 年底，中山县贯彻中共中央《关于农村农民公社当前政策问题的紧急指示信》，明确人民公社实行三级所有、以大队为基础，将原单一的公社所有制改为以生产大队为基础的三级所有，以土地为核心的生产资料的所有权下降至生产大队，即坚持公社管理、分级经营、以大队（高级社）为经营主体的原则，各核算单位实行"四固定"。公社—营（生产大队）—连（生产队）自上而下实行定额管理制度，定任务、定时间、定质量、定奖罚到小组或个人。③ 各个核算单位实行包产量、包财务开支，超额完成公社下达的任务则给予奖励。其中，连即生产队属于最基层的生产单位，它向营即生产大队承包产量和财务。故 1956—1961 年期间，龙瑞村实行生产资料基本归生产大队所有、以生产大队为基本核算单位、以生产队为基本生产单位的"统一劳动、统一核算、统一分配"的大队一级集体经济。

二 公用型经营：大队集体统一经营的概况

龙瑞大队集体所有的耕地面积在 3000—3200 亩之间，参与集体劳动的成年劳动力在 700—900 人之间，合理安排计划、有效配置劳力是保证大队集体经济生产效率的关键。龙瑞大队从高级社到公社化期间稻谷产量、农业收入、工副业收入以及总收入的基本情况如表3－1所示。

---

① ［美］R. 麦克法夸尔、费正清编：《剑桥中华人民共和国史·上卷·革命的中国的兴起（1949—1965 年）》，谢亮生、杨品泉等译，中国社会科学出版社 1990 年版，第 277 页。

② 《关于建国以来党的若干历史问题的决议》，中国共产党中央党委会通过，中共党史出版社 2010 年版，第 76 页。

③ 中山市沙溪镇人民政府编：《沙溪镇志·经济篇》，花城出版社 1999 年版，第 147 页。

表 3 - 1　　龙瑞大队集体经济主要收入基本情况（1956—1961 年）

年份	稻谷产量（斤）	农业收入（元）	占总收入比（%）	工副业收入（元）	占总收入比（%）	总收入（元）
1956	1783316	167968	86.3	10675	5.5	193434
1957	1398757	147702	79.1	3075	1.7	186403
1958	1329658	142676	82.7	7409	4.3	172381
1959	1383338	140121	67.0	17522	8.4	209082
1960	1511843	137151	64.0	18772	8.7	214156
1961	1744822	273400	67.3	21890	5.4	406445
年平均	1525289	168170	74.5	13224	5.7	230317

注：本表只将农业收入和工副业收入录入其中，而这两项收入所占总收入比之和并非100%，是因为在集体经济总收入中还有林业收入、畜牧业收入、渔业收入和其他各项收入。但由于这些收入所占比例较小且波动较大，且农业和工副业经营基本能够反映当时的生产情况，故未将它们纳入此表。

资料来源：《沙溪公社龙瑞大队历年经济收支分配情况表》（1967 年订），藏于中山市沙溪镇龙瑞村档案室。

首先，从稻谷产量来看，6 年期间稻谷总产量年平均为 1525289 斤，其发展趋势呈"U"形，1956 年为高峰值，连续 2 年下滑后，1959 年开始复苏，到 1961 年基本恢复至 1956 年的水平，减产最严重的是 1958 年。笔者认为，在农田水利条件和农业生产技术条件并无重大变化的情况下，常规性的农业生产组织方式是影响稻谷产量的关键变量，稻谷总产量"U"形变化主要反映了生产大队适应大规模集体劳动的试错过程与经验积累。

其次，从农业收入来看，6 年期间农业收入年平均为 168170 元，其发展趋势呈"V"形，1957 年连续 4 年递减，而 1961 年突然飙升，是 1960 年的约 2 倍，是 1956 年的 1.6 倍多。这里的"农业收入"是指集体劳动所生产的农产品在与国家或其他单位发生交易时获得的货币收入。农产品包括稻谷、茨类、豆类、甘蔗和蔬菜等，其中国家征购稻谷所获得的现金收入是农业收入的主要来源。在生产大队的稻谷总产量总体平稳且国家征购稻谷计划基本不变的情况下，国家宏观价格调控①是 1961 年龙瑞大队农业收入骤增的主要原因。

最后，从工副业收入来看，6 年间工副业收入年平均为 13224 元，其发展趋势呈"√"形，于 1957 年骤减后连续 4 年逐步递增，1959 年较 1958 年增加约 2.4 倍，1961 年则是 1956 年的约 2 倍。当时的工副业包括集体创办的工厂和集体经营的副业，其中有明确记录的最早的集体工业是 1957 年高级社创办的灰厂，到 1959 年记录在案的集体企业有 6 个：木工厂、制肥厂、木屐厂、缝纫厂、刺绣厂和灰厂，是该生产大队集体工业大发展的一年，随后 3 年保持差不多的规模。而副业收入包括劳务、运输、理发、修配组等收入。据老干部刘×安回忆，当时集体企业规模毕竟比较小，能够长期吸纳农业劳动力的空间有限；副业的活计也不多，社员主要利用农闲时间从事副业。② 故当时的工副业只能作为总收入的适当补充。

总体来看，龙瑞大队集体经济经历了 1957 年和 1958 年的波动后稳步恢复，这与生产大队内部具体的生产制度有关系。生产大队下分若干生产队或生产组，1956—1961 年间生产队或生产组的安排略有变化，并不稳定。据村级档案显示，1956 年的情况不详；1957 年有 9 个作物队和 13 个禾田队，副业队情况不详；1958 年不再区分作物队和禾田队而是直接分为 10 个生产队；1959 年则划出 4 个生产队，另有万斤园队、前线队、渔业组；1960 年情况不详，可能与 1959 年差不多，但工副业组应该有所增加；1961 年开始确立了较为稳定的 8 个生产队。

高级社时期，禾田队指专门负责水稻种植的队伍，作物队指专门负责非主粮农作物生产的队伍。先来看作物队的基本情况，1957 年龙瑞大队非主粮农作物生产计划完成情况如表 3 - 2 所示。

表 3 - 2 显示，作物队共有 9 个小分队，队名分别是玉棠队、北湖队、林胜队、香焕队、炳煊队、彩荣队、华敬队、北喜队和玉成队。高级社社委根据国家任务和本队实际提出不同作物的年度产量计划，然后细分给每

---

① 根据《全国农副产品收购价格分类指数》显示，1956—1960 年期间稻谷的价格指数（以上年价格为 100）变动幅度很小，分别是 101.6、101.5、102.0、100.1、103.0，但 1961 年突然飙升至 175.1。参见国家统计局编《奋进的四十年（1949—1989）》，中国统计出版社 1989 年版，第 414 页。

② 访谈资料：刘×安，78 岁，退休干部，编号：2017 - 07 - 11。

个生产队，实行包产责任制。不同作物队需要同时负责 5—8 个品种，其中主要经营 1—2 个品种，以玉棠队为例，当年本队包产的有番瓜、番茨、红豆、木茨和花生，但主要任务是生产番茨和花生，花生当年刚好完成计划任务。当然，并不是每个作物队都要负责每项作物，一般情况是，计划产量高的、为本队社员大量消耗的则绝大部分作物队都要参与，反之则交给若干生产队伍即可。一般情况下，作物队的劳动力基本稳定，较少发生频繁调动的现象，这有利于形成较为稳定的内部协作和低成本的内部监督。而且，由于年终按照实际产量在原工分基础上进行增加或减少，可以在一定程度上防止工分贬值。非主粮作物的生产，一方面是补充社员主粮不足或者丰富社员食物，另一方面则是生产以市场交换为目的的农产品，以此增加集体经济收入。

表 3 - 2　　龙瑞大队非主粮农作物生产计划完成情况统计（1957 年）　　单位：斤

队别	青菜	毛瓜	冬瓜	芋头	番茨	备注
玉棠队	#	#	#	#	- 11512	
北湖队	- 666971	#	#	#	#	#符号表示该生产队并未参加该作物的包产生产。
林胜队	- 663280	#	#	#	#	
彩荣队	+ 17760	+ 14803	+ 2907	- 2109	#	- 符号表示该生产队未完成该作物的生产计划任务数。
炳煊队	+ 17820	+ 15268	- 577	+ 90	#	
北喜队	+ 5028	+ 3975	- 10157	- 1388	#	+ 符号表示该生产队超额完成该作物的生产计划任务数。
华敬队	+ 6120	+ 4398	- 8001	+ 597	#	
玉成队	+ 2060	+ 4359	- 11474	- 2411	#	
香焕队	+ 8715	#	- 7657	#	- 13600	

注：当时作物主要有芋头、公菜、红豆、花生、番茨、苦瓜、青瓜、冬瓜、绍菜等，限于篇幅，且部分作物产量极少，故此表只包括计划产量排名前 5 的非主粮农作物的完成情况。

资料来源：村级档案：《龙瑞农业社 1957 年财务收支决算明细分录》，卷宗号：A12.1 - 5，第 37—42 页，藏于中山市沙溪镇龙瑞村档案室。

但非主粮作物生产并非高级社的中心任务，主粮作物的生产才是最核心的任务。主粮作物的生产由禾田队负责。1957 年的禾田队共有 13 个包产单位，1958 年则减少到 10 个包产单位，其中第 10 队是由高级社党委会、管委会、学校和刘 × 希组共同组成的试验田队伍，总面积约 16 亩。

每个包产单位承包的耕地面积不一,一般按照本队劳动力数量多少来分配,面积在250—350亩。① 龙瑞大队1957年禾田队包产产量、工分比对情况如表3-3和表3-4所示。

表3-3　　龙瑞大队1957年禾田队包产产量、工分比对情况（一）

包产单位	应加工分				应减工分				增减比对实工分
	原包产工分	夏犁	施灰	小计	帮垄	上造拾穗	小计		
一队金赞	25630	797.6	152	26579.6	331.5	272	603.5		25976.1
第二队	89021.3	2963.9	601	92586.2	1261	756	2017		90569.2
三队聪旭	45530	1441.9	290	47261.9	755.6	344	1099.6		46162.3
金常	44245	1254.9	295	45794.9	781.5	352	1133.5		44661.4
妙钦	43610	1300.6	296	45206.6	771.8	322	1093.8		44112.8
五队长三	34839	954.7	218	36011.7	492	258	750		35261.7
华志	34474	928.2	218	35620.2	557.3	276	833.3		34786.9
长大	35146	1231.9	221	36598.9	406	268	674		35924.9
第六队	66567	2254.2	367	69188.2	444.1	490	934.1		68254.1
七队周咏	45831	1608	283	47742	392.5	388	780.5		46961.5
呀成	48952	1732	310	50994	425.4	446	871.4		50122.6
第八队	90224	2836.4	565	93625.4	1420	734	2154		91471.4
青年队	69417	2097	426	71940	1594.3	490	2084.3		69855.7

表3-4　　龙瑞大队1957年禾田队包产产量、工分比对情况（二）

包产单位	增减比对实工分	承包计划产量（斤）	实收产量（斤）	比对减产（斤）	减产占原产比（%）	应扣减产工分数
一队金赞	25976.1	74430	58926.5	15503.5	20.8	5410.8
第二队	90569.2	254768	172534.5	82233.5	32.3	29235.7
三队聪旭	46162.3	115942	79775.5	36166.5	31.2	13763.2

① 村藏档案:《1957年农业税计税面积产量及1957年农业实收入调查登记表》,卷宗号:A12.1-4-1957-1。

续表

包产单位	增减比对实工分	承包计划产量（斤）	实收产量（斤）	比对减产（斤）	减产占原产比（%）	应扣减产工分数
金常	44661.4	119385	90947	28438	23.8	10986.6
妙钦	44112.8	118513	85622.5	32890.5	28.3	12639.2
五队长三	35261.7	91115	72484	18631	20.4	7328.7
华志	34786.9	92692	68123	24569	26.1	9203.3
长大	35942.9	93977	74207	19770	21	7305.2
第六队	68254.1	159621	115615.5	44005.5	27.6	18817.7
七队周咏	46961.5	145026	119071	25955	16.7	8370.5
呀成	50122.6	124252	102907	21345	17.1	8030.4
第八队	91471.4	249697	192524.5	57172.5	22.9	21038.4
青年队	69855.7	171169	147175	23994	14	9779.8

资料来源：《龙瑞农业社 1957 年财务收支决算明细分录》，卷宗号：A12.1－5，第35—36页，藏于中山市沙溪镇龙瑞村档案室。表3－3 与表3－4 原为一个整体的表格，其中表3－3 是包工所得工分，而表3－4 则是包产所得工分。

通过表3－3 和表3－4 可大致了解龙瑞大队粮食生产的组织形式。

第一，根据包产单位的数量和名称可知，在13 个禾田队中，第二队、第六队、第八队和青年队（即青年突击队）内部没有细分出生产小组，说明它们是以生产队为单位进行派工生产的。第二队和第八队承包禾田面积较多、且劳动力数量较为充裕，而第六队和青年队相对较少。其他生产队内部则进一步细分为2—3 个生产单位，例如第三队和第五队，在生产队内部细分出三个生产小组，各自向高级社承包生产，生产小组的组名应该就是以组长命名的。从1958 年的《三包总计表》来看，龙瑞大队的耕地集中在长界头、十四亩基、毛壳唐、七界、鹅田、长塱、穗裕围等地段。但不同地段因土质不一样，亩产差别巨大，如长界、十四亩基、七界等较为成熟的沙田上下两造亩产可达 700—800 斤，而穗裕围、毛壳唐等较晚形成的沙田亩产只有 300—400 斤。为平衡生产队之间劳动投入和劳动产出，生产大队会将耕地肥瘦搭配分配给各生产队，故每个生产队所负责的耕地分布较为分散。

因而，龙瑞高级社实行的是"生产大队（高级社）—生产队—作业组"三级承包关系。龙瑞高级社首先根据全社劳动力和大致聚居形态粗略地划分了 8 个生产队。① 生产队既可以整体成为一个包产单位，也可分为若干生产小组分别向高级社承包任务，如第三队、第五队和第七队。这至少说明，高级社成立后生产队已经具备了以地缘为基础的准行政建制单位的性质，只是不够成熟，它还受到高级社集体经济产业结构的影响。一个生产队内部是否继续分为若干生产单位，即生产组，则由生产队自主决定，管委会不加干涉。在《龙瑞农业社财务收支明细分录（1957 年）》的"社内外结算"项目中出现了诸如"老社山园组、老社、新社（初级）、新社员（老社）、原五社、原老社、原七社、原八社"等生产单位的名称，从初级社时期的"原五社""原七社""原八社"到高级社时期的第五队、第七队、第八队变化可知，原初级社是高级社划分生产队的基本依据，这也从侧面反映了集体经济形成初期最小的生产组织单位的稳定性。

　　第二，从包工工分的统计项目来看，表 3 - 3 中工种工分主要涉及夏犁、施灰、帮垄和上造拾穗四项，而其他的比如育秧、除草、割禾等并不单独计算。据老干部刘×光②介绍，之所以把这四项单独列出来考核，是因为这四项工种是夏收后秋种的基本工种，即农业生产最忙的"双抢期"，高级社为避免这段时间因农时紧急而出现怠工或误工现象，特将此 4 项农活纳入高级社考核。比如，上造拾穗是指夏收后要求包产单位派出专人将散落在稻田里的稻穗捡起来，然后按捆扎上交高级社，高级社按照重量登记工分。拾穗者大都是本生产队没有什么劳动力的老人、小孩或妇女，这个工作是上造收割后的最后一道程序，也是高级社为了避免粮食浪费或包产单位瞒产采取的措施。帮垄和上造拾穗两项均被扣除了工分数，说明包产单位都没有按照高级社的计划落实。这有三种可能：一是确实农时太紧，包产单位都来不及做；二是包产单位整体故意集体窝工以变相留稻给本队，如集体少拾的稻穗实际上便成为本队社员额外的口粮；三是原定包工工分计算不合理而挫伤了社员的劳动积极性。

　　与 1957 年的包工工分统计相比，1958 年第 1—10 队的《三包核算

---

　　① 说明：事实上禾田承包单位中没有第四队的任何信息。笔者推测，第四队或者整体划为非主粮农作物生产队，如表 3 - 2 那样又分成了若干作物小组。或者第四队是以从事工副业为主的生产队，只是在农忙的时候参与农业生产。

　　② 访谈资料：刘×光，前任村书记，编号：2017 - 07 - 18。

表》中包工工分计算更为精细。该材料显示，1958 年详细规定禾田种植工种工分共有 10 项，比 1957 年统计项目多了 6 项，它们分别是：犁耙每亩记 12 工分、除草每亩记 90 工分、踏坏每亩记 7.2 工分、车水每亩记 20 工分、做田基按照土质分别每亩记 11 工分和 6.6 工分、除虫每亩记 10 工分、插禾每亩记 20 或 17 工分、入泥积肥每亩记 80 工分、打禾按产量每百斤记□工分、割禾每亩记 42.8 工分。[1] 另外，高级社会根据其他非包产工分和年终产量进行调整，最终核算出该生产队实际所得包工工分数。比如 1958 年规定什工每亩补 5 分、补蔗地工每亩 20 分、补割草籽三名每名 2700 分，补田间管理每亩 6 分，下秧每亩 70 分，等等。第三队当年耕种总面积 344.98 亩，总产量达 249262.5 斤，包产工分得到 124434.6 分，总成本 3435.92 元，获得总工分 134897.5 分，当年亩产 722.5 斤，每亩平均投入工分 360.6 分，折合当年工分值，每亩成本 9.96 元。[2]

　　包产责任制的年终工分是在包产原工分的基础上先增减事先议定的主要工种工分数，然后再根据实际产量增加增产工分数或减少减产工分数，最终确定该包产单位的年终实际获得的工分数。这些工分数年终核算后以生产队作为结算单位，然后由生产队内部自主进行分配，一般按本生产队劳动力人口平均分配。也就是说，属于某生产队的社员，不论他在本队劳动态度、劳动积极性、劳动技能如何，如果在本队内绝对平均主义的思想占主导，这部分人可能因生产队内部约束不到位而产生"搭便车""大呼隆"的现象。可见，高级社将劳动效率的监督责任通过包产包工的方式转移到生产单位更小的生产队或生产组，因而队长或组长的领导能力、小队内部监督机制和内部激励机制成为该生产队能否高效完成任务的关键。

　　第三，从计划产量和实收产量来看，表 3-4 显示了 1957 年 13 个禾田包产单位均未完成计划任务，实际产量只达到计划产量的 70%—85%。1958 年将计划产量改成"奋斗产量"，提出比正常年份高出 20%—30% 的增产目标。一般而言，如果实际产量在计划产量上下波动，则说明总体计划产量问题不大，但当年所有包产单位的计划产量普遍落空，则表明年初计划出问题的可能性更大。1957 年开始当地已经出现的"高指标""浮夸风"应是计划产量普遍落空的主要原因。当时每个生产队负责的地块

① 村藏档案：《1958 年第 1—10 队三包核算表》，卷宗号：A12.1-6-1958-8。
② 村藏档案：《1958 年第 1—10 队三包核算表》，卷宗号：A12.1-6-1958-8。

是固定的，劳动力多的耕地面积多一点，反之则少一点。禾田生产的计划不仅仅体现在产量方面，生产大队的管委会对具体的种植环节、谷种、行距等也都做了具体指导。例如，当时的行距规定为 15 寸，每个包产单位必须按照此标准进行插秧。相关资料显示稻谷品种有 8 种，包括官山占、兴谷、南特、上耘谷、金山占、雪占、雪谷和下耘谷，产量居前三位的是雪谷 549010 斤，兴谷 277115 斤，官山占 193269 斤。[①] 总之，管委会在生产细节方面提出如此具体的要求，说明生产队自主经营的空间较小。

三　共享型分配：大队集体统一分配的格局

1958—1961 年期间，作为一个承载着社会主义共同致富目标的新生经济形式——集体经济及其组织，创造收入是为了提升分配能力以满足社员、地方政府乃至国家的需求。如果说集体经济收入是集体组织得以维系的物质基础，那么，集体经济的收益分配机制则是集体组织能否获得合法性的关键变量。这里的合法性包含两层含义：一是自上而下的政府认可；二是自下而上的社员认同。政府的认可的关键在于集体组织能否完成国家下达的经济任务，其中农业税收的上缴是重点。社员的认同则在于集体组织能否真正促使农民家庭收入增长、提升生活水平。通过对龙瑞大队 1956—1961 年集体经济收益分配情况来分析集体组织获得上下两层合法性的主要方式。龙瑞大队 1956—1961 年的集体经济收益分配情况如表 3-5 所示。

表 3-5　　　龙瑞大队集体经济收益分配决算明细情况（1956—1961 年）

年份	税金（元）	占总收入比（%）	公积金（元）	占纯收入比（%）	公益金（元）	占纯收入比（%）	社员分配（元）	占纯收入比（%）	上缴部分（元）		占纯收入比（%）
									上缴公社	企业上缴	
1956	—		5444	3.4	2759	1.7	129736	80.3	—		
1957	24835	13.3	22758	17.3	3319	2.5	80806	43.4			
1958	—		3000	1.8			60041	36.0	4745		2.9

---

① 村藏档案：《龙瑞农业社 1957 年财务收支决算明细分录》，卷宗号：A12.1-5，第 43 页。

续表

年份	税金（元）	占总收入比（％）	公积金（元）	占纯收入比（％）	公益金（元）	占纯收入比（％）	社员分配（元）	占纯收入比（％）	上缴部分（元）		占纯收入比（％）
									上缴公社	企业上缴	
1959	25092	12.0	12090	12.5	2900	3.0	69039	72.0	12090	—	12.5
1960	21461	10.0	6066	4.2	2500	1.7	109029	74.9	2142	—	1.5
1961	29744	8.8	24283	9.3	7000	2.7	181954	69.9	3107	5050	3.1
平均值	25283	11.0	12274	8.08	3696	2.3	105101	62.75	5521	—	—

资料来源：《龙瑞农业社 1957 年财务收支决算明细分录》，卷宗号：A12.1－5；《1958年度收入分配情况表》，卷宗号：A12.1－6－1958－3；《龙瑞大队 1959 年秋收分配试算表》，卷宗号：D1.1－2－1959－3；《1960 年龙瑞大队年终分配决算表》，卷宗号：D1.1－3－1960－11；《1961 年龙瑞大队年终收支分配决算表》，卷宗号：D.1.1－4；《龙瑞大队历年经济收支分配情况表（1956—1976）》（1976 年订）。均藏于中山市沙溪镇龙瑞村档案室。

表 3－5 显示，龙瑞大队的收益分配秩序首先为社员分配，其次为国家税金，再次为公积金和公益金。不同分配项目的含义介绍如下：

其一，社员分配的"金额"包含两部分：一是口粮、瓜菜等实物分配后的折算价值；二是劳动工分年终结算的现金，这是由社员分配的两种方式决定的，即供给制和工资制。以 1960 年为例，当年社员分配总计109030.23 元，其中供给费 71054.56 元、工资发放 37975.67 元。"供给费"是大队发放给社员所有实物的价值，如"供给时间 1959 年 11 月 15日—1960 年 11 月 15 日，其中大米 457229.75 斤合 55243.14 元，毛派10190.5 斤合 407.62 元，番茨 199155 斤合 11563.46 元，木茨 5178 斤合414.24 元，叶菜 66555 斤合 2662.22 元，玉米 2586 斤合 155.16 元，其他伙食费（所有出差、外出开会等支出及生活费共 1157.86 元）。"[1] 因而，表 3－5 中"社员分配"金额＝社员年终所分配的现金＋发放粮食物质数×国家规定的牌价。

其二，税金指农业税和工副业税之和，但当时工副业发展水平极低，故此阶段的税金以农业税为主。当时的农业税以实物形式上交，国家按照各类粮食收购价进行征购，故这里的税金也是集体组织纳粮后的现金收

---

[1]　村藏档案：《1960 年龙瑞大队年终分配决算表》，卷宗号：D1.1－3－1960－11。

入。当时实行统购统销制度，粮食价格并非自然的市场价格，国家为降低工业原始积累的成本，以抑制农产品的价格为主。故以折算后的货币形式来衡量当时的农民负担，不如以实物形式的上缴情况来判断得更为准确。

其三，公积金和公益金均指本年度的提取数额。表3-5显示，公积金占比额度在本阶段内波动很大，最低年份1958年仅占纯收入的1.8%，最高年份1957年则达到17.3%。1955年出台的《章程草案》规定："公积金数量，在办社初期的时候，一般地不要超过合作社每年实际收入（生产总值扣除生产中的各项消耗）的5%，以后随着生产的发展，可以逐步地提高到10%"，[①] 而1956年6月颁布的《高级社章程》又规定："从扣除消耗以后所留下的收入当中，留出一定比例的公积金和公益金。公积金一般地不超过8%，包括归还到期的基本建设的贷款和投资在内。"[②] 龙瑞大队在公积金提取方面与上述规定存在较大偏差，要么超过规定水平的最高值，要么远低于规定水平的最低值。

很明显，这三项分配所指主体非常明确，社员分配反映的是农民个体利益，税金代表了国家利益的份额，而公积金、公益金则代表了集体自身的利益。其中任何一方主体"过度"占有都会影响其他主体的收益，所以，集体组织如何平衡三大主体间的利益成为其合法性生成的关键。

（一）国家利益之农业税：获得国家认可的基础

国家上调的粮食有四种形式：公粮、余粮、换购和超购。龙瑞大队一级集体经济时期国家上调粮食的基本情况如表3-6所示。

表3-6　　　　　　龙瑞大队国家上调粮食情况（1956—1961年）

年份	亩产（斤）	稻谷总产（斤）	公粮（斤）	占总产比（%）	余粮（斤）	占总产比（%）	换购粮（斤）	备注
1956	534	1783316	329883	18.5	428060	24.0	—	返销等量余粮
1957	429	1398757	329411	23.6	432262	30.9	—	返销等量余粮
1958	459	1329658	363766	27.4	563156	42.4	—	返销等量余粮

---

① 黄道霞主编：《建国以来农业合作化史料汇编》，中共党史出版社1992年版，第332页。
② 黄道霞主编：《建国以来农业合作化史料汇编》，中共党史出版社1992年版，第355页。

续表

年份	亩产（斤）	稻谷总产（斤）	公粮（斤）	占总产比（%）	余粮（斤）	占总产比（%）	换购粮（斤）	备注
1959	500	1383338	343635	24.8	46272	3.3	—	
1960	539	1511843	343920	22.7	75817	5.0	—	
1961	590	1744822	240758	13.8	161748	9.3	35958	
平均值	509	1525289	325229	21.3	284552	—	—	

资料来源：《龙瑞大队历年经济收支分配情况表（1956－1976）》（1976 年订）之粮食生产及分配方面情况，藏于中山市沙溪镇龙瑞村档案室。

表 3－6 显示，龙瑞大队国家上调的粮食只有三类，即公粮、余粮和换购粮，没有超购粮。从公粮提取的数量和占总产比来看，公粮提取较为稳定，1956—1960 年维持在 32 万—34 万斤之间，1961 年下调至 24.0758 万斤，一年内减少了 10.3162 万斤公粮，此后 25 年国家从龙瑞大队征收的公粮基本维持在 24 万—26 万斤稻谷之间。与公粮提取相对稳定不同，该大队余粮征收数量和占总产比的波动幅度较大。其中提取余粮最多的是 1958 年达到 56 万多斤，占当年稻谷总产量的 42.4%，1959 年又"跳水式"下降到 4.6272 万斤，仅占当年总产量的 3.3%。如果仅看国家自下而上的提取数量，1956—1958 年，即高级社的三年，以公粮和余粮形式上缴的国家农业税占总产的比例高达 40%—70%，中华人民共和国成立如果国家不采取有效的"补偿措施"，无异于是从社员基本口粮里"抢粮"，社员基于生存道义必然会采取各种形式的对抗，但当时在龙瑞大队并未发生，社员虽然口粮分配和现金分配确实连续 3 年递减，但没有引发严重的经济危机和政治危机，其关键就在"返销粮"这一项目。

在《龙瑞大队历年经济收支分配情况表》中，1956—1958 年的"余粮"数据上方用小字标注了"返销"二字，之后年份均不再有此标注，这一原表信息体现在本表的"备注"栏内。在当时的粮食政策下，"返销"应是指"返销粮"。广义的"返销粮"指国家向农业生产经营单位销售的粮食。狭义的"返销粮"指国家向农村缺粮地区当年返销给农业生产单位的口粮、种子和饲料粮。这里的缺粮地区是指因自然灾害带来粮食歉收或贫困落后地区没有能力达到粮食自给的地区，或因国家征购粮食过头而出现口粮危机地区。很明显，龙瑞大队连续三年获得与余粮等量的返销粮与国家征购粮食过度有关。从粮食实物的获得来看，返销粮与余粮相抵，当年国家实际提取的粮食数量即为公粮数，因而对社员的口粮供给影响不大。但是，由于返销粮的价格略高于当地余粮收购价格，等量稻谷的转换意味着集体组织还要支付其中的差价给国家方能获得返销粮。所以，在这"先征后返"的过程中，虽然余粮形式的稻谷最终返还给了集体，但国家利用余粮和返销粮的价格差实现了货币性农业税提取。

表 3-6 显示，国家对龙瑞大队余粮提取过高的现象于 1959 年结束，同时也结束了返销粮，此后国家粮食提取的实物总数占稻谷总产量的比例逐年下降，从 28% 下降至 23% 左右。同时国家在宏观层面调整公粮和余粮的结构，大幅降低公粮数而适当提升余粮数，由于余粮的征收价格略高于公粮的征收价格，表明国家在有意识地提高集体经济的农业现金收入。国家征购公粮和余粮的占比虽然降低，但实际征收稻谷实物并没有减少，1959—1961 年提取的总额数分别为 38.9 万斤、41.9 万斤和 43.8 万斤，这样一个国家和农户双赢局面的实现关键在于稻谷亩产的提升，表 3-6 显示，1961 年龙瑞大队稻谷亩产达到历史最高值 590 斤，超过了 1956 年的亩产 534 斤。另外，对比表 3-5 中税金占总收入比例和表 3-6 中公粮占总粮食比例发现，以货币形式计算出的国家提取比例均低于以实物形式计算出的国家提取比例，前者比后者低了近 10 个百分点。这两项均能反映农民负担，但在生产力水平较为落后且粮食价格由国家强制性规定的情况下，对普通社员来讲，实物分配比现金分配更有价值，因而，实物性国家提取比货币性国家提取更能反映真实情况。

总体来看，国家提取的绝对粮食实物总数（公粮数＋余粮数＋超购粮数/返销粮数）的比例总体维持在 23%—28% 之间，只有 1956 年的比例低于当年总产量的 1/5，即 18.5%。这一值域与中华人民共和国成立前夕的地租率 40%—60% 相比，对农民来说确实是大大减轻了农业税和地租的负担。而农村集体经济及其组织正是完成国家这一重要任务的基层载体。尽管某些年份国家提取出现异常，但集体组织能够积极配合完成国家任务，国家也及时纠正自上而下的计划偏差，从而实现了农村经济体制平稳更新和过渡的目标，这正是集体经济获得国家认可的关键所在。

（二）个人利益之社员分配：获得社员认同的关键

农民农业税负担相对减轻，有利于树立中国共产党执政的合法性。而农民对集体的认同，关键在于集体经济能否给社员带来实实在在的、且优于个体单干的经济收益。龙瑞大队 1956—1961 年期间社员口粮分配及现金分配的基本情况如表 3 - 7 所示。

表 3 - 7   龙瑞大队社员口粮分配及现金分配基本情况（1956—1961 年）

年份	口粮分配				劳动日值（元）	现金分配（元）			
	总粮额（斤）	总户数（户）	留粮人口（人）	每人每月（斤）		每劳平均	每人平均	每户平均	分配人口
1956	1784769	707	3468	43	0.95	125	48	175	2810
1957	1410608	708	3439	34	0.62	80	29	114	2760
1958	1369996	715	3275	35	0.29	58	22	84	2732
1959	842254	630	3100	23	0.33	86	28	110	2511
1960	930106	712	2980	26	0.56	113	43	159	2620
1961	1153625	680	2920	33	0.97	208	88	314	2500
平均	1248559	-		32	0.62	112	43	159	—

注：现金分配人口与留粮人口存在较大差别，说明本大队每年有 350— 680 人的非本社社员但为本社服务的人员，比如教师、医生、聘用技术人员、下乡青年以及本村非农业户等。

资料来源：村级档案：《龙瑞大队历年经济收支分配情况表（1956—1976）》（1976 年订），藏于中山市沙溪镇龙瑞村档案室。

表 3 - 7 中"口粮分配"反映社员是否有饭吃，"现金分配"则主要反映社员是否有钱花，在基层贸易市场受到国家严格控制的情况下，是否有饭吃比是否有钱花更重要。最能反映社员生活水平的是口粮分配中的"总粮额"和"每人每月平均口粮额"，其中"总粮额"是发放的稻谷总数，分年中和年尾两次发放，"每人每月平均口粮额" ＝总粮额÷留粮人口÷12（个月），故它不代表每个家庭实际分配的口粮数。生产大队会根据半劳动力和劳动力区别分配实际所得的口粮。表 3 - 7 显示龙瑞大队的口粮分配数以 1956 年的最高，每月人均口粮达 43 斤，此后连续 3 年大幅递减，1959 年跌入低谷，其数额是 1956 年的 53.5%，然后缓慢回升，但到 1961 年也没有回到 1956 年的水平。这说明社员实际所得口粮以减少为主要趋势。

表 3 - 7 中"劳动日值"和"现金分配"的变化也反映社员生活水平逐年下降的趋势。"现金分配"是指年终结算时大队社员分配的货币形式，其包括年终按工分计算所得的劳动报酬和社员口粮分配的折价款。社

员年终获得的现金收入取决于家庭劳动工分数量和当年每个劳动日值。一般而言，短期内家庭劳动力增减幅度较小，劳动日值成为衡量社员年终现金收入的关键。从劳动日值看，从 1956 年的 0.95 元下降到 1958 年的低谷 0.29 元，然后逐步回升到 1961 年的 0.97 元。这意味着，除 1961 年之外，龙瑞大队社员从集体劳动中挣取的现金数大幅减少，社员家庭手中无钱花应是普遍情况，当然有稳定外汇收入的家庭另当别论。

表 3 - 7 综合反映社员分配的基本情况是口粮分配和现金收入同时减少，且降幅不小。面对如此大的落差，农民应该对集体经济越来越失望，应该会出现大范围 "退社" 现象，但老干部汤 × 卿回忆说："当时老百姓抱怨是有的，但没有出现闹退社的！"[1] 这 "双减" 的局面居然未引起生产大队严重的经济和政治危机，原因何在？其中，现金减幅最大的发生在 1957 年至 1958 年之间，低谷出现在 1958 年，口粮减幅最大的发生在 1958 年至 1959 年之间，低谷出现在 1959 年，而这刚好发生在成立人民公社的第 1 年和第 2 年，强制性制度变迁与社员分配大幅减少之间是否存在因果联系？

叶扬兵[2]曾分析 1956—1957 年期间部分高级社减产减收的原因：一是没有及时建立生产责任制或者建立得很差；二是生产经营方针出现单一化的偏差，主粮作物与经济作物比例结构不合理；三是盲目推行生产改制和技术革命。结合 1957 年、1958 年禾田劳动工分统计可知，龙瑞大队的生产责任制最初比较粗糙，可能存在一定问题，但其提到第二、三点原因，在档案资料和访谈资料中均没有资料可佐证。因而，农业经营体制应该是这段时期内减产减收的重要原因之一。人民公社化时期，公社除了将高级社的生产资料和所积累的公共资产无偿划归公社 "名义所有"之外，其核算单位和分配单位以生产大队（原高级社）为基础，但后期公社仍拥有较大的 "调配权"。人民公社化时期，以公社为主体大搞"一平二调"，大刮共产风浮夸风，这种跨大队的平均主义对群众生产积极性的严重挫伤，与表 3 - 7 所反映的趋势高度一致。故公社管理制度的不成熟较之生产大队经营体制的不成熟，对当年农业生产的负面影

---

[1] 访谈资料：汤 × 卿，集体时代的老会计，编号：2018 - 01 - 04。
[2] 叶扬兵：《1956—1957 年合作化高潮后的农民退社风潮》，《南京大学学报》（哲学·人文科学·社会科学版）2003 年第 6 期。

响更大。

可见，农民家庭的减产减收与经济制度频繁变迁以及经营管理不成熟确实存在客观的因果关系，但当地农民并没有表现出集体性的、公开性的正面对抗或抵制，这说明龙瑞大队的减产减收并没有对该大队社员的基本生存造成根本性破坏。所谓"根本性破坏"是指农民家庭出现持续的严重的粮食饥荒情况，甚至出现较大范围的逃荒、饿死人等现象。那么，龙瑞大队社员的基本生存到底有没有遭遇"根本性破坏"？最能反映该问题的是表 3-7 中"每人每月平均口粮额"的数据。

表 3-7 显示，龙瑞大队每人每月平均口粮的年平均值为 32 斤稻谷，低于该平均值的仅 1959 年和 1960 年。以最低值即 1959 年农业生产危机最严重的这一年为例，当年每人每月人均口粮 23 斤稻谷能否保证农民家庭"不挨饿"？若以全国范围内 1978 年的农村家庭每人每月消费 41.3 斤原粮①为参照系，便可发现，1956 年龙瑞大队每人每月平均所分配的口粮 43 斤稻谷已经超过 22 年后的粮食供给平均水平。从生产能力与消费能力对比来看，1956 年稻谷亩产仅为 534 斤，1978 年亩产则为 900 斤，因而，1956 年通过"超前消费"制造了某种程度的"虚假繁荣"，这是高级社第一年能够取得社员认同的重要原因。

龙瑞大队的口粮若以 1956 年为标准，随后 5 年的"减产减收"实际上是剔除"虚假繁荣"的过程。1957 年每月每人平均 34 斤稻谷，按照当地老农提供的经验，谷壳和大米大致四六分，② 34 斤稻谷能够碾出约 20 斤大米，一人每天可食用大米 0.67 斤，按一日三餐干饭计算，每人每天每餐可食用 0.22 斤大米，即 2.2 两大米，一般情况下，新米 2.2 两可煮出 4.4 两米饭，这基本能够保证一个壮劳力的饭量。在一个家庭有小孩、老人的情况下，如果家庭不养家畜的话，这样的主粮供给已经达到温饱水

---

① 据 1988 年统计年鉴中《农民家庭平均每人主要消费品消费量》显示，1978 年农民家庭平均每人每年消费的粮食（原粮）为 247.83 公斤。所谓"原粮"一般是指未经过加工的、具有完整的外壳或保护组织的主粮。据此计算得出，1978 年在全国范围内，农村家庭每人每月消费 41.3 斤原粮。参见国家统计局编《奋进的四十年（1949—1989）》，中国统计出版社 1989 年版，第 466 页。

② 这是当地老农的经验之说。一般情况下，珠三角属于产稻区，其稻谷出米率较高。黄珍德等在《广东省全面土地改革前征粮问题初探》中提到，当时的换算单位是 1 担谷等于 100 斤谷，稻谷的出米率为 67%。这个出米率，原文中没有具体出处，但与老农的经验之说高度一致，故按照 60% 的出米率计算，应该是较为保守的。原文发表于《当代中国史研究》2018 年第 2 期。

平。在最低水平的 1959 年，每月每人平均 23 斤稻谷，意味着每人每餐可食 2.9 两米饭。因而，在大队一级集体经济期间，尽管大队分配的口粮相对于 1956 年的水平呈明显下降趋势，但哪怕是本大队最苦的 1959 年，本地社员至少也能维持"一干两稀"或"两干一稀"的口粮水平。理论上讲，由原来的三顿饱饭（1956—1958 年）下降至"干饭稀饭混着吃"（1959—1961 年），确实尚未触碰本社社员基本生存的底线，访谈中也从未听村民提过"大饥荒""饿死人"的词汇，这应该就是本队社员不闹事的根本原因。

将表 3-7 中口粮分配"总粮额"与表 3-6 中本大队"稻谷总产"对比可知，1956—1958 连续三年超额分配口粮，即本大队分配的口粮超过本大队自产的稻谷。这三年龙瑞大队实际可分配的稻谷分别约 145.3 万斤、106.9 万斤和 96.6 万斤，与表 3-7 中实际分配的口粮总额分别缺口约 33.1 万斤、34.1 万斤和 40.3 万斤。这"缺口口粮"或者通过公社内部平调补充了部分，或者其他的由粗粮作物来补充，即前文提到的，如番茨、玉米等。也就是说，这三年的自产粮食收入包括稻谷和粗粮，除了集体保留必要的种子和饲料粮之外，剩余的几乎全部分配给了社员。总体来看，1956—1958 年，国家以返销粮的方式保证社员基本生存所需，生产大队则以最小化的公共积累让利于社员，这是社员分配利益最大化的三年。1959—1961 年，一方面国家提取粮食比例平均值略高于前三年，且不再分配返销粮；另一方面集体留存的"仓库粮"每年 15 万—17 万斤，口粮分配偏紧，生活质量有所下降。但与同时期全国平均水平相比，本队老百姓的生活水平依旧属于中等偏上，当地社员与之前生活相比只需"勒紧了点裤腰带"而已。

综合国家上调粮食与本队口粮分配数的变化分析可知，集体组织在国家和社员之间所扮演的复杂角色。首先，集体组织高级社依托国家政策支持实现了基本生产资料——土地集体化。其次，国家通过间接减免粮食税大力扶植新生事物，尽力彰显高级合作社的优势，保持已入社社员对社会主义生活的热情和向往，同时激发未入社成员的入社积极性。届时集体组织在国家的大力帮助下通过提升社员生产生活水平而获得社员的基本认同。再次，当高级社发展基本稳定后，国家基于更为长远、更为宏观的发展目标，从大力扶植阶段转入适度提取阶段。在龙瑞大队农业生产条件优于全国平均水平的背景下，现代国家提取的比例远比中华人民共和国成立前提取的额度低，因而绝大部分社员可以接受这样的分配秩序。

（三）集体公共福利的体现：公积金与公益金

集体组织的公共积累主要来源于公积金、公益金以及其他集体经济收益。表3-5中"公积金"所显示的是本年度的公积金提取数额，到1961年本生产大队公积金累计总额已达68247元，其中公积金提留最少的是1958年的3000元，提留最多的是1957年为22758元，如此大幅度的变化跟公积金的外部环境有关。

一般情况下，公积金主要通过集体纯收益的提取来积累，但在某些时候也可以通过外部资源输入来积累。根据1957年《公积金及股份基金决算明细表》显示，该年因某些原因生产大队获得了4000元的建设基金和2000元的奖励金，这些"自上而下的财政转移"按规定只能划拨到公积金范围内，由此导致当年公积金占纯收入比例明显偏高。而1958年仅提取了3000元则主要受人民公社化的影响。沙溪刚建立人民公社时"实行单一的公社所有制……乃至社员参加合作社时的股份基金，都一律无偿归公社所有"。① 合作社早期公积金与股份基金并未完全区分，1957年股份基金为15239.50元，按照上述规定1958年成立火箭人民公社时，公社可将1957年的1.5万多元股份基金全部提走，这意味着当年底只留下了7000多元公积金在生产大队。这样一来，如果政策不变，生产大队所提取的公积金实际上是在为公社提取，而公社如何使用这笔钱，生产大队、生产队和普通社员根本无法左右。因而，生产大队很可能选择不提取或者尽量少提取从而使本队所创造的收入留在老百姓手里。

剩下的那些在平均值以下且没有达到5%的提取比例，应属正常情况下从集体经济纯收益中提取的额度。可见，从本大队纯收益中提取的公积金额基本没有按照相关规定来执行，而是根据本队实际情况在满足社员分配的基础上进行适当提取，说明当时的集体组织在这方面拥有较大的自主权。

本大队的公积金主要用于固定财产投入、基础设施建设和大修理三项。表3-8为1957年龙瑞大队基建及大修理支出发生额决算明细。

---

① 中山市沙溪镇人民政府编：《沙溪镇志·经济篇》，花城出版社1999年版，第147页。

表 3 – 8　　　　龙瑞大队基建及大修理支出发生额决算明细（1957 年）　　　单位：元

项目	上年余额	本年发生额支出		本年余额	备注
	借方	借方	贷方	借方	
建筑工程支出					
宿舍		333.00	0	333.00	本科目如有余额者即未完工转入"固定财产"。如无余额平衡者即已完工转入"固定财产"，但其中贮粪池及鸭舍因不属转财产而转作畜牧及种植业支出
动基疗		43.65	43.65	0	
沙萌牛栏		68.30	68.30	0	
贮粪池		3.40	3.40	0	
鸭舍		51.81	51.81	0	
灰厂		167.66	167.66	0	
总站木厕		33.30	33.30	0	
鹅舍		209.35	209.35	0	
水利工程支出					
新水闸		97.16	97.16	0	
合计		1007.63	577.47	430.16	

　　资料来源：村级档案：《龙瑞农业社 1957 年财务收支决算明细分录》，卷宗号：A12.1 – 5，第 22—23 页，藏于中山市沙溪镇龙瑞村档案室。

　　表 3 – 8 显示，本大队集体所有的固定财产以及本队生产生活条件的改善主要依靠公积金日积月累地投入。1957 年的固定财产投资了 3682.82 元、耗损了 2565.60 元，年终固定财产增加了 1117.22 元。当年固定资产投资排名前 7 位的是：购买农具离竹开支 1445.46 元、购买运输工具橹艇 1 艘开支 570 元、增加母猪 14 头投入 426 元、增加母羊 16 头投入 240 元、新建鹅舍 1 间花费 209.35 元、为纸厂修建水池花费 205.86 元、新建灰厂开支 167.66 元。这 7 项开支总额为 3264.33 元，占当年总投资额的 88.6%。[①] 可见，本大队的固定财产投入主要目标在于大型生产工具的增加和畜牧业的投入，在有余力的情况下发展集体工业。本大队基建和大修理主要包括建筑工程支出和水利工程支出，其中部分转入固定财产，部分转入其他项目支出。水利工程的建设是改善水稻灌

————————

　　① 本数据由《龙瑞农业社 1957 年财务收支决算明细分录》中的《固定财产发生额决算明细表》（表一至表四）计算所得。

溉系统，在国家基础设施投资不足的情况下，大队利用集体收益改善水利设施，确实能够体现集体组织集中力量办小农不能办的事情的优势。

公益金占纯收入的比重较小，但它发挥的作用不小。据《1957年公益金发生额决算明细表》显示，公益金主要用于本社（大队）的公共福利事业和公共文化事业。当年高级社为社员提供的公共福利包括五保户补助、妇女生育补助、社员死亡补助、保健费、武装部经费、托儿所、幼儿队7项。[①] 这7项除武装部经费外其他均为老、妇、幼的福利，体现了集体组织对社区内弱势群体的关怀。公共文化事业包括俱乐部经费、民校经费、广播经费、书报费和宣传费5项。当年公益金累计开支已达3450.37元，其中五保户补助开支占总开支的61.9%、达2135.59元，[②] 集体组织的救助功能在此得以体现。而武装部经费和民校经费则表明当时集体组织已经承担了部分基层社区的公共安全和基础教育的开支，为弥补国家在基层公共服务领域投入不足发挥重要作用。

综上所述，龙瑞大队在集体经济总收入、粮食总产量、社员现金分配三个方面的复苏从1959年开始，1961年基本回归到1956年的水平，这说明集体经济和农民个体收入均完成了整体性复苏。龙瑞大队如此快的复苏速度主要是通过生产大队自主自发的内部调适实现的。同时，生产大队在公社提取—集体积累—社员福利三者之间拥有较大的自由裁量权，亦凸显了一级集体经济较为自主的面向。

第二节　权责下放：二级集体经济的实践

一　二级集体经济并行的实践样态

1961年11月广东省委正式发布《关于实行以生产队为基本核算单位的意见》（以下简称《1961年意见》），提出生产队可进行收益分配大包干，或生产队向大队上交钱粮后，有生产经营和分配自主权的两种形式进行试点。[③] 1962年2月，中共中央《关于改变农村人民公社基本核算单位

①　村藏档案：《龙瑞农业社1957年财务收支决算明细分录》中的《1957年公益金发生额决算明细表》，卷宗号：A12.1-5，第15页。

②　村藏档案：《龙瑞农业社1957年财务收支决算明细分录》中的《1957年公益金发生额决算明细表》，卷宗号：A12.1-5，第15页。

③　广东省地方史志编纂委员会编：《广东省志·经济综述》，广东人民出版社2004年版，第241页。

问题的指示》（以下简称《1962 年指示》）详细论述了以生产队为基本核算单位的优势、必要性，以及如何调整公社、生产大队和生产队三者之间的关系，至此表明中共中央与地方政府将坚定地进行农村基本核算单位的调整，提出全国农村"应当争取时间，立即动手，宜早不宜迟"地完成以生产队为基本核算单位的经营制度调整。① 广东省根据中央的指示，全省首先对社队规模进行调整，增加公社和大队数量、缩小公社和大队规模，调整后大队规模平均 180 户，生产队 30 户。

　　龙瑞大队总户数维持在 600—700 户之间，生产队的户数在 65—95 户之间，在全省属于中等偏上的规模。之后该大队根据具体情况在内部进行了 2 次微调。第一次于 1962 年将 1961 年"大包干"的 8 个生产队调整为 9 个生产队；第二次于 1965 年将 9 个生产队调整为 8 个生产队，这一规模延续到 90 年代初期。1967 年各生产队的规模（仅指农业户和农业人口）如下：1 队 92 户 362 人、2 队 87 户 370 人、3 队 121 户 448 人、4 队 67 户 278 人、5 队 78 户 342 人、6 队 85 户 374 人、7 队 87 户 350 人、8 队 90 户 420 人。② 根据《1962 年指示》中"原来'四固定'（固定耕地、劳动力、耕畜和农具）是合理的或者大体上合理的，可以基本不动，个别调整"的建议。③ 基于此龙瑞大队只是在个别生产队之间微调，或规模偏大的一分为二，或规模偏小的合二为一，其他生产队在土地、耕畜、农具等生产资料方面并没有大规模调整。

　　与一级集体经济相比，二级集体经济的不同在于后者承认生产队作为一个相对独立的，拥有相对完整自主权的集体经济单位，以龙瑞各生产队为例，其运作方式具体如下：

　　第一，明确了生产队的生产资料所有权。此前，无论是"三包一奖"还是 1961 年实施的"大包干"，生产资料所有权归生产大队，生产队只是在"四固定"的基础上拥有长期稳定的使用权。《1962 年指示》就生产资料所有权安排做了以下规定：如土地的所有权归谁，可以斟酌情况决定，在有利于改良土壤、培养地力、保持水土和增加水利建设等前提下，可以确定归生产队所有；耕畜、农具，一般地应当归生产队所有；分散在

---

① 黄道霞主编：《建国以来农业合作化史料汇编》，中共党史出版社 1992 年版，第 677—681 页。

② 村藏档案：《1967 年度龙瑞大队年终分配决算统计表》，卷宗号：A12.1 – 13 – 1967 – 1。

③ 黄道霞主编：《建国以来农业合作化史料汇编》，中共党史出版社 1992 年版，第 680 页。

各生产队土地上的小片林木或者零星林木，一般地应当下放给生产队所有。① 可见，将主要生产资料所有权下放给生产队是这次调整的题中之义。调整之后生产队的生产资料占有权迅速扩大，这有利于稳定生产队的人心，有利于生产队为农业生产做长期投资。1962 年龙瑞大队下放的生产资料所有权主要是与主粮生产相关的生产资料，即禾田、中小型农具和耕畜，其他产业如畜牧业、林业和渔业依旧为大队所有、大队经营、大队分配，而且大队将 1961 年下放的工副业的经营权重新收回。由此形成生产大队以工副业发展为主和生产队以农业生产为主的两级集体经济在产业结构上的差异。

第二，生产队的包产单位缩小到作业组或个人。1961 年广东省委农村工作部陆续发布《关于健全定额管理、积极推行按件计酬的意见》《关于实行"包产到队、圈定地段、包工到组、管理到人"的生产责任制的意见》等意见，表明省委已经着手解决生产队内部社员与社员之间的平均主义问题，将包产包工单位进一步缩小的倾向性越发明显。1962 年 7 月在专区县委第一书记座谈会上提出"包产到户"的五种形式，汕头专区部分生产队在 1961 年 6 月到 1962 年 3 月的试点为此提供了经验。该专区洲心公社早造实施的"田间管理到户、评比奖罚"的生产责任制，使原来田间管理"一窝蜂"的现象有所好转，当年晚造在"田间管理到户"的基础上，订出落后田的产量标准，定向交给社员，承包户对自己所管地段要负产量责任，并且规定"超产奖励、只奖不罚"。"包工到户"有效地减少了社员搭便车的空间，缓和了社员之间平均主义的倾向，使公私关系得到比较合理的解决。

龙瑞大队 1966 年的《阶级成分登记表》中"家庭经济状况"—"现在"一栏提供的信息显示，生产队内分为作物队、禾田队、鱼塘组、饲养组等包产单位或管理单位，其中禾田和作物以 8—9 户为一组，包产包工到组，设组长一人。渔业、畜牧业主要是管理环节责任到个人，即生产队内部实现以包产为基础的"包工到组"和"包工到人"两种经营方式。以第八队为例，社员刘 × 乐土改时期当过农会委员，1958 年在大队"抓作物"，1963 年回第八队任作物队长，1966 年转"抓禾田"，同时兼任第

---

① 黄道霞主编：《建国以来农业合作化史料汇编》，中共党史出版社 1992 年版，第 680 页。

八队副队长；社员刘×宝在第八队看牛舍、刘×红在本队负责养鸭。① 在生产队内部以"包产到组"为主，只在规模较小的养殖业、林业、渔业方面落实管理责任到人的"包工到人"的模式，而并未大规模地出现省委提倡的"包产到户"的经营形式。生产大队以经营工副业为主，由于工副业大多需要小规模固定人员合作经营，故包产到组是其主要形式。生产资料所有权和经营权下放至生产队，有利于调动生产队的自主性和积极性。该阶段龙瑞大队稻谷亩产保持增长态势，粮食总量均在 200 万斤以上，社员每月每人平均口粮维持在 40 斤以上，社员的现金收入也维持在 400—500 元之间，这些数据表明所有权和经营权的下放与生产力提升呈正相关。

　　第三，生产队强调贯彻按劳分配原则，直接取消供给制。供给制最初是配合集体公共食堂的、具有平均主义色彩的粮食分配制度，在具体落实过程中出现了较大问题：一是社队放开肚皮大吃，不愿意坚持节约办社；二是干多干少都有得吃，集体劳动中偷懒、窝工行为大增。为了最大限度地激发社员劳动积极性，广东省委于 1962 年提出逐步降低供给制比例直至取消供给制的意见，要求全部按工分计酬分配。从龙瑞 1962—1968 年大队和小队的社员分配记录来看，② 1962 年社员分配全部按劳分配，1963—1965 年恢复部分供给制，其中 1965 年大队一级供给分配比例占社员分配总额的 3.5%—4.5%，生产队一级的供给费则不到 0.5%。这部分供给费主要是照顾本队范围的五保户和"特困"家庭。1966—1968 年分配项目中不再出现"供给"统计项，对本大队范围内的弱势家庭的帮扶物质已明确纳入公益金开支中，故不再单独列出，供给制正式退出历史舞台。

　　在农村社区直接取消供给制而实行按劳分配的工资制有利有弊。其积极的一面很明显：因为生产队分配的口粮都需要家庭拿工分来兑换，而工分的获得只能通过积极参加集体劳动来获得，这必然激发社员参与集体劳动的积极性，配合更加精准和灵活的工种管理方式，能够较好地保证集体

---

　　① 村藏档案：《龙瑞大队第八生产队阶级成分登记表》，编号：8 – 5、8 – 50、8 – 57。
　　② 村藏档案：《1962 年各生产队秋收分配试算汇总表》，卷宗号：D1. 1 – 5 – 1962 – 5；《龙瑞大队 1—9 生产队 1963 年秋收预算分配表》，卷宗号：D1. 1. – 6 – 1963 – 7；《龙瑞大队 1964 年大队企业、生产队年终决算方案统计表》，A12. 1 – 10 – 1964 – 2；《龙瑞大队 1965 年年终分配决算统计表》，卷宗号：A12. 1 – 11 – 1965 – 1；《1966 年度龙瑞大队年终分配决算统计表》，卷宗号：A12. 1 – 12 – 1966 – 1；《1967 年度龙瑞大队年终分配决算统计表》，卷宗号：A12. 1 – 13 – 1967 – 1；《1968 年度龙瑞大队年终分配决算统计表》，卷宗号：A12. 1 – 14 – 1968 – 3。

劳动的质量。其消极的一面在于，农户家庭之间因劳动力结构的差异而出现较为明显的贫富差距：劳多人少的家庭年终工分所得报酬多，减去口粮费用还有现金收入；而劳少人多的家庭能够获得的工分报酬不足以弥补所分配的口粮费用，成为队里的超支户，在特定的家庭生命周期内只能负债以维持基本生活所需。以第八队刘×欢为例，60年代以来，他家共有9人，未成年小孩5人，他父母一直在香港打工，他本人在大队鸭场当饲养员，妻子一直参加集体劳动，两人每年集体收入200元左右。尽管1964年以前父亲每月寄回100元港币补贴家用，但由于吃饭人口太多，1961—1964年每年超支70—80元，1965年则超支110元，分给他家的自留地也只够家庭内部消费。① 这种入不敷出的家庭收支结构只能随家庭劳动力结构转变而改善。

　　第四，适当增加社员自留地，鼓励发展家庭副业。1958年公社化后取消家庭副业是群众最不满意的问题之一。1959年5月，广东省委向中央和毛主席提交的《关于目前农村工作情况和部署的报告》（以下简称《1959年报告》）中提到"不要怕社员有一点家庭副业，就会闹资本主义自发势力。我们对于社员家庭副业的政策是：不能太多，也不能没有"。② 在《1962年指示》中规定生产队分配给社员的自留地可占耕地面积的5%—7%，鼓励社员开垦零星荒地，同时按饲养牲畜数量划拨适量饲料地，三者之和可占耕地面积的10%—15%。③ 1962年龙瑞大队开始以生产队为单位给社员分配自留地，每户大约1—2.5分。老百姓在自留地上一般种些瓜菜，一部分供养家禽牲畜，一部分拿到附近的菜市场出售，自留地所得的现金收入成为家庭收入的重要补充。如第八队刘×华自留地2分年收入20元，刘×焕自留地2分年收入30元，余×贞自留地1.5分年收入10元，第五队刘×南自留地1分收入10元，等等。另外有些家庭因人口多，消耗瓜菜多，自留地的产出仅够自家食用，而没有多余产品出售。当时几乎家家户户都养了1—2头猪，每头猪年终收入在30—50元之间，主要看谁家养的猪肥壮。

　　根据农户家庭劳动力的配置情况可知，该阶段大部分家庭有3份家庭

---

　　① 村藏档案：《龙瑞大队第八生产队阶级成分登记表》，编号：8-15。
　　② 黄道霞主编：《建国以来农业合作化史料汇编》，中共党史出版社1992年版，第566页。
　　③ 广东省地方史志编纂委员会编：《广东省志·经济综述》，广东人民出版社2004年版，第242页。

收入来源：一是参与集体劳动所得的工分报酬；二是依托自留地所得的家庭副业收入；三是海外劳动力的外汇收入。如果有人进入公职单位工作，家庭便有工资性收入。其中，以农业收入为主的家庭其集体劳动所得占家庭总收入的80%以上。以第八队刘×辉（全家8人，劳动力3个）为例，在其《阶级成分登记表》中详细记录了家庭现金收入情况：大兄在石岐建筑队公司每月工资60元；大嫂和他本人参加集体劳动，1961年集体收入420元、副业收入70元；1962年集体收入420元、副业收入70元；1963年集体收入500元、副业收入70元；1964年集体收入300元、副业收入70元；1965年集体收入450元、副业收入70元。[①]

综上所述，1962年农村集体经济体制全面调整的本质是生产大队下放各项权力至生产队，促使生产队成为主要生产资料的占有者、农产品的支配者、生产队一级集体经济收益的分配者，生产队的生产经营自主权得到保障。由此形成以生产队为基本核算单位、以大队为辅助核算单位的二级集体经济样态。龙瑞大队与小队二级集体经济并存的经营制度安排大致如下：适合规模经营的养殖业、林业、工副业实行大队统一经营，且以大队统筹分配为主；主粮生产和适合分散经营的副业则实行生产队统一经营，由此形成生产大队和生产队"双层"经营方式。其分配制度实行以生产队分配为主、以生产大队分配为辅的方式。生产队自主经营所得的集体收益除上缴国家税费后，剩余部分由生产队统筹分配，这有利于释放生产队的生产积极性。而家庭副业政策的调整有效地释放了个体劳动的积极性。因而，与公社化时期的生产大队一级集体经济时"吃得上饭没钱花"相比，这应该算是"吃得上饭有点钱花"的生活。

二　二级集体经济的大队统筹困境

在《1959年报告》中广东省委便发现"生产大队的一些干部不愿再下放部分权力到生产队，生产队有些干部也不愿意再下放部分权力到生产小组"，[②] 因为资源和权力的下放意味着大队一级集体经济收入的减少、大队管理权限的减弱、大队统筹能力的减弱。为了避免生产大队一级集体组织走向空壳化，在《1962年指示》中明确了基本核算单位下放后生产

---

① 村藏档案：《龙瑞大队第八生产队阶级成分登记表》，编号：8-3。

② 黄道霞主编：《建国以来农业合作化史料汇编》，中共党史出版社1992年版，第566页。

大队的地位和角色：如规定生产队仍是生产大队这一级经济组织的组成部分；农村党支部一般地仍然应当以生产大队为单位建立，以便加强全大队各方面的领导；生产大队成为各生产队的联合经济组织，执行经济方面的许多权力；它还要在公社的领导下，进行行政方面的许多工作。[①] 那么龙瑞大队随着各项权力下放后发展情况到底如何？大队一级组织是否能够维持报告中所期待的职能？本小节以龙瑞大队 1961—1968 年集体经济发展情况为例，简要分析二级集体经济并存体制下大队一级集体遇到的困难与挑战，据此来理解龙瑞于 1969 年回归大队一级集体经济的历史选择。

龙瑞大队一级和小队合计的集体经济总收入与公积金积累的基本情况如图 3-1 和图 3-2 所示。

第一，随着大队一级集体收入骤减，集体公共积累能力减弱，导致集体公共品供给和集体福利出现财政危机。图 3-1 显示，1962 年基本核算单位调整后大队一级集体经济收入骤减，此后 6 年总收入呈下滑趋势，而 8 个生产队因各项权力下放获得快速发展，生产队之收入总和呈上升趋势，但 1964 年因"四清"运动也出现了明显波折。图 3-2 显示，不论是大队公积金还是生产队公积金积累的发展趋势与它们各自的总收入发展趋势一致，在没有特殊情况下公积金积累是以总收入为基础的，其变化趋势高度一致属正常现象。其中，生产大队一级组织 8 年内公积金累计积累 64967 元、公益金累计积累 18320 元，而 8 个生产小队之和则分别是 127287 元和 25951 元。而 1965 年生产大队的公积金提取为 0 元，其公共积累能力之弱可见一斑。公积金和公益金的主要功能集中在基础设施建设、公共福利供给和公共文化供给三个方面，大队一级的集体公共积累的减弱给大队供给村庄公共品带来了财政危机。

公共福利中某些特殊人员（五保户、孕妇、特困户等）的具体福利可以直接交给生产队来承担，但超出生产队范围的中型、大型基础设施建设包括修路、修桥、修闸、河道清理等则因大队公共积累有限而无法有序开展。同时，由于生产大队领导权和管理权既无实现的物质基础也无实现的政治权威，这导致超出生产队范围的新基建项目的合作协商成本提高。另外，全大队的民政、民兵、治安和文教卫生等工作属于非生产性的公共事

---

① 黄道霞主编：《建国以来农业合作化史料汇编》，中共党史出版社 1992 年版，第 678 页。

业，其开支根据《1962 年指示》亦必须由生产大队负责。以《1963 年副业
上缴及投资综合表》①统计数据为例，补助五保户 680 元、民办小学（即溪
角小学）800 元、民兵部 400 元、幼儿队 432 元，仅这四项 1963 年的开支 2312
元，已经超过当年的公益金积累数 1368 元，公益金的亏空已经发生。随着大
队辖区内自然人口的增长，这些公共事业的开支必然逐年增加，公益金的使
用也必然是入不敷出，生产大队在这方面面临的财政压力越来越大。

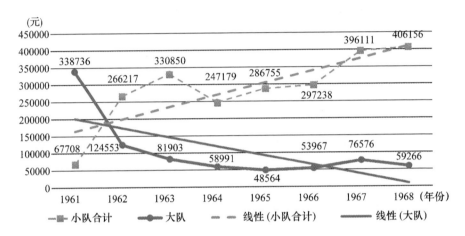

图 3 - 1　大队收入与小队合计收入对比（1961—1968 年）

注：小队合计为 8 个生产队集体经济收入之总和。

资料来源：村级档案：《1961 年龙瑞大队各生产队年终分配综合汇总》，卷宗号：A12. 1 -
7 - 1961 - 2；《1962 年各生产队秋收分配试算汇总表》，卷宗号：D1. 1 - 5 - 1962 - 5；《龙瑞大
队 1 - 9 生产队 1963 年秋收预算分配表》，卷宗号：D1. 1. - 6 - 1963 - 7；《龙瑞大队 1964 年大
队企业、生产队年终决算方案统计表》，卷宗号：A12. 1 - 10 - 1964 - 2；《龙瑞大队 1965 年年终
分配决算统计表》，卷宗号：A12. 1 - 11 - 1965 - 1；《1966 年度龙瑞大队年终分配决算统计表》，
卷宗号：A12. 1 - 12 - 1966 - 1；《1967 年度龙瑞大队年终分配决算统计表》，卷宗号：A12. 1 -
13 - 1967 - 1；《1968 年度龙瑞大队年终分配决算统计表》，卷宗号：A12. 1 - 14 - 1968 - 3。均
藏于中山市沙溪镇龙瑞村档案室。

---

① 根据《1963 年副业上缴及投资综合表》的统计，当年生产大队有以下"经营单位"：
1. 粮食加工厂；2. 灰厂；3. 中心食堂；4. 土木工程技工上缴；5. 理发业；6. 单车修配厂；
7. 配电站；8. 寿明运输组；9. 黎文什工组；10. 大队人九；11. 水利工地管理人员；12. 补助五
保户；13. 民办小学；14. 民兵部；15. 幼儿队；16. 行政费；17. 水利设施维修费；18. 农排水
电费；19. 新建排灌站；20. 其他基建工程投资。其中具有盈利性的生产单位的有 1—7 号，8—9
号属于对内服务的非盈利性生产单位，其他经营单位均为非生产性的公共服务单位。卷宗号：
D1. 1. - 6 - 1963 - 6。

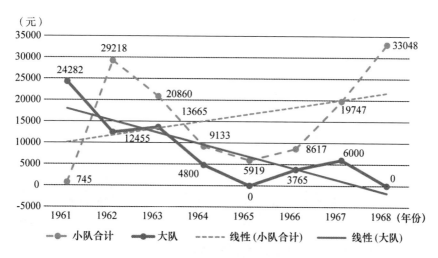

图 3 − 2　大队与小队合计公积金积累对比图（1961—1968 年）

注：小队合计为 8 个生产队集体经济收入之和。

资料来源：村级档案：《1961 年龙瑞大队各生产队年终分配综合汇总》，卷宗号：A12. 1 −
7 − 1961 − 2；《1962 年各生产队秋收分配试算汇总表》，卷宗号：D1. 1 − 5 − 1962 − 5；《龙瑞大
队 1 − 9 生产队 1963 年秋收预算分配》，卷宗号：D1. 1. − 6 − 1963 − 7；《龙瑞大队 1964 年大队
企业、生产队年终决算方案统计表》，A12. 1 − 10 − 1964 − 2；《龙瑞大队 1965 年年终分配决算
统计表》，卷宗号：A12. 1 − 11 − 1965 − 1；《1966 年度龙瑞大队年终分配决算统计表》，卷宗
号：A12. 1 − 12 − 1966 − 1；《1967 年度龙瑞大队年终分配决算统计表》，卷宗号：A12. 1 − 13 −
1967 − 1；《1968 年度龙瑞大队年终分配决算统计表》，卷宗号：A12. 1 − 14 − 1968 − 3。均藏于
中山市沙溪镇龙瑞村档案室。

　　第二，随着生产大队下放部分产业经营权，大队一级集体经济收入结
构发生变化。如图 3 − 3 所示，在龙瑞大队一级集体经济收入来源中，畜
牧业的比重下降最快，工副业的比重上升最快，渔业和林业比重上下浮
动，总体保持平衡。由此判断，大队一级集体经济收入结构经历了以畜牧
业为主向以工副业为主的转变。尽管生产大队的工副业以每年平均
14.8% 的增幅发展，但在大队经营的畜牧业大幅减少，且渔业和林业没有
实质性突破的情况下，大队一级集体经济总收入如图 3 − 1 所示，几乎是
停滞的。这说明实行二级集体经济以来，工副业成为生产大队的支柱产
业。以大队集体工业收支情况为例，1962 年工业收入 14961 元、工业支
出 16686 元，亏损 1725 元；1963 年工业收入 13162 元、工业支出 9140

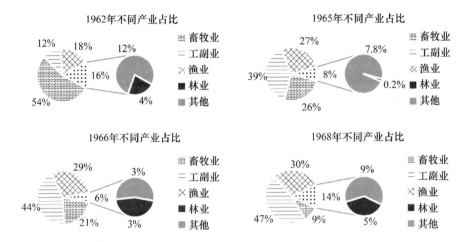

图 3 - 3　龙瑞大队若干年份不同产业收入占比情况

资料来源：《1962 年溪角公社各大、小队现金分配方案统计表》，卷宗号：A12. 1 - 8 - 1962 - 2；《龙瑞大队 1965 年年终分配决算收支表》，卷宗号：A12. 1 - 11 - 1965 - 2；《1966 年度龙瑞大队年终分配方案》，卷宗号：A12. 1 - 12 - 1966 - 2；《1968 年龙瑞大、小队年终分配决算明细统计表》，卷宗号：A12. 1 - 14 - 1968 - 4，均藏于中山市沙溪镇龙瑞村档案室。

元，盈利 4022 元；1965 年工业收入 30479 元、工业支出 16787 元，盈利 13692 元；1968 年工业收入 27908 元、工业支出 3741 元，盈利 24167 元。[①] 可见，1963 年开始大队一级集体工业纯收入快速增加，极大地激励着大队干部们"鼓足干劲大办工业"，因为集体企业所产生的回报率远高于其他行业。

　　但在劳动力和基本生产资料归生产队调配和统筹的情况下，大队集体工副业发展因劳动力和资金限制而显得发展后劲不足。首先是工业资金不足的问题。兴办企业和企业扩张是需要大量投入的，通常这笔资金主要从大队公积金支出。但当时的情况是，一方面由于公积金积累过于缓慢，另一方面其中大部分用于公共水利维修、公共水电费等"硬性"支出，能够转为发展工业的资金极为有限。其次是劳动力的调配问题。在两级集体

　　① 村藏档案：《1962 年公社大队企业收益分配表》，卷宗号：A12. 1 - 8 - 1962 - 6；《1963 年副业上缴及投资综合表》，卷宗号：D1. 1. - 6 - 1963 - 6；《龙瑞大队 1965 年年终分配决算补充资料》，卷宗号：A12. 1 - 11 - 1965 - 4；《1968 年年终分配决算统计表补充资料》，卷宗号：A12. 1 - 14 - 1968 - 6。

经济经营体制下，为保证生产队农业生产，中央和地方都明令限制生产大队随意抽调生产队的劳动力，龙瑞大队只有10%—15%的劳动力可灵活支配从事工业生产。以1963年为例，3个集体工厂包括粮食加工厂、灰厂和中心食堂共有劳动力14人，仅占当年总劳动力（132人）的10.6%；其他劳动力中从事科教文卫及大队管理的大约30人，占总劳力的约22.7%，剩下的66.7%的劳动力则分布在农、林、牧和渔业。①

综上可知，实行以生产队为基本核算单位、以生产大队为次要核算单位的两级集体经济体制下，大队一级集体组织一方面出现了集体经济收入减少、集体组织公共积累能力减弱的困境，另一方面集体组织在全队公共服务方面的开支不断增加、集体企业扩大再生产的需求增加。生产大队所面临的"收不抵支""发展后劲不足"的经济压力成为它自发寻求变革的内在动力，以生产大队为基本核算单位、以差别分配为特点的大队一级集体经济体制正是在这样的困局下出现的。但图3-1显示，在二级集体经济期间，生产队在自主经营、自主分配的过程中生产队一级集体经济迅猛发展，社员的生活水平也不断提升，生产大队在没有明确政策支持、没有任何经济优势的情况下，重新收回已经下放近10年的统筹权力谈何容易！接下来主要从社区平均主义、产业异质性特点、基层干部人格特性等方面简要分析龙瑞大队是如何完成这一历史性转变的。

第一，穷队拉平富队的平均主义思想成为动员社员的心理基础。在生产队自主发展期间，各队因管理水平、资源禀赋而产生的贫富差距越来越明显。据前任村书记刘×光②介绍："1969年统一生产队经济之前，穷队的老百姓看到邻居富队年终收入比自己高，生活水平也比自己高，心里就不太舒服，因为10年前大家都是从同一起跑线起跑的，怎么过着过着别人就比自己富裕这么多呢?! 尤其是我们这种内部关系极为紧密的宗族社会，老百姓对这种差距特别敏感！"1965—1968年每个生产队的《年终分配方案》中劳动日值与每个劳动力平均分配水平的情况如表3-9所示，据此可以了解8个生产队的贫富状况。

---

① 村藏档案：《1963年副业上缴及投资综合表》，卷宗号：D1.1.-6-1963-6。
② 访谈资料：刘×光，前任村书记，编号：2017-07-18。

表 3 – 9　　　　　龙瑞 8 个生产队生产水平统计情况（1965—1968 年）　　　　单位：元

队别	项目	1965	1966	1967	1968	年均值	排名
1 队	劳动日值	0.49	0.28	0.63	0.69	0.52	5
	每劳平均	161	93	178	170	151	⑤
2 队	劳动日值	0.51	0.47	0.63	0.69	0.58	4
	每劳平均	151	156	207	240	189	②
3 队	劳动日值	0.60	0.46	0.66	0.63	0.59	3
	每劳平均	149	107	170	162	147	⑦
4 队	劳动日值	0.54	0.50	0.54	0.48	0.52	5
	每劳平均	141	153	158	139	148	⑥
5 队	劳动日值	0.53	0.41	0.58	0.49	0.50	6
	每劳平均	149	126	166	129	143	⑧
6 队	劳动日值	0.65	0.49	0.62	0.72	0.62	2
	每劳平均	134	140	176	172	156	④
7 队	劳动日值	0.90	0.59	0.90	1.01	0.85	1
	每劳平均	254	158	240	256	227	①
8 队	劳动日值	0.60	0.50	0.70	0.57	0.59	3
	每劳平均	173	172	185	176	177	③

资料来源：村级档案：《龙瑞大队 1965 年年终分配决算统计表》，卷宗号：A12.1 – 11 – 1965 – 1；《1966 年度龙瑞大队年终分配决算统计表》，卷宗号：A12.1 – 12 – 1966 – 1；《1967 年度龙瑞大队年终分配决算统计表》，卷宗号：A12.1 – 13 – 1967 – 1；《1968 年龙瑞大、小队年终分配决算明细统计表》，卷宗号：A12.1 – 14 – 1968 – 4。均藏于中山市沙溪镇龙瑞村档案室。

表 3 – 9 中，劳动日值反映的是本队总体劳动生产效率，而每劳平均（每劳动力平均分配水平）则反映的是劳动回报效率。综合此两项数据的年均值来看，生产队之间的社员人均收入确实存在较大的差距。从年均值来看，7 队劳动日值 0.85 元，每劳动力平均分配水平 227 元，是最弱生产队 5 队的 1.7 倍和 1.6 倍，其生产效率在全队范围内的领先地位是显而易见的。以劳动日值的年均值为标准，8 个生产队的年均值平均数为0.60，以此为依据，将年均值超过 0.65 的列为第一梯队，年均值在0.55—0.65 之间的列为第二梯队，年均值在 0.55 以下的列为第三梯队，这样第一梯队只有 7 队，第二梯队有 2 队、3 队、6 队和 8 队，第三梯队

有 1 队、4 队和 5 队。以每劳动力平均分配水平的年均值为标准，8 个生产队的平均数为 167 元，超过平均水平线的有 7 队、2 队和 8 队，其他 5个生产队均在平均水平以下。如果生产大队的"统一"是以"统一核算、统一分配"为目标的话，就意味着排名前三位的"富队"将被后五位的"穷队"拉平，或者说统一之后富队的生产效率和个人收入可能呈下滑趋势。因而，当大队干部向生产队长们传达"统一计划"时，最先表态支持的便是村庄的"穷队"，相反，富队从本队集体和社员利益出发，对此事则表示不欢迎、不愿意。

那么，在大队同意之前各生产队之间的贫富差距到底如何？这里只能根据统一之前的《1968 年度各生产队农业生产情况统计表》和 1964 年统计的《龙瑞大队各生产队固定资产一览表》做简要分析。

1968 年大队对生产队的人口、农用机械、农用地和主要作物产量进行了简单统计：其中禾田面积在 365—380 亩之间的有 1 队、3 队、7 队和8 队，其他生产队的禾田面积在 270—320 亩之间，2 队情况不详。从总耕地面积（包括禾田面积和其他农用地面积）来看，面积最大的是 3 队，达 455 亩，最小的 4 队只有 332 亩；农用船艇分绞泥艇和其他船艇，除了6 队有 1 只绞泥艇外，其他生产队都有 4—6 只船艇；轴流水泵和马达除 4队、5 队和 6 队没有外，其他各队各有 1 台；饲料打浆机只有 3 队和 7 队各有 1 台，其他均无。[①] 从 1968 年的这组统计数据来看：首先，这次统计以了解生产队农业机械化水平为主；其次，它反映了 8 个生产队在农用机械方面差别不大；最后，各队之间耕地总面积有一定差距，但老干部反映实际上人均耕地面积差不多。所以，从农业生产资料的占有情况来看，8 个生产队之间的差别确实不大。

龙瑞 8 个生产队固定资产统计情况如表 3 - 10 所示，可进一步从各生产队的固定资产来判断其贫富差距。

表 3 - 10　　　　龙瑞 8 个生产队固定资产统计（1964 年）情况　　　　单位：元

项目	1 队	2 队	3 队	4 队	5 队	6 队	7 队	8 队	9 队
固定总资产	9410	9102	6111	5665	6987	6174	8420	5043	4312

① 村藏档案：《1968 年度各生产队农业生产情况统计表》，卷宗号：A12. 1 - 14 - 1968 - 1。

续表

项目	1队	2队	3队	4队	5队	6队	7队	8队	9队
人均固定资产	27.8	23.5	15.4	22.3	23.8	19.5	26.2	24.1	23.7
主要资产项目									
耕牛 （头/总值）	7/4955	5/5780	6/4400	5/3500	5/3924	5/4786	6/5592	3/2400	3/3389
农艇 （只/总值）	2/235	2/100	3/240	3/500	4/1800	1/120	4/743	6/360	0
瓦房 （间/总值）	2/2246	1/295	1/290	0	1/200	2/568	0	1/128	1216
猪舍 （间/总值）	1/500	1/510	1/290	1/150	1/198	0	1/167	1/960	1/268
牛舍 （间/总值）	1/300	1/380	1/180	0	0	0	1/1029	1/540	0

注：（1）原始表格即《龙瑞大队各生产队固定资产一览表》详细地统计了 19 项固定财产，包括耕牛、母猪、母鹅、牛舍、猪舍、鹅舍、基寮、民间瓦房、犁耙、水车、风柜、艇、拖泥艇、胶轮车、收音机、电镀表（线）、车踏、喷雾器、家具设备。每一个项目均按数量、单位和总值分类统计，9 个生产队 19 个项目总价值为 61244 元，其中价值由降序排列前五位的是耕牛（38724 元）、拖泥艇（4098 元）、民间瓦房（3943 元）、猪舍（3043 元）和牛舍（2429 元）。这里的"民间瓦房"是指生产队的办公开会的场所，拖泥艇主要是河道清淤肥田的运输工具。（2）本表中的 8 队和 9 队在 1965 年合并为 8 队，后文分析中的 8 队代表两队之整体单位。（3）耕牛的价值因耕牛大小而不同，农艇的价值因装载吨位不同而不同，猪舍、牛舍的价值因面积大小而不同。（4）"人均固定资产"是指本队固定总资产/本队农业人口。按当地统计标准，"农业人口"是指从事农、林、牧、副、渔生产的劳动者及其供养家庭，包括到大队或生产队上交现金购买工分、由大队或生产队供应口粮的其他劳动力及其供养家属。

资料来源：村级档案：《龙瑞大队各生产队固定资产一览表》，卷宗号：D1.1-7-1964-2，藏于中山市沙溪镇龙瑞村档案室。

表 3-10 显示，各生产队在固定总资产方面存在较大差距，但人均固定资产除了 3 队明显落后之外，其他小队之间虽有差距但并不大。其中最能反映禾田生产力水平的耕牛和水上运输农具农艇，除 9 队生产力较为落后外，其他生产队之间的差别较小。如果按照人均固定资产来排序的话，

在第一梯队的是 1 队和 7 队，属于第二梯队的有 2 队、4 队、5 队、8 队和 9 队，剩下的 3 队和 6 队则属于第三梯队。结合表 3 - 9 提供的信息可知，经过 4 年发展后，1 队实力下降幅度最大，3 队实力一直比较薄弱，7 队一直保持领先的地位，2 队和 8 队紧跟其后发展较快，4 队、5 队和 6 队则相对缓慢。因而，8 个生产队呈现的是一个"两极差距大、中间差距小"的"橄榄式"整体结构。因而在大队干部看来，生产队之间的总体差别不算特别大，因而"统一"的关键是如何做通富裕生产队的思想工作。

第二，大队干部的政治身份为软化富队队长提供治理权威。当时大队干部共 9 人，书记刘 × 祥，副书记刘 × 州和刘 × 希（兼任大队长），支部委员 6 人。大队实现集中统一领导首先需得到大队领导班子成员的坚定支持，否则，内部意见分歧重大可能造成 8 个生产队长不必要的分裂。在此可通过三位主职干部的履历来了解班子成员的团结度和默契度。刘 × 希 1957—1962 年担任大队长（支部委员兼任大队长），1963—1965 年任大队书记，1966—1969 年又转当大队长，1970—1983 年连任大队书记，1983—1991 年任职村主任直到退休。刘 × 州 1955—1959 年任村长，1960—1963 年情况不详，1964—1983 年连任支部副书记，1984—1986 年担任村长直至退休。刘 × 祥 1956 年成为支部委员后，1956—1965 年情况不详，1966—1969 年当任一届大队书记后便退出村庄政治舞台。[①] 这 3 位领导的履历说明，刘 × 希的管理经验最为丰富，刘 × 州次之，刘 × 祥则相对简单。

在一个熟人社会中，村庄政治精英的权威是在长期做事过程中积累下来的。根据他们的履历可大致判断，刘 × 希在大队长和大队书记之间已经任职十多年，他所具有的大队全局意识、大队长远发展规划应该比刘 × 祥书记更清晰些。刘 × 州也应该算是合作社以来的大队老干部，他们俩在大队工作上合作多年。刘 × 祥虽为大队书记，但由于其任职经历有限，凡事应该是与两位副书记商量着来的。因而，仅就时任大队主职干部的权威和团结性来看，这么重大的村庄事件之所以能够提出来，三人此前应交换过意见并达成默契，以刘 × 祥为核心的大队班子成员对"大队再统一"的认识是高度一致的。

---

① 村藏档案：《历任党支部书记名表》《历任主任名表》，卷宗号：A12. 1 - 50 - 1994 - 14。

　　在大队领导班子内部思想高度统一的情况下，他们便可放手下队去做生产队长的思想工作。据刘×光老书记[①]回忆，"当时确实有几个生产队长不同意，但不同意也没有办法，当时穷队队长多，少数服从多数，这是集体决策嘛！况且，当时有上面下来的工作组专门到我们大队指导工作的，上面都派工作组下来了，这说明上面也是支持的，也是必须完成的政治任务……"老书记的回忆凸显了以下两大原则在"统一事业"中的作用：一是大队内部重大事务决策坚持少数服从多数的原则；二是大队决策所隐含的社会权威与生产队长服从组织安排的心理相互作用所产生的"服从原则"。结合表3－9和表3－10可知，当时最富裕的生产队是7队，1964年本队固定资产排名第三，人均固定资产额排名第二，统一前5年其劳动生产日值每年排第一，每劳动力平均分配水平除1966年排名第二之外其他年份均排名第一，故7队队长应该是当时大队集中"攻破"的对象。

　　第三，大队工副业在劳动强度和劳动回报率方面具有相对优势。小作坊式的工业往往以小而精的、稳定搭档的工作小组为生产单位。在一个相对封闭的场所进行专业性较强但容易操作的工种，其劳动强度与"整天到田里晒着太阳干活"相比，老百姓觉得更轻松些。而副业则以个体农户或专业团队为主，因为其对外服务性的特点，其工作方式更灵活、更自由，它是社员"能够到处转转"的最好方式。以建筑队为例，一般由大队承包一些中小型水利工程，然后交给建筑队来完成。原村两委委员刘×富曾经当过建筑队队长，他说道："当时年青人都喜欢往建筑队来，干活虽然苦但可以出来透透气，尤其是那些生产队长叫不动、调皮捣蛋的年轻人，就让我们带着出去干活。"[②] 随着区域内商品市场逐步放开，如图3－3所示，大队工副业的经营收入不断提高，工副业所创造的劳动力市场价值高于农业生产创造的价值。更重要的是，本队在中华人民共和国成立前夕就有大量从事工商业的群体，能够在集体时代从事工副业对他们来说是一种"传统延续"。而对于那些不愿意干农活的村民来讲，与"偷渡港澳""无证流浪"相比，被大队名正言顺地调入工副业不失为一种最安全的"逃离农业"的途径。

----

① 访谈资料：刘×光，前任村书记，编号：2017－07－18。
② 访谈资料：刘×富，原村两委委员，编号：2017－12－29。

第三节　效率优先：一级集体经济的再整合

1968 年底至 1969 年初"大队一级集体经济"的回归，既是在大队集体经济发展面临困境时的自主改革，也是在一定历史条件推动下的发展趋势，此后龙瑞村一直坚持大队一级集体经济并延续至今。刘×安①回忆说："当时大队向生产队保证，统一核算、统一分配后，保证每个生产队社员的收入都有所增加，富队也是一样，绝不让他们因为统一而降低社员个人收入。"当时大队通过"赎买"的方式收回主要的生产工具和固定资产，因大队所积累的资金不可能直接兑现给各生产队，故部分应付款按照3—5 年分期支付给生产队。耕地的所有权则无偿收归大队，但主要生产工具和土地的使用权长期固定在各个生产队，没有特殊情况，大队承诺尽量不随意调配使用。为了尽量减少生产队长因大队收权而产生的失落感，大队在保证他们个人收入不减少的同时赋予他们在农业生产方面的管理权。需要注意的是，生产大队花如此巨大的力气收回核心权力并不是要回到"公社化"时期的"一大二公"，而是从资源集中和劳动力配置的角度出发，提高整个生产大队的经济实力，因而具体管理方式有所调整，坚持效率优先、兼顾公平的原则。

一　"工农分管"：多元化经营体制

从 1969—1982 年的集体经济总收入来看，增长是其主流趋势，而增长的动力源主要在工副业。1970—1978 年间大队直接经营的工副业单位有：粮食加工厂、砖瓦厂、配电站、竹绳厂、灰厂、沙场、农机站、米粉厂、车衣组、理发组、炸药组、五金组、木工组、牙科组、单车组、修船组、外出劳务组、建筑队。1975 年将新建的对外开放的卫生站列入其中，1978 年出现饲料加工场、糕粉加工厂等，1979 年出现汽车运输队、船运队、棕刷厂、蒸笼组、照相组等，1980 年新增酒厂、新建汽车东站、开发旅游业等。② 凡是本地区域市场有需求的，龙瑞大队均第一时间捕捉

---

① 访谈资料：刘×安，78 岁，退休干部，编号：2017 - 07 - 11。

② 村藏档案：《1970 年龙瑞大队秋季分配试算方案》，卷宗号：A12. 1 - 16 - 1970 - 11；1971—1980 年《龙瑞大队年终结算分配方案》，卷宗号分别为：A12. 1 - 17 - 1971 - 2；A12. 1 - 18 - 1972 - 1；A12. 1 - 19 - 1973 - 4；A12. 1 - 20 - 1974 - 3；A12. 1 - 21 - 1975 - 2；A12. 1 - 22 - 1976 - 2；A12. 1 - 23 - 1977 - 1；A12. 1 - 24 - 1978 - 3；A12. 1 - 25 - 1979 - 2；A12. 1 - 26 - 1980 - 3。

到，然后迅速调配劳动力组成小规模队伍参与经营。如何有效管理如此众多的工副业生产单位成为 1970 年以后大队集体组织的中心工作，其中工副业的流动资金与财务管理、工副业的生产效率等是核心内容。

大队根据工副业种类的不同性质采取不同的管理方式。一些规模较小、工作场所不固定的副业则实行承包制或包干制。比如建筑队，1978 年专业人员已有 35 人，由建筑队长何 × 负责。① 当时建筑队承包的工程项目一般是生产大队找来的，最初以修房子、圈舍为主，后来发展为小型水利工程。生产大队包料、建筑队包工，按照进度和质量完成工程后由大队登记工分。由于建筑队内部工种较多，每个劳动者的所得工分一般由队长来确定。另有一些小成本的副业，如木工、理发、单车组等，他们自己在外找活干，每月上交大队规定的收益便可获得"口粮工分"，剩下的收益则归社员自主支配。

一些规模较大、工作人员固定、工作场地固定的工厂类，一般采取经营单位独立核算、统筹分配，既有计件计酬也有计时计酬。以大队集体砖厂为例，1978 年砖厂工作人员 51 人，作为一个独立核算单位，砖厂由大队派周 × 负责，同时选派会计、出纳、保管员等管理人员。"独立核算"是指生产单位单独核算投入与产出，一般分年中和年尾两次与大队结算，单位盈利全部上交，超产部分设奖励工分。砖厂的生产安排全权交由负责人，生产大队则按实际产量给社员记工分。其产品砖头有两种销售方式：一是定点采购的，由大队组成运输队负责发货到采购单位，大队根据距离远近、运输数量给运输者记工；二是零散销售的，由少数村民自己从大队低价买入后再高价卖给社外单位或个人，然后上交部分所得利润就能换取工分，如规定每天上交 2 元利润给大队可获 10 个工分，剩下的收入便归社员所有。据村干部回忆，当时能够做买卖中介的社员是少数，因为这需要有自己小型的运输工具，或者社员人脉广能够找到带有运输工具的买主，他就可以直接赚取中间差价。②

生产大队根据每一项行业的组织规模和生产方式的特点采取多元化的经营管理手段，主要通过经济激励来激发他们的生产积极性。一些标准化、计量化操作较为容易的工副业以小规模作业组为单位由大队直接管

---

① 村藏档案：《1978 年上半年龙瑞大队工副业情况统计表》，卷宗号：A12.1 – 24 – 1978 – 2。
② 访谈资料：刘 × 柱，60 岁，村两委退休干部，编号：2017 – 07 – 06。

理；同时赋予某些规模生产的经营单位一定自主权，集中表现为拥有
"独立核算"权限的单位，他们可先在单位内部对年终收益进行初步分
配，主要是根据下年度生产计划预留必要的流动资金。尽管这个预分方案
必须经过生产大队的同意，但至少本单位可就分配发表自己的意见，同时
配合"超产奖励"的激励制度，对责任人和劳动者均有一定的正向激励
作用。以1968—1980年为例，1968年大队工副业纯收入27908元，1970
年纯收入184399元，1972年增加到216816元，1974年达到367402元，
1976年纯收入减少为290322元，1978年继续减少到272279元，1980年
快速回升至390896元。[①] 这期间大队工副业纯收入增长14倍，其增长速
度确实惊人。

　　如果说1969—1983年期间龙瑞大队干部的重心是放在工副业，对
工副业采取直接管理经营的方式，那么，龙瑞大队农业生产则属于间接
管理，其生产自主权仍归小队长。正如前文所述，为了减少大队再统一
的阻力，在农业领域大队并没有剥夺生产队的经营权，但大队利用新的
统筹权力将重心放在了农田水利条件的改善和农业社会化服务方面。据
村干部刘×柱介绍，回归大队一级集体经济后，农业生产条件发生了以
下变化：

　　　　没有统一之前，生产队之间有插花地，不太好耕种，调整后就是
　　一大块一大块的，基本上是在原来生产队的基础上划整齐了。调整后
　　一个生产队就是一整块民田，1—2块沙田，调整前一个生产队大约
　　有5—6块耕地。另外，统一后最优越的是水利管理。将耕地整块分
　　好后，生产大队重新规划了河道，将以前弯弯曲曲的河道重新拉直。
　　以前地块还不在一起的时候，由于河道太宽，干旱时水位低的时候，
　　就要派大量劳动力用脚力汲水到田里，这一块那一块的，耗时耗力还
　　是有些地方浇不上水。河道拉直疏通后用电抽水只需要3个小时就可

---

　　① 村藏档案：《1968年年终分配决算统计表补充资料》，卷宗号：A12.1 - 14 - 1968 - 6；
《1970年龙瑞大队年终分配统计表》，卷宗号：A12.1 - 16 - 1970 - 3；《1972年龙瑞大队年终结
算分配方案》，卷宗号：A12.1 - 18 - 1972 - 1；《1974年龙瑞大队年终决算分配方案》，卷宗号：
A12.1 - 20 - 1974 - 3；《1976年龙瑞大队年终决算分配方案》，卷宗号：A12.1 - 22 - 1976 - 2；
《1978年龙瑞大队年终分配方案预算表》，卷宗号：A12.1 - 24 - 1978 - 3。

以了。①

　　可见，回归大队一级集体经济后，在农业方面大队主要的工作：一是调整土地，小块并大块，为农业规模经营奠定地权基础；二是大力改善本大队农田水利设施，提升农业种植的自然条件。20 世纪 70 年代随着农业机械的发展和农药化肥的使用，影响农作物生产效率的关键逐渐转移到农业科技、农田水利的投入方面。因而在农业方面，大队集体由 50 年代中后期的直接经营者转变为统筹服务者。大队的重心不再是"改造劳动者"而是"改造生产环境"。"对劳动者改造"的重任实际上仍然留给了最基层的生产组织——生产队。实际上，生产队是一个规模更小、人情密度更高、社会关联更密的"熟人社会"，基于人情面子、村规民约等内部非正式制度而产生的约束力更能发挥作用。

二　"异工异酬"：差别分配的落实

　　20 世纪 70 年代随着工副业快速发展，围绕工副业报酬和农业报酬的分配问题也日渐突出。1970 年工副业每劳动力产生的净产值 474 元、农业为 303 元，1972 年工副业每劳动力产生的净产值 557 元、农业为 324 元，② 这意味着全队纯收益中 37%—38% 的财富是由不到 20% 的劳动力创造的，工副业生产者比农业生产者效率更高。但在大队一级集体经济实行"统一分配"的方式下，他们得到的报酬与贡献较小的农业生产者是一样的，用他们自己的话说就是"吃农业饭的拉低了吃工副业饭的"。而且随着农业人均劳动力水平在大队统一后的前三年连续下跌，从事工副业的社员越来越觉得不公平："我们越来越努力，生产效率不断提高，他们（主要指从事农业生产的社员）越来越懒，生产效率越来越低，但人均收入还在提高，这不是明摆着搭我们便车嘛！这怎么行！"③ 到 1972 年

---

　　①　访谈资料：刘×柱，60 岁，村两委退休干部，编号：2017 - 07 - 06。
　　②　说明：1970 年工副业每劳净产值为当年工副业总产值÷从事农业的劳动力所得，农业每劳净产值为当年农业总产值÷从事农业的劳动力所得。尽管 1969—1972 年劳动力具体情况分配的资料不足，但根据 1978 年以前工副业的行业数量和行业类型来看，由于它们的变化极小，人数规模变化应该不会太大。因而，笔者暂且以 1978 年的工副业劳动力人数 389 人为标准，以 1973 年统计的农业生产劳动人数 1024 人为标准，大致推算 1970 年、1972 年工副业和农业的每一劳动提供的净产值。
　　③　访谈资料：刘×柱，60 岁，村两委退休干部，编号：2017 - 07 - 06。

从事工副业生产的社员怨言越来越大，生产大队也很快意识到工农劳动生产效率的不同与工农"同工同酬、统一分配"之间的张力。如果继续放任下去，会严重挫伤从事工副业生产社员的劳动积极性，将不利于大队一级集体经济的持续发展。

于是，大队干部迅速召集全体干部和社员代表开会，就如何解决上述问题看看大家的意见，最终达成了"差别分配"新方案，该方案于1973年实施。所谓"差别分配"是指生产大队在年终分为两个分配单位，即"企业单位分配"和"生产队分配"，即凡属于大队企业单位的劳动者年终按照企业单位劳动日值进行分配，其中包括在大队直属单位（包括工副业、渔业、畜牧业）工作的社员、乡村教师、乡村医生、大队干部等由大队记录工分的社员；其他社员则在其所在生产队以农业生产效率进行分配。以1974年为例，企业单位分配金额194016.77元，总工分2204736分，劳动日值为0.88元；生产队分配总金额为293940.41元，总工分为3340232分，8个生产队的劳动日值分别为1队0.94元、2队0.90元、3队0.87元、4队0.73元、5队0.78元、6队1.02元、7队0.95元、8队0.81元，① 可见有些生产队劳动日值高于大队企业，有些则低于大队企业。其中生产队长管理水平、社员劳动协作水平、农业生产技术肥料投入水平等是影响生产队农业生产效率的主要变量。

按照1969年大队赋予生产队的权限，生产队的经营范围是农业，即稻谷和作物生产，实行"包产量、包成本、包工分"的"三包"定额管理。其年终分配方法是：首先生产大队从每个生产队年终总收入提取公益金和公积金（均按照本生产队总收入的10%比例提取）以及上年应付未付款；然后计算出大队当年应付给生产队的"大队各项保姆金额"和"大队下拨金额"，两者相加减即为本生产队当年可分配的"纯收入"；最后由"纯收入"除以当年本生产队的"总工分"计算出本队劳动日值，凡属于本生产队登记的"工分"均按照此工分值计酬。全大队从事非农生产的社员则统一在"大队企业单位"内参与分配。如此，就形成了以工副业和农业区别对待的"差别分配"制度。与"统一分配"相比，"差别分配"不仅将农业与工副业"异工同酬"的问题解决了，而且在一定

---

① 村藏档案：《1974年龙瑞大队年终分配核算情况表》，卷宗号：A12.1-20-1974-4；《1974年生产队级分配核算情况》，卷宗号：A12.1-20-1974-5。

程度上解决了生产队与生产队之间的平均主义问题。

第四节　小结：公有公用共享型集体产权的成熟

综上所述，集体化时代龙瑞集体经济经历了生成—分化—再整合三个阶段。与私有公用私享型合作经济相比，经过高级化和公社化的集体经济在生产资料占有、劳动力组织、劳动产品分配、农业经营管理等方面均发生较大变化。其中，最为关键的是取消土地报酬，它意味着农民土地私有制名存实亡，农村基本上完成了土地归集体所有的社会主义改造，建立了"公有产权"。工副业与农业经营管理的经验越来越丰富，劳动力的组织方式走向军事化，对劳动时间管理越来越细致、劳动质量的要求也越来越具体，其科学管理的面向日益强烈。总之，通过生产大队对生产资料和劳动力的"双统筹"继续维持"公用产权"。劳动产品分配权集中到生产大队，从而实现"国家集中提取、集体自主积累、社员最后分配"的"共享产权"。从占有—使用—收益三个层面建立了一套新的产权秩序，即"公有公用共享型"的集体产权。

但由于社会主义改造速度过快，此时"集体组织"的边界较为模糊，因而出现不同层级的"集体"围绕各自的权利随政治压力左右徘徊。高级社时期，高级社是一个拥有土地所有权、处置权、收益权和分配权的"集体"，高级社所辖的生产队或生产组则是一个仅拥有土地经营权的"生产单位"。人民公社化时期，公社是一个拥有劳动产品处置权、土地收益分配权的"集体"，生产大队较之高级社则是一个土地收益权弱化、劳动产品分配权弱化但依然保留单独核算功能的"集体"。在大队和生产队二级集体经济并存的经营体制下，生产队作为一个拥有独立核算功能和土地所有权、经营权的正式基层建制单位实现制度化；最后二级集体经济经过历史性的艰难博弈后于 1969 年回归一级集体经济，大队集体和生产队集体则是一种以大队统筹为核心的各生产单位各司其职的合作关系，而不是公社化时期的依附关系。

公社、生产大队和生产队围绕农村资源的分配不断产生新矛盾，也正是在新矛盾的产生与调适过程中，居于中间层也是"夹心层"的生产大队的自主性得以进一步发展：一是在自上而下制度变迁的形势下，龙瑞大队根据政治形势、民众态度自主选择变迁的速度和空间；二是在集体经济产业结构方面，龙瑞大队根据自身条件大胆尝试发展工业和副业以增加集体经济收入，尽管期间遇到了挫折，但始终没有完全放弃；三是在集体组织公共财产的积累和使用方面，不拘泥于各项章程制定的标准，而是尽可能地在公共积累和社员增收中寻求平衡；四是在具体的生产组织过程中，根据产业类型、产业规模实践着多元化的经营管理方式，在坚持"按劳分配"的基本原则下尽量保持公平和效率的平衡。

集体化时期龙瑞大队正是充分利用"诱致性变革"与"强制性变革"的时间错位、政策距离来换取独立发展的空间。其一，该大队主动迎合政治发展形势，通过积极配合农村社会主义改造而掌握一定的主动权，不管是刻意为之的政治投机还是随心为之的政治理想，它带来的实际经济利益比如政策性贷款和其他建设资金，都能为集体组织的壮大创造更好的条件。其二，在完成国家任务和不犯原则性错误的情况下，大队给予生产队和社员一些"小恩小惠"以获得社员认同，或及时解决内部经营管理的具体问题以回应农民需求。大队集体经济最终在"既要适应国家又要'回应'社员"的两难中逐步走向成熟化的"本我"。

第四章

统分结合：农业集体经济的现代转型

改革开放以来，"统分结合"的双层经营体制改革的原初目标是实现"两条腿走路"，即期待集体能够继续发挥"宜统则统"的功能和优势，同时在下放土地使用权、土地收益权的前提下激发农户家庭经营的功能和优势。这是一种"以退为进"的改革策略，其基本意图是通过调整农业集体经营体制来提升农业生产效率。但以最大限度释放家庭生产积极性为目标的"统分结合"双层经营体制在具体实践中出现了新问题。其中有两大后果是农业经营体制政策改革未曾预料的：一是集体统筹的功能弱化乃至虚化，导致实践中演变为"一条腿走路"，农业生产公共品自我供给的能力严重不足；二是农地利用细碎化，导致农业发展去规模化和去科技化。① 随着二轮延包以来不断强调承包权的稳定性和财产性收益权，这两大趋势越来越明显。"老人农业"和"中农农业"便是这两大后果的具体体现。② 这与以农业生产规模化、产业化和市场化为目标的农业现代化存在巨大的张力。

笔者在全国各地农村的调研发现，上述两大意外性后果确实非常普

---

① 参见田孟、贺雪峰《中国的农地细碎化及其治理之道》，《江西财经大学学报》2015年第2期；王海娟《地尽其利：农地细碎化与集体所有制》，社会科学文献出版社2018年版，第35—44页。

② 老人农业是指家庭承包地主要由低龄老人负责耕种，其产出以自给自足为目标，其耕种面积小、商品率低，不计劳动投入，属于典型的口粮地的精耕细作型农业生产。中农农业是指由留守在村的中青年人自发流转农村部分"无人耕种"的土地，形成50—200亩的家庭农场经营模式。较之老人农业，中农农业在耕种规模、商品率、投入产出比方面都更具市场理性。这里的"中农"指新时代背景下的"中坚农民"，主要受贺雪峰《论中坚农民》一文的启发，参见贺雪峰《论中坚农民》，《南京农业大学学报》（社会科学版）2015年第4期。

遍，尤其是在中部农村地区，但也有少数农村地区跳出了这种"普遍性"，较早地进入"去过密化"的农业生产阶段，并沿着农业现代化的道路发展。总体来看，这类"去过密化"的农村按地区可细分为两类：一是人地关系比较宽松的农村，集中在相对地广人稀的中原边缘地区，最低标准是人均耕地面积 1 亩以上者，如宁夏河套平原地区、陕西关中地区、东北产粮区等；二是东部沿海发达城市附近的农村，这些地区以冲积平原为主，农村人口绝大多数转移至本地工业或服务业，非农就业引发农业劳动力减少，家庭农场或者种养殖专业户成为本地农业实践者，小规模主粮生产经营或果蔬种养殖专业户生产经营大大地提高了农业劳动力的产出和产值，已经发生或正在发生黄宗智所指的"隐性农业革命"。[①]

　　基于中国历史和现实的考虑，中国现代农业转型始终绕不开中国农村既有的集体产权制度。在东部沿海发达城市的近郊农村，从事农业生产的耕作者从本村农户转变为外地农户，参与农业资本投入的主体从集体经济组织转变为外来农业资本企业，农用地的所有者和承包者尽管退出了农业生产的一线，但他们凭借法律认可的权能间接地分享着农业生产剩余。已有的研究往往将重心放在"新型农业经营主体"及其优势或困难等方面，而较少关注原生农业经营主体的退出逻辑以及农地所有者即"农民集体"及其经济组织在经营权的转移过程中所扮演的角色。本章以龙瑞村的农业经营转型为例，从微观层面展现集体经济及其组织在农地经营主体更替过程中所发挥的作用，在此基础上试图归纳近郊村农地所有权、承包权和经营权三权分立的历史过程，理解以龙瑞村为代表的新时代适度规模农业的形成机制，具体包含三项基本内容：本村农户退出机制、集体经济的统筹机制、外来经营主体的进入机制。

第一节　"一村两制"：两种家户经营模式的实践

一　因地制宜的承包制与承租制

1979 年初中山县首先肯定和推广了板芙公社中 7 个大队水稻联产承包责任制的经营方式，随后较早地在农村推行以家庭为单位的承包责任

[①]　黄宗智：《中国的隐性农业革命》，法律出版社 2010 年版，第 68 页。

制。截止到 1983 年底，全县 97% 以上的生产队建立了家庭联产承包责任制。① 龙瑞大队的农业经营体制改革发生在 1983 年，该村应属于县域范围内最晚一批落实家庭联产承包责任制的大队。前任老书记刘×光回忆道："本大队分田分得晚的一个重要原因是社员们不愿意分田，不愿意分田是因为他们不愿意自己种田，他们认为禾田交给大队来统筹管理更有利于家庭劳动力从事非农产业生产，只要大队能够保证基本口粮就可以了。"② 但生产大队最终还是根据政策安排"硬分下去"，靠近聚居区的民田，社员们多多少少还可以接受，但远离村落的吊耕地，即沙朗沙田，部分社员坚决抵制分到户。在"国家政策"和"群众意愿"相悖的情况下，生产大队发挥主观能动性，最终寻求到折中的"分田方案"：首先将近村的"民田"按人口均分到户实行家庭联产承包责任制，其次将远离村庄的"沙田"发包给沙朗地区的外村人耕种实行承租制，由此形成民田区的承包制和沙田区的承租制并存的"一村两制"的农业经营格局。

（一）本村农户与民田区承包制

随着 20 世纪 70 年代集体经营的工副业的发展，已经有部分村民较为稳定地转移到非农产业就业。到 1983 年分田之时，就有不少村民不愿意分田到户："改革开放初期，我们大队的农民就可以选择种田或者打工，不过最初几年没有那么多务工机会，但从事其他行业的机会还是很多的。那些在外面有比较稳定的工副业收入的农民，真的是一点田都不想种！"③ 据 1979 年生产大队关于非农就业人数统计显示，当年龙瑞大队从事工业的有 156 人，从事副业的有 272 人，从事服务业的有 23 人，总数达到 451 人，④ 按 1978 年全队劳动力 1684 人计算，⑤ 非农就业比例达到 26.8%。

---

① 中山市地方志编纂委员会编：《中山市志》（上），广东人民出版社 1997 年版，第 263—264 页。

② 访谈资料：刘×光，前任村书记，编号：2017 - 07 - 18。

③ 访谈资料：刘×源，村民代表，编号：2017 - 07 - 08。

④ 村藏档案：《1979 年上半年龙瑞大队工副业情况报表》，卷宗号：A12.1 - 25 - 1979 - 3。

⑤ 说明：笔者没有找到 1979 年的总劳动力的登记数据，这里选择距离 1979 年最近的且明确登记当年劳动力总数的年份，即 1978 年的统计数据，《1978 年龙瑞大队人口、劳动力基本情况》（卷宗号：A12.1 - 24 - 1978 -7）显示，当年总户数 911 户、总人口 3611 人，总劳动力人数 1684 人，当年属于大小队工副业劳动力的有 350 人，占总劳动力的 20.8%。由于间隔时间短，劳动力总体数量不会有太大差距，故以此数据推算，到 1979 年其非农劳动力占比达 26.8%。这说明在分田到户前夕，生产大队至少有超过 1/4、最高可能达 1/3 的农民在大队工副业或者其他地方从事非农生产，这里包括兼业性的非农就业人员。

因而，本村社员中大约有25%—30%的农户家庭"很不情愿"种田，尤其还要自己单独承担缴纳公粮任务，但上面政策要求必须分田到户，每家每户不得不承担部分"责任田"。为尽可能减轻本村农民的负担，1983年便只将靠近村庄附近的、用于种植稻谷的禾田按人口平均分配，实现家庭联产承包责任制。刘×光老书记多次强调："1983年分田就只分了附近的稻谷田，绝大多数老百姓也只需要这小部分禾田，因为它足够一家老小一年的口粮了，若超过这个基本口粮面积，对大部分农户家庭来说便是负担了。"①

曾经专管农业的支委老干部刘×富属于当时"喜欢种田"的纯农户，他家在1984—1992年间共耕种了6—7亩禾田，这6—7亩禾田分布在3个地段，距离很近，基本成片。分田之时他们家分到禾田大约2亩，②其他禾田都是本村村民转给他种的："当时是4户人家的土地，一户是我姐姐夫家，姐夫一直在制衣厂当工人，姐姐当时承包了大队猪场，当时养殖业和工人收入都比种田划算，所以他们俩都不愿放弃现在的工作来种田。另外两户人家是因为没有劳动力，其中一户只有妇女和两个小孩在家，一个妇女在家还要照顾小孩，根本没有精力管理农田。还有一户家庭的主要劳动力一直在大队企业干活，多年没有碰过农活，分到禾田了也不会种，也就转给我来种。"③因而，在实际耕种过程中，本村农民内部已经分化为"自己有田送别人种"和"自己有田帮别人种"两类。

根据对刘×富的访谈可知，分田到户初期就将自家承包地流转给本村农户耕种的家庭其主要原因是家庭没有多余的投入稻谷生产的劳动力，即农业劳动力相对不足。而导致农业劳动力相对不足的根本原因在于区域内工副业的发展吸纳了不少农村劳动力。可见，当时农业与工副业围绕家庭劳动力配置已经出现了张力。但像刘×富所提到的这几户将自己全部所分农田都交给他人代耕的家庭也不是很多："说实话，我们这里的老百姓确实不是100%地依赖这点禾田，但是，分给他们口粮田还是很高兴的，年

---

① 访谈资料：刘×光，前任村书记，编号：2017-07-18。

② 这里刘×富提供的数据与1985年统计的数据存在一定差距。根据表4-2可知，当时5个生产队人均所分的禾田面积，最少的为人均0.65亩，最多的为人均0.82亩，故无论他本人在哪个生产队，按照他当时4口人计算，他家所分到的禾田至少有2.6亩，最多可达到3.28亩。因而，他记忆的自有禾田亩数至少超过2亩。

③ 访谈资料：刘×富，原村两委委员，编号：2017-12-29。

轻人不种可以让老人来种。最关键的是，当时粮食市场没有完全开放，自己不种田，你有钱也买不到足够的口粮，所以，绝大部分家庭还是很珍惜自家口粮田的，当时要是征用他们的口粮田，他们也是不愿意的。"① 总体来讲，一方面由于非农现金收入并不充裕，另一方面自由流通的粮食数量有限，在绝大多数老百姓看来，用现金去购买一家人的口粮始终没有自己在田里种点口粮划算，故改革开放初期每户多少耕种着自家的口粮田，而刘×富遇到的这类农户家庭始终是少数。

　　但这现象并没有持续多久，用刘×光老书记的一句话说就是"计划根本赶不上变化"。1985 年生产大队用公积金在马路旁的鱼塘上建了两栋建筑面积为 1300 平方米的厂房，1986 年便成功引进侨资开办制衣厂，此后乡村工业便如雨后春笋，既有外资投资的"三来一补"企业，也有不少国营企业。这些企业为本村农户提供了大量稳定的、高收入的非农就业机会。同时，从 1985 年开始，在全省范围进行粮食自由市场的议购议销的价格管理体制改革，本地农户可以逐步地从区域市场中购买日常所需的全部粮食，本地农户便再也没有"辛辛苦苦种口粮田"的动力，大家都想把所分的承包地送给其他人耕种。也就是从这时候起，粤西五华县的农民开始陆续到本村来租田耕种，本地老百姓一般称为"代耕户"。本地农户大规模进厂大概从 20 世纪 80 年代末开始，与之相伴随的便是民田区自发性的土地流转，本地承包户与代耕户之间的权利义务都是私下达成的，有口头协议，也有书面协议，对本村承包户而言，代耕户只要能够及时上缴国家粮食税收，其他收益分配都好谈。

　　(二) 外村农户与沙田区承租制

　　1983 年分田到户时已经有部分本村农户表现出"不愿意多种责任田"的强烈想法，而对于那些远离居住区的沙朗沙田，更是"望而生畏"，这部分农田便是土地改革运动后由龙瑞乡赎回的"吊耕地"。根据 2009 年《沙朗农田招投标公示》以及 2008 年新岐江公路征地协议相关内容，属于龙瑞村的沙朗农田大约 1157 亩。本村村民称为"沙田"，以区别于村庄附近的民田。尽管集体时代，通过集体资金和集体劳动，极大地改善了沙田区耕种条件，但现在让本村老百姓一家一户地去耕种这些土地，本村老百姓说什么也不愿意，因为"太远了"。有村民曾这样计算："沙朗的

_____

① 访谈资料：刘×富，原村两委委员，编号：2017 - 12 - 29。

农田，从我们村到地头，骑自行车最近的要 20 分钟，最远的要 30 分钟，走路的话至少 40 分钟，路程太远了，本村人习惯在村庄附近种田，沙朗的农田太远了，根本没有人愿意去种！大队若是强制分给我们，种不好甚至抛荒都是可能的！"[1]

距离遥远是本村农民不愿意耕种沙朗沙田的原因之一，而从沙田管理经营的历史经验来看，沙田自身的种植规律是他们放弃沙田的深层次原因。沙朗沙田原本属于围田，按照中华人民共和国成立前的耕种方式，沙田的耕作和管理需要采取相对统一的行动："在同一围田，有的划成若干片'间田'在一间田中有一供排灌的水窦……排灌本身就要求农事的统一安排……如数人合租一间田，要推选一管窦人，水窦的开关必须共同商定，再通知管窦人执行……围内的农事，从下种、耕耘到收割，都由围馆统一指挥。"[2] 正是沙田这一特殊的水利运行系统，导致沙田不可能分割由小农户单独经营，土改时期部分征收沙田国有化的原因亦在此。故而，在 1983 年落实家庭联产承包责任制的过程中，大队集体组织在顺应民心的同时沿着族田经营的历史脉络，将远离村落的沙田直接承租给当地的农户，实行由集体直接发包的承租制。

第一轮租期只有隆平村的两户农民负责耕种禾田，结合《1985 年禾田产量各队分布统计表》可知，这两户农民共租种沙田 409.5 亩，当年亩产 1489 斤，与民田区禾田亩产 1499 斤不相上下。[3] 同时，沙田区还种植了甘蔗 375 亩，红麻 252 亩，另有鱼塘面积 120 亩。在经济作物种植统计的上方还记录了以下信息：联合体：旭深；专业户：浩文淘汰，广元 21000 元，动基 7500 元，成本 800 元；杏达 24000 元、6400 元；何南 4000 元、4000 元；冠侬 4000 元、4000 元；率田：6000 元、600 元。[4] 从抬头来看，至少说明沙田区的种植结构较为多元，经济作物的种植面积占沙田总面积的 54.2%，养殖业即鱼塘面积占 10.4%，而稻谷面积即禾田面积仅占 35.3%。在这个狭小的耕作区内，种植结构的变化正好反映了黄宗智所提的"隐性农业革命"的第二大推动力"食品结构转型"在农业生产内部的表现。据广东省当时出现的经济作物每亩净产值接近粮食作

① 访谈资料：张阿姨，普通村民，编号：2017 – 07 – 23。
② 叶显恩、周兆晴：《珠三角宗族制与农业耕作系统》，《珠江经济》2007 年第 12 期。
③ 村藏档案：《1985 年禾田产量各队分布统计表》，卷宗号：D1. 1 – 22 – 1985 – 5。
④ 村藏档案：《1985 年禾田产量各队分布统计表》，卷宗号：D1. 1 – 22 – 1985 – 5。

物每亩净产值 3 倍的价格波动①可知，这批以经济作物种植为主的承租户的收益应该是比较可观的。

据刘×富介绍，沙朗沙田的承租期最初以 3 年为准，1992 年后改为 5 年。一般情况下，这些承租户如果没有遇到重大的经济损失，一般会续租耕地。在村级档案中，只有 1985—1988 年间关于"承包款欠款情况登记表"能够反映外耕户的耕种情况。1985 年的情况如上所述，其他情况不详。1987 年能够体现承租禾田的外耕户至少有 4 户，分别为"杏达、耀阳、果泽元、果炳深"，② 1988 年则至少有 8 位，他们是果泽元、莿桂友、吴瑞金、吴炳金、果洪胜、吴洪胜、果留发、吴泽坤。③ 《1991 年度龙瑞管理区企业承包上缴明细表》明确登记当年沙朗承租户共 8 户，④ 与 1988 年度承租户名单完全一致。以 3 年为承租期推算的话，第一个承租期（1984—1986 年）内大约有 4— 6 户外耕户，第二承租期（1987—1989年）内"4 户禾田专业户"中只有"杏达"同名，说明其他 3 户属于新租客，但经济作物种植面积和承租户的情况不详，第三个承租期（1990—1992 年）内的承租户名单与第二个承租期内基本一致，说明这个时期内集体与承租户的租赁关系较为稳定。

这种稳定的租赁关系是生产大队从生产效率和农业税收两方面考虑的结果。从农业生产条件来讲，经过 70 年代平整的土地，中小型农机使用很便利，排灌站和发达的沟渠可将海水潮汐涨落带来的损失降到最低。沙田区农田水利设施的大幅改造以及区域内农产品市场化的开启，让这部分"本村人不愿意种的"沙田成功地吸引了附近的农户。据刘×富介绍："在没有多少工副业的大队，这些外村人想种田的不少"，但生产大队考虑到沙田种植风险较高，将田交给谁种，需要慎重决策，承租者的基本条件是"经验丰富的专业户，最好有小型机械"。如果在一个租期内承租户

---

① 说明：参见广东省地方史志编纂委员会编《广东省志·粮食志》，广东人民出版社 1996年版，第 182 页。1985 年以后，广东省由于粮食生产成本大幅增加，同时由于大多数农副产品放开价格后生产收益大幅度提高，因而出现了粮食的生产收益偏低，与经济作物比价悬殊过大的问题。据统计，1987 年省内平均种植甘蔗、黄麻、红烟、桑蚕茧等主要经济作物的平均每亩净产值为 755.89 元，每个劳动日净产值为 7.23 元，而同期种植稻谷的亩产值和劳动日净产值仅为229.9 和 5.58 元，分别比上述经济作物低 69.6% 和 22.8%。

② 村藏档案：《1987 年承包欠款统计表》，卷宗号：D1.1－24－1987－3。

③ 村藏档案：《1988 年龙瑞承包未缴欠款统计表》，卷宗号：D1.1－25－1988－8。

④ 村藏档案：《1991 年度龙瑞管理区企业承包上缴明细表》，卷宗号：D1.1－49－1991－7。

能够及时缴纳租金，配合集体完成国家粮食任务，集体便会在下一个租期内优先租给原租户。同时由于全村公粮任务主要由沙田区来承担，为保证国家税收能够及时上缴，初期承租制一般参照国家税金来确定承租者的租金，因而沙田区租金往往低于市场价格，这也成为稳定这些生产能手、种植大户的重要手段。

二　集体统筹与家户经营的结合方式

改革开放初期农村实行以家庭联产承包经营为基础、统分结合的双层经营体制，其本意是"在农户承认集体所有制的前提下形成户营经济，农户成为拥有相对独立的生产、交换、分配、消费等经济权利的基本核算单位"，① 初步实现生产资料与生产者的直接结合。但在具体实践中，全国绝大部分农村在改革中出现"重家庭轻集体、重分散轻统筹"的"去集体化"的倾向。在广大农村地区，集体时代积累的公共资产几乎全部分光：集体土地承包给农户，集体所有的牲畜、大中型农机等折价处理给农户，社队企业固定资产最初以承包形式折价作股后转移给私人，一些不适合按人均分的资产如磨坊、果园等以集体名义出租给农户，但因租约无限期成为事实上的转让。这些地区的传统集体经济在这样一股"彻底分光"的历史潮流下迅速走向衰落。

相比而言，龙瑞村属于传统集体经济改革不彻底的"另类"。这种不彻底表现在两个方面：一是集体土地并未全部"分田到户"，全村约 1/3 的沙田在自然条件和农民意愿的限制下成为"集体机动地"；二是大部分集体非土地类固定资产和现金也没有"分财到户"，如大中型农机农具、集体公共积累资金、重要的集体工副业等仍然由集体统筹管理。这种"不彻底"改革为农业公共品供给提供了必要的物质基础，并在"宜统则统"的重要生产环节发挥重要作用。1983—1992 年期间，龙瑞集体经济年终分配中"共同生产费"和"承包收入"两项能够体现农业领域的集体统筹，前者是集体组织为农户家庭经营提供公共服务的各项开支的总额，后者则是集体组织在土地出租和土地发包中收取的相关费用，它们是集体所有权实现的具体形式，也是"农户（不论是承包户还是承租户）承认土地为集体所有"的必要手段。

---

① 温铁军：《三农问题与世纪反思》，生活·读书·新知三联书店 2005 年版，第 86 页。

（一）集体统筹农业支出项：共同生产费

龙瑞大队为尽可能减少农户家庭单独种田遇到的资金困难、技术困难、劳力困难，在禾田种植的重要环节中积极发挥"统筹"的功能。1983—1992 年期间由集体组织支付的农业共同生产费的详细情况如表 4 – 1 所示。

表 4 – 1　　　龙瑞村历年农业共同生产费支出情况（1983—1992 年）　　　单位：元

年份	种子	化肥	水利	修理	农排	机耕	农药	其他	合计
1983	18384	98302	9557	16292	3976	58351	11152	—	216014
1984	26681	77097	7261	17535	4561	36996	3830	—	173961
1985	9675	—	—	—	—	—	—	—	78348
1986	—	—	—	—	—	—	—	—	93699
1987	8902	10258	6628	19395	19205	46188	6699	—	117275
1988	4544	13490	30567	18854	13457	47499	4774	—	133185
1989	9576	7065	75036	52810	28159	59827	14444	—	246917
1990	12282	—	22670	24749	18757	54612	10923	270	144263
1991	—	—	30000	20000	—	90000	—	30000	170000
1992	7115	1425	17063	5924	2294	42147	1392	13657	91017

注：（1）表格中"—"符号表示当年数据不详。（2）"修理"项包括当年购置农具、维修农具和农田设备维修等项目支出。（3）1987 年中水利费有 5237 元属下年度生产费预支，因而当年实际支出 122513 元。（4）1988 年的"共同费支出"项目除下年度水利费 12000 元，机耕费4000 元外，实际支出总数为 127186 元。（6）1991 年机耕费 90000 元包括机耕费用和农排使用的水电费用。

资料来源：《1983 年度年终决算后财务收付月结表（12 月）》，卷宗号：D1.1 – 20 – 1983 – 3；《1984 年度年终决算后财务收付月结表（12 月）》，卷宗号：D1.1 – 21 – 1984 – 3；《1985 年龙瑞大队年终结算初稿》，卷宗号：D1.1 – 22 – 1985 – 3；《1986 年度年终决算收益分配修订方案》，卷宗号：D1.1 – 23 – 1986 – 1；《1987 年度共同生产使用情况表》，卷宗号：D1.1 – 24 – 1987 – 4；《1988 年度龙瑞年终决算方案》中的《共同生产费支出情况》，卷宗号：D1.1 – 25 – 1988 – 5；《1989 年度龙瑞集体经济分配概况（支出部分）》，卷宗号：D1.1 – 26 – 1989 – 3；《1990 年年终决算分配修订方案》，卷宗号：D1.1 – 27 – 1990 – 6；《1991 年度龙瑞经济预算收支计划表》，卷宗号：D1.1 – 28 – 1991 – 1；《1992 年度龙瑞经济年终结算表》，卷宗号：D1.1 – 29 – 1992 – 2。均藏于中山市沙溪镇龙瑞村档案室。

表4-1显示集体经济开支中"共同生产费"的常规项目包括种子、化肥、水利、修理、农排、机耕和农药7项，其他项目在1990年以后增加。据村民刘×洲回忆："当时本村人种田主要负责田间管理，比如施肥、除草除虫等，其他都是大队来做的，包括育秧、插秧、晒谷等都是在大队统筹指导下完成的!"[①] 这一说法可佐证表4-1统计数据中"共同生产费"。表4-1显示这10年间共同生产费的波动较大，从1983—1985年递减后连续4年递增，于1989年达到最高值，其后三年又回到年平均水平附近。这说明大多数年份的支出维持在一个正常值域内。另外，表4-1显示1985年支出最少仅为78348元，1989年开支最大达到246917元，是前者的3倍多。龙瑞村共同生产费各项支出费用及其趋势如图4-1所示，以此来了解集体经济在农业生产中的主要功能。

图4-1显示，在不同项目的支出中，呈明显下降趋势的是化肥支出，其次是种子支出，而呈现出较为明显增长趋势的是水利支出和农排支出，基本保持平衡的是机耕支出、修理支出和农药支出。水利支出主要用于改善农田水利设施，农排的费用主要指排灌机械消耗的水电费，这两项费用支出的增加，说明生产大队在水利建设、农水排灌方面一直发挥着重要作用。从两者的曲线图来看，水利建设开支峰值集中在1988—1990年期间，农水排灌开支峰值集中在1988—1990年期间。

这里以"异常情况"最明显的1989年为例具体分析。对比1988年、1989年和1990年前后三年的数据可知，1989年支出项目中与前后两年基本持平的是化肥、种子和机耕，明显较前后两年增加开支的是水利、农排、修理和农药。可能的解释是，1989年龙瑞管理区可能在本村进行了一次大规模的农田水利设施的改造或建设，从而导致水利和修理费用大幅增加。农排费用的增加可能与当年局部气候有关，也有可能与水电费的提价有关。在正常年份，每亩土地所需的种子、化肥、农药和机耕耗油量应该基本稳定，而1989年农药支出的增加可能存在两种情况，一是由于某种原因换了新药品或者增加了旧药品的剂量，二是旧药品的亩均剂量不变但该药品价格上涨了。

图4-1显示化肥和种子的支出呈明显下降趋势，其下降的具体原因相关老干部也说不清楚。笔者认为可能存在两方面的原因：一是本村农户

---

① 访谈资料：刘×洲，66岁，种田大户，编号：2018-01-03。

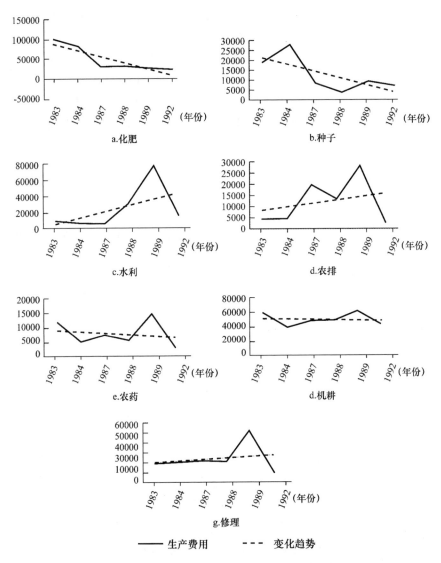

图4-1　龙瑞村历年农业共同生产费各项开支趋势（元）

资料来源：1983—1992 年度《共同生产使用情况表》。

耕种复种指数的降低和耕种面积的减少直接降低化肥和种子的需求，而这种季节性抛荒可能与家庭劳动力就近非农就业有直接关系。二是集体可能逐步退出化肥和种子领域的服务，让农户家庭自主决定化肥和种子的使用品种及数量等。以共同生产费总支出最低的 1985 年为例，排除共同生产费异常的 1989 年，其他年份总开支平均值为 142427 元，1985 年总支出 78348 元，仅为平均总支出的 55%，在没有其他突发事件的情况下，1985 年共同生产费突然减半，最大的可能性是龙瑞大队退出了部分禾田区公共服务。根据前文"一村两制"的经营格局可知，集体退出服务的禾田范围应该是远离村庄的实行承租制的沙田区，这些地区的各项农业生产成本均由承租户自己承担。

　　总之，大队统筹的农业生产公共品具有以下特点：首先，分田到户初期，那些对产量影响巨大且技术要求较高的生产环节由集体统筹。以种子为例，首先当地水稻品种较为复杂，一直以来都是大队来统一选购谷种，绝大多数老百姓并不特别了解情况；其次，育种育苗也需要一定的经验和技术，如果单家独院地进行育苗可能导致种苗质量参差不齐。于是，大队采取"统一购种、统一育苗、专人管理"的方式来降低育种环节中的风险。再次，短时间内需要密集劳动力投入的生产环节，在集体所有的农机有能力提供服务的情况下，由集体统筹安排为家户经营提供服务，比如耕田、插秧、脱粒等。在南方稻作区，水稻生产始终是一项劳动密集投入的精耕细作的农活，但本村存在一部分"农业劳动力不足"的家庭，如华侨户、工商户等，这些家庭壮劳力要么常年在海外打工，只有老妇幼在家；要么在附近从事工商业或事业单位人员，没有太多时间管理稻田，由此形成"家庭农业劳动不足"与"劳动力密集投入"之间的矛盾。而生产大队凭借集体时代的公共积累，拥有一定数量的拖拉机、脱粒机、晒谷场等，生产大队在这类季节性密集型劳动投入环节中提供公共服务可以有效缓解这类家庭的农业生产困难。最后，部分"户外村内"的农业生产公共品由集体来负责，其中农机排灌和农田水利是典型。农田水利的兴修与维护需要跨越家庭这一生产单位，需要较为密集的资金投入，若以一家一户为单位其组织成本过高，而超越家庭的生产大队则更适合作为供给主体。

　　这种集体统筹与家户经营相结合的经营方式效率到底如何，通过对比民田区和沙田区稻谷产量可窥知一二，龙瑞大队 1985 年各片区禾田产量的统计情况如表 4-2 所示。

表 4 - 2　　　　　　　　龙瑞大队 1985 年禾田产量各队分布统计情况

队别	人口	劳力	面积（亩）	单产（斤）	总产（斤）	口粮数（斤）	金额（元）	改价数（斤）	金额（元）	合计金额（元）
新一队	652	408	430	1438	618300	391200	63374	227100	49962	113336
新二队	806	368	549	1514	832200	483600	79315	348600	76692	156007
新三队	698	356	472	1410	665500	418800	67845	246700	54274	122119
新四队	428	218	295	1565	461500	256800	41601	204700	45034	86635
新五队	360	201	295	1568	462500	216000	34992	246500	54230	89222
出租	—	—	409	1489	609800	—	—	609800	134156	134156
小计	2944	1551	2450	—	3649800	1766400	287127	1883400	—	701475

说明：（1）"劳力"是指本队所有劳动力，既包括从事农业的劳动力也包括从事非农业的劳动力。（2）"面积"栏"小计"显示 1985 年禾田种植总面积为 2453 亩，比 1978 年减少了约 400 亩。从 1978—1985 年期间，并未发现大规模征用土地或者"改田为塘"的现象，1985 年相关资料显示沙田区有 375 亩甘蔗地，可能是"改稻为蔗"造成禾田种植面积减少。（3）"口粮数"的标准按每人全年 600 斤稻谷计算。

资料来源：《1985 年禾田产量各队分布统计表》，卷宗号：D1. 1 - 22 - 1985 - 5，藏于中山市沙溪镇龙瑞村档案室。

　　表 4 - 2 中，"出租"项即代表沙田区禾田生产的基本情况，"新一队"到"新五队"是 1983 年分田到户时，生产大队根据民田分布重新划分的生产队，他们代表民田区禾田生产的基本情况。从两地单产来看，沙田区稻谷亩产 1489 斤，民田区 5 个生产队的平均亩产为 1499 斤，二者不相上下。沙田区的禾田优势在于家庭农场式的小规模农业，其配合承租户中小型机械、中小型水利灌溉系统实现了与"承包制"分散经营几乎等同的土地产出效率。龙瑞大队在水利、育秧、犁田、脱粒（晒谷）、灌溉 5 大生产环节实施集体统筹，通过大队统筹间接地提升了家户分散经营的农业机械化水平和科学种植水平，同时生产过程中所需的种子、化肥和农药由大队统一购买、按亩配发，这又大大减轻了农民禾田生产过程中的经济负担，承包户实际只需要负责日常性的田间管理。由此，本村以家庭为基本生产单位的承包户因有"大队统筹"有效地化解了分散经营的负外部性问题，从而保证了家户经营中家庭劳动力非农配置的空间。"半工半耕"的家计模式中蕴含着"低成本、高效率、高回报"的小农经济逻辑。

需要注意的是，民田区和沙田区的土地生产效率的一致性并不能代表劳动力的生产效率具有一致性。在农业统计数据中，最能体现劳动力生产效率的是"每一标准劳动日净产值"。1985 年广东省稻谷按每亩产量 1460 斤、按实际出售价格 0.1622 元/斤，计算实际总产值 236.812 元，然后减去每亩物质费用 98.58 元得出每亩净产值 138.232 元。每亩净产值再减去每亩负担的税金 12.05 元和每亩的用工作价 89.44 元（每亩标准劳动力全年投入 44.72 个，作价标准为 2 元/工），计算出广东全省平均"每一标准劳动日净产值纯收益"为 36.742 元。[①] 表 4 - 2 中实际上有两种粮食价格，一是口粮数的计算标准为 0.162 元/斤（口粮金额 ÷ 口粮数），二是改价粮数的计算标准为 0.22 元/斤（改价金额 ÷ 改价粮数）。参照全省的统计方式，以全省的平均水平为标准来对比分析统分结合的家户经营（承包制）与小规模家庭农场（承租制）的劳动生产效率，如表 4 - 3 所示。

表 4 - 3　　　　　　广东省、龙瑞村 1985 年稻谷生产成本、
收益与劳动生产率对比情况

项目	亩产（斤）	每亩产值（元）	每亩生产成本（元）		每亩净产值（元）	每亩减税后纯收益（元）	每一标准劳动日净产值（元）
			物质费用	用工作价			
广东省	1460	237	98.58	89.44	138	36.82	3.09
民田区	1499	242	56.5	89.44	186	78.9	4.16
沙田区	1489	241	77.54	89.44	163	56.85	3.64

资料来源：广东省地方史志编纂委员会编：《广东省志·粮食志》第五章表 5 - 22《广东省稻谷生产成本、收益与劳动生产率表（全年计算）》，广东人民出版社 1996 年版，第 215—216 页；《1985 年禾田产量各队分布统计表》，卷宗号：D1.1 - 22 - 1985 - 5，藏于中山市沙溪镇龙瑞村档案室。

根据表 4 - 3 可知，龙瑞大队承包制的劳动力生产效率高于全省平均水平的 34.6%，在全省范围内属于中等偏上水平，而如此高的劳动生产

---

① 广东省地方史志编纂委员会编：《广东省志·粮食志》，广东人民出版社 1996 年版，第 216 页。具体参见该书中表 5 -22《广东省稻谷生产成本、收益与劳动生产率表（全年计算）》。

率主要得益于高于全省平均水平的亩产产量和远低于全省平均水平的物质费用。这里的物质费用具体指水稻种植过程中种植、化肥、水利、排灌等环节的支出，龙瑞大队以集体统筹的"共同生产费"承担了民田区的物质费用。由此推断，统筹化与组织化的生产环节可以成为"人多地少"格局下小农经济去过密化的重要手段。沙田区的物质费用，因缺乏实际统计数据，笔者按照下述规则计算：考虑到沙田区禾田种植中小型机械化的投入以及小规模经营方式，其物质费用应该比全省平均水平低，而略高于民田区水平，故在此取两者的中间值，即每亩物质费用77.54元。由此推算出小规模家庭农场经营模式的每亩净产值163元和每一标准劳动日净产值3.64元，分别是"集体统筹＋家户经营"模式的87.6%和87.5%，因而，民田区承包制的劳动力生产效率略高于沙田区承租制。

表4－3的数据对比彰显了1984—1992年期间龙瑞大队民田区在"宜统则统"环节中集体统筹的巨大优势，从而保证了该村农业生产较为稳定的发展。统分结合的双层经营体制将农业生产过程区分为两个领域：第一个是单个农户通过劳动力和其他生产要素投入可以完成的生产领域；第二个是集体组织利用集体收入进行公共品供给的服务领域。龙瑞大队的"集体统筹"与"家户经营"正是在两个异质性领域各自发挥作用。

（二）集体统筹农业收入项："承包费"

那么，由集体统筹的共同生产费是由集体经济中农业收益来负担还是由工副业收益来负担，或者是通过某种方式部分转移至承包户？改革开放以来，龙瑞村集体经济收入结构，大致分为集体农业经营收入、集体工副业经营收入、地租或征地补偿收入和其他收入四大项。其中农业经营收入，在第一轮承包期间其统计名目为"承包收入"，而在第二轮承包期内则改为"农业发包收入"。根据前文分析可知，第一轮承包期间，由于村庄实行承包制和承租制两种经营方式，故农业方面的承包收入按照缴纳的主体可分为"外耕户承包款"和"本村户承包款"，虽然都是承包款，但含义完全不一样。据老干部刘×富介绍，外耕户按照租赁协议年终上缴大队的"承包费"即农地租金，最初租金以实物即稻谷为载体，"他们直接把公粮交到粮管所，然后将纳税票证交回集体就可以了"，而本村耕户所交的承包费则"是村民上缴集体的余粮，可以交稻谷也可以交现金"。①

---

① 访谈资料：刘×富，原村两委委员，编号2017－12－29。

可见，前者的承包款实际为农地租金，后者的承包款实际为"集体提留"。

在全国推行家庭联产承包责任制的同时，国家也确立了相对清晰的农业剩余分配格局，即"交足国家的，留足集体的，剩下都是自己的"，其中交足国家的即农业税费，留足集体的即集体提留费，剩下的农业收入归农户。集体提留费的设计初衷由集体时代"公益金、公积金"转化而来，改革后集体提留主要用于支付农业生产共同费、村社公益性事业和日常管理开支。在大多数没有集体工副业支持下的农村，三项提留只能从农业收入中提取。龙瑞大队则不一样，20 世纪 70 年代中后期以来落实以兼顾农业和工副业同步发展的大队一级集体经济，用于公共开支的费用实际上主要从工副业收益中提取而非农业收益。改革开放后，为尽可能减轻本村承包户的农业负担，集体组织基本上遵循国家农业税金由外耕户承担、集体农业统筹成本由本村承包户承担的原则，将民田区的农业剩余最大化地保留给承包户。

《1985 年龙瑞大队年终结算初稿》中"农业承包收入"的内容登记如下：

1. 外耕户承包金额 42939.35 元。

2. 定包户表列外耕户所收：（1）禾田 134156 元（2）甘蔗 102000 元（3）红麻 44400 元，三项总收 280556 元 - 应缴承包费 42939.35 = 利润 237616.65 元。在表二总支出其中数填入作支出（外来承包收入数）。

3. 承包收入 335865.83 元，分列：农业 127317.83 元（其中外耕户 42939.35 元，本村户 84378.48 元），林业 17520 元，工副业 111543 元，畜牧业 7740 元，渔业 50580 元，商业 21165 元。

4. 家庭副业收益 = 包定户推算表（1）自留地收入 109244 - 支出 16385 = 纯收益 92859 元，（2）畜牧业收入 527298 - 支出 248329 = 纯收益 278969 元，共 371828 元 ÷ 2954 人 = 家庭副业收益人均 126 元。[①]

---

① 村藏档案：《1985 年龙瑞大队年终结算初稿》，卷宗号：D1.1 - 22 - 1985 - 3。

　　从该材料第 3 点可知，当年集体经济收入项"承包收入"实际包含了"综合农业"承包收入、工副业承包收入和商业承包收入，这是改革开放初期农村普遍实行承包制的阶段。在一轮承包期间，明确登记了"承包收入"分列项目的年份极少，目前查阅到的只有 1985 年和 1991 年，1991 年"承包收入"登记如下：承包收入：311648 元。其中水稻 166472 元（其中民田 105529 元，沙田 60943 元）；鱼塘 120336 元；西洋菜 5520 元；花果 19720 元（其中花场 9000 元，汤进辉 10720 元）。[①] 由此推断，随着当地果蔬菜和养殖业等"综合农业"的发展，集体在沙田区的"承包费"开始按作物种类分类收取，鱼塘和果蔬的租金与水稻区别开来，而不再像最初几年统一以禾田为标准收取租金。而且，此时的"承包收入"中不再包含工副业和商业，仅限于"综合农业"的收入。

　　该材料第 1 点显示外耕户当年的承包金额 42939.35 元与大队当年上交的国家税金 42062.51 元[②]差不多，这说明，该阶段本大队的农业税金基本上转移给沙田区的外耕户。对比 1985 年与 1991 年的数据可知，6 年间沙田区承包收入（租金）增长了 41.9%，平均每年以 8% 的速度增长。[③] 可见，沙田区的租金增长幅度不小，那么，外耕户在承担了民田区转移的农业税的情况下，他们怎样才能获取高于平均水平的农业剩余利益？上述材料第 2 点显示，沙田区的外耕户不仅种植水稻，还有大面积的经济作物，比如红麻、甘蔗等。1991 年的资料显示其经济作物品种增加了蔬菜和花果，另有鱼塘养殖业。当年红麻和甘蔗收入之和占总收入的 52.2%，这说明外耕户的经济收益主要在经济作物而非主粮作物。1991 年综合农业承包收入中经济作物与水稻作物的占比，也说明前者成为集体组织收取外耕户的租金的主要增长点，其中鱼塘、西洋菜和花果三者总和占当年承包总收入的 46.7%。这正好弥补了禾田租金增长速度落后于国家税金增长速度的资金缺口。

　　另外，根据 1985 年和 1991 年关于本村承包费与共同生产费的记录可知，前者大约以每年 4% 的速度增长，后者则大约以每年 18% 的速度增长，这说明集体组织从本村承包户中提取的"承包费"越往后越难以直

---

　　① 村藏档案：《1991 年度龙瑞经济预算收支计划表》，卷宗号：D1.1-28-1991-1。
　　② 村藏档案：《1985 年度年终决算收益分配方案》，卷宗号：D1.1-22-1985-4。
　　③ 计算方式：（1991 年沙田水稻承包收入 - 1985 年外耕户承包收入）÷1985 年外耕户承包收入。

接抵扣集体统筹的共同生产费，这部分缺口只能由外耕户的经济作物租金或种养殖业租金或集体非农经济收益来补充。龙瑞村 1985—1991 年间承包总收入以及农业总支出的基本情况如表 4 - 4 所示。

表 4 - 4 　　　　　　　　　**龙瑞村承包总收入、农业提取**
　　　　　　　　　　　　　总数对照情况（1985—1991 年）　　　　单位：元

年份	1985	1986	1987	1988	1989	1990	1991
承包总收入	335866	336328	352289	464066	641418	893672	311648
农业提取总数	120694	143777	178247	201190	326365	218317	273996
纯收入	215172	192551	174042	262876	315053	675355	37652

注：农业提取总数指国家税金和集体共同生产费的总和；承包总收入与农业提取总数之差为农业集体经济的纯收入。

资料来源：《1985 年度年终决算收益分配方案》，卷宗号：D1.1 - 22 - 1985 - 4；《1986 年度年终决算收益分配修订方案》，卷宗号：D1.1 - 23 - 1986 - 1；《1987 年统一经营分配方案》，卷宗号：D1.1 - 24 - 1987 - 1；《1988 年度龙瑞经济收入分配方案》，卷宗号：D1.1 - 25 - 1988 - 3；《1989 年度龙瑞集体经济分配概况（收入、支出、分配部分）》，卷宗号：D1.1 - 26 - 1989 - 2、D1.1 - 26 - 1989 - 3、D1.1 - 26 - 1989 - 4；《1990 年年终决算分配修订方案》，卷宗号：D1.1 - 27 - 1990 - 6；《1991 年度龙瑞经济预算收支计划表》，卷宗号：D1.1 - 28 - 1991 - 1。均藏于中山市沙溪镇龙瑞村档案室。

表 4 - 4 显示，集体组织在农业生产领域，基本上能够保持一定的纯收益，这部分纯收益纳入集体经济纯收入中，一般以 "再分配" 的方式返还给农户。其中承包总收入与农业提取总数项比较异常的是 1989 年、1990 年和 1991 年。1991 年的 "承包收入" 已经明确剥离了工副业和商业的承包收入，仅指综合农业的承包收入，故与以往相比其承包总收入出现了最低值。而在共同生产费和农业税金呈增长趋势的情况下，农业集体经济的纯收益达历史低谷是正常的，随后 2 年的承包收入 1992 年应收211820 元（实收 178020 元，拖欠禾田承包费 33800 元）和 1993 年实收247209 元，其综合农业承包收入基本稳定。由此亦推断，1985—1990 年的承包总收入中一直包含着综合农业、工副业和商业三大项，至于 1989年和 1990 年的承包总收入的暴增，其解释有三种：一是非农产业的改制，由承包制转制为私有制，集体在这两年间逐渐将这些适合个体经营的产业核资清算后转卖给私人，由此获得一笔远高于往年承包费的收入；二是非

农产业的快速发展，承包费有所增加；三是往年所欠承包费逐步追收入库，将其直接统计在当年的承包收入中。①

民田区禾田承包费 1985 年每亩均摊 41.3 元，② 意味着当年以农业生产集体统筹为目标的集体提取仅占民田每亩总产值 242 元的 17%，剩下的收益则全部留给本村承包户，其民田区承包户所承担的国家或集体负担远低于中西部地区的农户。这也是刘×富强调的"我们民田区的禾田，老百姓只要交够集体的，就全是自己的收入了，差不多就是纯收入"，刘×柱也曾提到"当时老百姓只要交上余粮，余粮归集体，其他的就都是自己的"。两位老干部的回忆中都没有"公粮"—"国家税"的印象，进一步印证了龙瑞所有农业税实际上全部转移至沙田区。这是当地很少发生本地农户拖欠承包费的重要原因之一，截止到 1992 年大调整时，明确记录本村农户拖欠承包款的只有 1988 年，当年登记在册的本村农户共拖欠承包款 24768 元。

与本村农户拖欠承包款的数额相比，外耕户拖欠承包款则是另一番景象。如《1987 年承包欠款统计表》表明当年至少 4 位外耕户拖欠：杏达：谷 3200 斤，800 元，1600 元；耀阳：谷 2109 斤，461.79 元；果泽元：谷 16983 斤，4246 元，税 50 元，鱼塘 400 元；果炳深：谷 7948 斤，1987 元，税 30 元。③《1988 年龙瑞承包未缴欠款统计表》登记情况如下：果泽元欠谷 16090 斤，4828 元；桂友欠谷 53413 斤，13024 元；吴瑞金欠谷 4732 斤，1519.6 元；吴炳金欠谷 13144 斤，3943.20 元；果洪胜欠谷 15868 斤，4880.40 元；吴洪胜欠谷 88 斤，26.40 元；果留发欠谷 9925 斤，2977.50 元；果泽坤欠谷 541 斤，162.3 元。④《1992 年年终尚欠承包田租谷明细表》显示：果留发：谷 8835 斤折价 3357.3 元；果泽元 5000 斤折价 1900 元；果朝胜 45661 斤折价 17351.18 元；□金元 26800 斤折价 10184.5 元；果明金 2652 斤折价 1007.76 元，共计 33800.74 元。⑤ 可见，

---

① 由于这几年承包总收入并没有细分登记，故难以进一步分析，结合当时集体企业改制的背景，第一种解释的可能性最大。

② 每亩承包费的计算方式为当年本村农户所缴承包费总额除以当年民田面积，其中 1985 年的每亩承包费为 84378.48÷2042≈41.3 元，民田禾田面积参见表 4-2 中新一队至新五队耕种禾田面积。

③ 村藏档案：《1987 年承包欠款统计表》，卷宗号：D1.1-24-1987-3。

④ 村藏档案：《1988 年龙瑞承包未缴欠款统计表》，卷宗号：D1.1-25-1988-8。

⑤ 村藏档案：《1992 年年终尚欠承包田租谷明细表》，卷宗号：D1.1-29-1992-6。

这期间，沙田区外耕户拖欠承包款是较为普遍的现象。这些拖欠可能直接造成农业税金的缺口，这时便只能由大队从非农承包收益中来垫付。这些拖欠租金的外耕户都是"长期合作伙伴"，他们与龙瑞集体应该建立了基本信任关系，所拖欠的租金主要以稻谷实物租金为主，也存在少量货币租金，在什么情况下他们会拖欠租金呢？

一般而言，禾田歉收会成为实物租金拖欠的重要原因，而经济作物则受制于其市场价格的波动。笔者曾详细考察中山市这几年的自然灾害情况，然而在《中山市志·农业大事记》中并未显示 1987—1988 年期间发生严重自然灾害。[①] 这可以直接排除自然灾害造成的种植业歉收。如果禾田没有发生歉收，种植面积减少可能是导致稻谷产量减少的原因之一。据《农业大事记》记载，中山县全面调整农业生产结构从 1982 年开始，1982 年全县调整水稻面积 5 万多亩，发展甘蔗、水果和水产，1985 年再次调整水稻面积 10 万亩，扩大甘蔗、蔬菜、水果和鱼塘面积，将粮食、经作（经济作物）比例调整到 6：4。[②] 在政府大力推动经济作物种植面积扩大化运动和经济作物市场价值远高于粮食作物的情况下，沙田区的外耕户在经济理性和市场引导下自主进行种植结构的调整是极为可能的，由此导致本区域内水稻种植面积骤减便是自然结果。《1988 年龙瑞承包未缴欠款统计表》中最后一项便记录了"杏达西洋菜欠 3520 元"，杏达是本村最早承包禾田的外耕户，西洋菜的欠款至少说明他已经向经济作物调整种植结构。但一般而言，外耕户不论如何调整种植结构，应该首先考虑完成发包方（集体组织）下达的公粮任务，公粮必须上缴实物稻谷，除非他们能够从其他地方购买到较为廉价的稻谷来弥补种植结构调整带来的粮食缺口。

综上所述，龙瑞在改革开放前十年实践着"一村两制"的农业经营制度。基于耕者的差异、种植结构的差异、农业剩余索取的差异，龙瑞在农业集体经济内部实现了两对关系的平衡：首先是沙田区"主粮—非主粮"的种植结构较好地平衡了国家税金与农地租金之间的关系，非主粮作物的种植尽可能保证了外耕户的经济收益；其次是通过"共同生产

---

① 中山市地方志编纂委员会编：《中山市志（1979—2005）》，广东人民出版社 2012 年版，第 208—210 页。

② 冯平主编：《广东当代农业史·地方篇·中山市》，广东人民出版社 1995 年版，第 579 页。

费—承包费"较好地平衡了集体农业服务与集体农业提取的关系,农业服务领域公共品的供给最大化地保证本村农户的农业收益。在这种情况下,实现了"沙田区—农地租金—国家税金"与"民田区—承包费—共同生产费"的分流式农业汲取模式。

这种农业汲取模式形塑了龙瑞不同于广大纯农业型地区的"国家—集体—农民"关系:其一,国家农业税的压力通过沙田出租转移到外耕户从而大大减轻了本村承包户的"国家责任",这一转移消解了本村农户与国家的直接联系;其二,集体从本村承包户中收取的承包费仅以农业共同生产费为标准,其他的集体公益事业所需的"集体提留"则通过集体经济多元化经营转移到集体工副业中,同时通过收取"承包费"不断确认了土地是农民集体所有而非农民个体所有的地权观念;其三,集体组织通过再分配的方式将"集体统筹"所得之剩余返还给本村农户,以实现在农业生产中农民家庭收益的最大化,从而有效地避免了中西部地区因农业税费过度提取而产生的紧张、对立的干群关系。总之,这种分流式农业汲取模式属于通过不同农业经营主体的经济平衡账来获得国家、集体与农民之间的政治平衡账。在明确的收入、支出、分配三条线配合下,农民享有使用权和隐性的"收益分配权",这一收益分配在土地二轮延包以后走向制度化。

第二节 "反租倒包":适度规模 农场的实现路径

"反租倒包"是指农村集体组织将承包到户的农地通过租赁形式集中到集体手中(称为反租),进行统一规划和布局后将农地的使用权通过市场方式转租给农业经营大户或者农业经营公司(称为倒包)的农业经营方式。这一新型农业经营模式既不同于沙田区的承租制也不同于民田区的承包制,承租制因农田并未分田到户而没有"集体反租"的环节,属于集体所有农地直接出租的经营方式。承包制中因集体并未直接参与承包地内部自由流转,而主要在公共品供给环节发挥作用,故既没有"集体反租"的环节也没有"集体倒包"的环节。20世纪90年代以来,随着龙瑞村工业化、城市化的快速发展,这两大农业经营制度先后走上了集体反租倒包的道路。其中,民田区早于沙田区,民田区承包制的转型以1992年农地大调整为标志，经历了口粮田和责任田并存的过渡阶段，最终在1999 年二轮延包中与沙田区承租制的转型汇合，由此完成全村范围内集体反租倒包农业经营方式转变。

一　集体"反租"的自发过程及其动力

前文所述，20 世纪 80 年代中后期，民田区便陆续出现了禾田私下流转的现象，代耕户中既有本村喜欢种田的农户也有外县来的农民。而那些找不到代耕户的承包户则"想办法"减少农业劳动投入，当时较为普遍的办法是改两季水稻为一季水稻，这便出现了季节性禾田抛荒现象。随着本村农户非农化转移已成不可逆的趋势，生产大队很清楚，如果这样放任不管，民田区大面积抛荒很有可能发生，本村村民急于从农业生产中逃离的事实倒逼生产大队从农业公共品的供给者向农业生产经营者转变。1991年底至 1992 年春耕前夕，生产大队召集生产队长和村民代表开会讨论如何解决这一问题时，就有不少村民提出"将本村所有民田重新收归集体，由大队来统一经营、统一发包"，"我们老百姓确实不愿意种田了，让村民们各自找代耕户，还不如由大队来找承租户，像沙田一样划片承包给专业户来种"。① 本地工业化发展为本地农民创造"离土不离乡"的非农就业岗位，农民在有更好出路的情况下首先想到的是将农业生产责任推给集体组织。

对龙瑞集体而言，重新收回承包地具有以下几个方面的优势：第一，由集体收回统一发包给若干名专业户种植，不仅可以保证土地不抛荒，而且还可以大大降低共同生产费的支出。第二，1986—1992 年期间，集体未分配到户的旱地、鱼塘、晒谷场等非禾田的土地已经陆续被国有企业、私营企业征用，② 集体可直接支配的非禾田土地所剩无几，此时集体收回禾田可以直接与未来的征用单位对接，而不需要去做个体农民的工作，这将大大降低土地征用的交易成本。第三，自发流转下的代耕户往往拖家带口地集中在村庄周边，这些高度流动的外来人口给当地社会治理和管理带来了不少麻烦。第四，随着城市化快速推进，村庄发展需要更加理性化的规划资源和能力，集体统一收禾田将有利于集体在村庄未来整体规划方面

---

① 访谈资料：刘×富，原村两委委员，编号：2017 – 12 – 29。
② 龙瑞村征地情况可参见本书第六章的相关内容。

提高效率。基于上述若干考虑，集体组织也愿意收回本村农户不愿耕种的禾田，这至少可以提升集体组织集中统筹农地资源的能力，能够有效降低农地使用的交易成本。于是，龙瑞管理区利用 1992 年 105 国道征地修路的机会，将民田区的承包地全部收回，先将修路所需的禾田约 104 亩留存出来，然后全部打乱按现有人口重新分配。由于本地农户不愿种田的想法随着非农就业转移越来越强烈，龙瑞管理区这次以征地为由收回全部承包地，大部分老百姓是比较支持的，而且这次有不少农户坚决不要自己耕种"重新分配的禾田"。

需要注意的是，尽管当地非农就业的机会越来越多，但本村部分 50岁以上的低龄老人，他们实际上很难适应工厂的生产环境，他们属于少数想继续种田的，但又不愿种太多，"对老人来说，种多了伤身，不种田又没事可做，多少种点可打发打发时间，顺便解决一家人的口粮。"可见，对这些老农来说，种田成了一种劳动需求，一种活动筋骨的方式。集体组织这次便顺势而为，根据老百姓的不同需求区别对待。首先，统计想种田的人口和面积，集中划片后按人均分配土地，这部分禾田属于口粮田；其次，将剩下的土地交给集体统一经营管理，集体每年年终支付给没有耕种禾田的家庭一定标准的口粮，相当于集体反租的租金；最后，将集体统筹的农地由集体统一发包给代耕户，集体统一经营农业所得的纯收益（扣除共同生产费和农户口粮费）纳入年终的再分配。生产大队统一收回承包地时规定，以后凡是不愿意自耕口粮田的家庭，其所分口粮田只能交还给集体，而不能像以往那样私自流转给他人，这实际上直接限制了农户对口粮田的处置权。这一规定得到刘×富的佐证："1992 年大队收回全部禾田后，我就不再耕种别人家的田了，当时大队规定分给本队农户的都是口粮田，只能自己耕种、不能私下转租，如果自己不想种就直接把田交给大队，由大队来统一发包。"① 可见，通过这次"先收后分"的大调整后，村集体将承包地中非口粮部分的经营权收归集体，正式开启了民田区"反租倒包"的农业集体经济模式。

1994 年龙瑞管理区的《中山市农村土地经营使用制度情况调查表》显示，本村实行的是"两田制"。这次调查根据经济社农业用地的经营方式及程度划分了 7 类，其中两田制是指经济社内农业农地明确地划分为口

---

① 访谈资料：刘×富，原村两委委员，编号：2017 – 12 – 29。

粮田和投包田（或称责任田）两部分经营的，不论两部分各占的比例多少，都属于实行两田制的经济社。当时龙瑞经济联社总户数869户，其中完全退出土地经营的农户487户，农业用地总面积2029亩，其中（1）均分承包经营的土地424亩，全部属于口粮田；（2）其他方式经营的土地1668亩（即投包田或责任田），其中从外市来承包经营的农户共13户、共承包田地1518亩，本市外社来承包经营的农户共3户、共承包田地150亩。① 由此可知，1994年是集体统一收回民田的第3年，当年全村还有382户本社农民均分了424亩口粮田，户均口粮田面积1.1亩，占民田总面积的20.9%。截止到二轮延包前夕即1999年，当年数据显示村民自耕口粮田还有266亩，② 可见家庭小农式经营方式退出村庄历史舞台是一个较为漫长的过程。换言之，在充分尊重本村村民意愿和需求的前提下，由集体组织主导、渐进地集中承包经营权，农民个体和集体组织相互配合的农地自发反租过程得以实现。

与民田区反租倒包过程漫长相比，沙田区的农地经营转型相对简单很多。家庭联产承包责任制的第一轮承包期截止到1999年12月31日，龙瑞村③村两委为贯彻落实中央和省委的意见及工作要求，根据中山市中农办〔1999〕53号文件及中府〔1998〕69号文件"关于认真做好土地延长承包期""关于建立土地经营收益分配制度"的有关规定，1999年9月9日龙瑞村召开了84人参加的村民代表会议，专门讨论上述工作方案，最终形成《沙溪镇龙瑞村延长土地承包期、建立土地经营收益分配制度工作方案（草案)》（以下简称《农地延包、分配草案》），该方案的核心要点摘录如下：

　　1. 坚决执行中央"延长土地承包期三十年，集体留用禾田机动地5%（即114亩），每户一证"的三大政策，坚持在自愿有偿的原则下，实行土地承包权和经营权相分离，促进土地使用权流转，建立土地经营收益分配制度。在确保村民对土地享有三十年不变的土地经营收益权利的基础上，本村按照乡规民约每三年进行一次土地份额

----

① 村藏档案：《中山市农村土地经营使用制度情况调查表》，卷宗号：A12.1-52-1994-10。

② 村藏档案：《沙溪镇龙瑞村延长土地承包期、建立土地经营收益分配制度工作方案（草案)》，卷宗号：122.58-A-1999-45。

③ 1985年龙瑞大队改名龙瑞管理区；1998年龙瑞管理区改名龙瑞村（行政村）。

调整。

2. 本村现有承包办法基本合理，群众基本满意……本村农业人口 3383 人，另在校大专生 17 人，共 3400 人，留下机动地 114 亩，实可分给村民的土地 2178.62 亩（其中沙朗 1158.78 亩，民田 1019.84 亩），人均占有土地份额 0.64 亩，其中沙朗细围 0.34 亩，民田朗心 0.3 亩。目前本村村民自耕口粮田共 266 亩，今后继续实行土地承包权和经营权相分离，由集体统一发包给专业户。严格履行农户不能私自转包的规定，如有发现再分配时扣回已享有的费用款。

3. 本村决定从 1999 年开始实行土地经营收益分配制度，把农用地的全部经营总收入减除农用一切开支后的 80% 按分配土地人口分配给本村村民。[①]

根据上述资料可知，龙瑞村首先按照上级政策规定，提留了 114 亩机动地，其他土地包括沙朗农田（沙田）和民田按现有农业人口分配，但"人均占有土地份额 0.64 亩，其中沙朗细围 0.34 亩，民田朗心 0.3 亩"说明，二轮承包期间人均占有的是"份地"而不是具体地块，而且"份地"中既有原实分到户的沙田，也有原实分到户的民田，所有农田均"按份虚分"到户。而且为了保证村内所有成员能够公平地享受农地承包权，落实每三年一次"增人增地、减人减地"的政策调整。在此基础上集中划出少数口粮田来满足少数承包户的种田需求。同时表明今后集体农地经营的基本方向，即"今后继续实行土地承包权和经营权相分离，由集体统一发包给专业户。严格履行农户不能私自转包的规定，如有发现再分配时扣回已享有的费用款"。龙瑞村将通过土地承包权和经营权"有偿分离"来促进土地流转。最后，通过第 3 点"把农用地的全部经营总收入减除农用一切开支后的 80% 按分配土地人口分配给本村村民"的农地经营收益分配制度，明确了集体统一收回承包地的前提是有偿支付承包权，集体支付给承包户的费用，即集体统一经营的农地租金收入。沙朗沙田就在这样一个强制性制度变迁的推动下完成了"先分（份田）后收"的"集体反租"过程。

---

① 村藏档案：《沙溪镇龙瑞村延长土地承包期、建立土地经营收益分配制度工作方案（草案）》，卷宗号：122.58 - A - 1999 - 45。

二　集体"倒包"的历史变迁及其原因

（一）集体农地市场地位的转变

由集体发包的民田最初几年是"大队求人种田的"。一方面因民田区工业用地、机关征地等切割了连片的农田，导致集体可以发包的农地较为分散，小的30—50亩/块，大的70—100亩/块，这意味着需要的代耕户人数较多，在田多人少的情况下便只能求人种田；另一方面民田区是靠近本村但远离外村的农田，外村人如果不能在本村附近有落脚、放置农具的场所，生产也不太便利。这都增加了集体招租的难度。当时闲置农田的发包消息一般由"老外耕户"直接传播，因而新进来的承租户一般是"老外耕户"牵线搭桥引过来的，他们最先获得相关信息，最先报名申请，村干部基于对"老外耕户"的信任和土地流转市场供大于求的形势，一般就按照"先来先得"的方式确定承租户。这种发包方式的优势在于成本低、效率高，但农地转包关系本质上是市场关系，在缺乏对承租户有效监督和综合考核的情况下，该市场契约面临较大的市场风险。

以第一轮民田发包期为例，村集体就遇到了一位"半路撂挑子走人"的租户。该租户是本县外村人，他租了200多亩民田，因经验不够丰富，第一年风调雨顺时所得收入仅够上交土地租金，为了不影响他第二年的生产投资，村干部就答应他延迟上交部分租金，其中国家任务部分他必须先上交。第二年早稻又遇到小旱，其他承包户多少都能应付过来，但他因为经验不足导致大面积减产，到下半年他自己就悄悄地溜走了。当时村干部也派人去找该租户，但他家底薄根本没能力弥补这损失，村集体也没有办法，这200多亩禾田歉收带来的经济损失只能全部由集体自己承担。据说，集体当年从他田里收回的稻谷都抵不上集体收谷所花的人工费。可见，如果不对租户实行必要的经济、技术考核，由粮食市场、气候环境、水利变化等因素引发的水稻种植的经济风险就有可能直接转移给集体组织。

大队及时从这个事情中吸取教训，主要从两个层面采取措施来避免"弃田逃租"的现象：一是每一轮发包前都仔细考察租户的种田经验和家庭经济情况；二是在水稻种植过程中加大农田水利设施的投入和农业技术的指导，以此尽可能地提升租户抵御自然灾害的能力。如刘×富所言："从那以后，我们每次发包之前都会对这些有意向的租户进行综合考察，我们主要看两方面：一是看实力，即承租人有没有一定的经济实力来承担自然风险，就是说在歉收年份他是否有一定的财力来弥补经济损失；二是看能力，即承租人是否有种好田的丰富经验和专业技术，包括自有农机等方面的情况。"① 最初几年，管理区明确拒绝外省农民承租本村禾田，"因为外地人不懂我们这里的气候、水利变化，毕竟我们这里是沙田种植，他们适应不了就种不好这田。外省来的农户种蔬菜、包鱼塘都没有什么问题，禾田种水稻就不行！"②

随着某些外部条件的变化，20 世纪 90 年代末期农业生产利润大幅提升，"集体求人种田"的局面发生改变。首先政府扩大了农机补贴的范围，提高了补贴力度，一些大中型农机最高可享受 30% 的财政补贴；其次全国粮食价格迎来持续上涨的高峰，粮价上涨直接带来种粮大户巨大的利润空间；最后地方政府下达的公粮任务逐年减轻。这三项变化直接提升了水稻种植的利润空间，用当时种田大户刘×洲的话来说："只要自己田间管理到位，能够种好上百亩耕地，一年下来挣个 3—5 万元是没有问题！"③ 农地产出利润空间的扩大直接改变了此前供大于求的局面，这些种植大户或者经济作物专业户真正迎来农业经营的"春天"。二轮延包时龙瑞村在沙田区选择续签合约的方式开启沙田的首轮"反租倒包"，到 2003 年新一轮租赁关系调整时，向集体组织申请包地的人迅速增加，不仅外村外省的报名者增加，也出现了少数本村村民，以往村集体"求人种田"的局面发生根本性扭转。为适应卖方市场的形势，龙瑞管理区开始实行公开招标、竞争种田的方式确定租户并一直延续到 2014 年。民田区的情况略有不同。由于民田区因 1990—2010 年期间农地征用频繁，据不完全统计，截止到 2010 年该区共被征用近 1500 亩土地，其中 90% 以上都是禾田，故民田区的农田承租关系变动频繁。2005 年以后剩下未被征用的禾田基本属于被工业建筑切割的"散田"，不仅发包困难而且租金低廉，对这些零散禾田采用公开招标的方式，其收益还抵不过组织管理成本，故集体对这些零散的禾田持放任态度，或者任其抛荒或者默许本村农户种点蔬菜自食。

---

① 访谈资料：刘×富，原村两委委员，编号：2017 – 12 – 29。
② 访谈资料：刘×富，原村两委委员，编号：2017 – 12 – 29。
③ 访谈资料：刘×洲，种田大户，编号：2018 – 01 – 03。

（二）集体农地发包方式的正规化

接下来以 2009 年 11 月的沙朗农田招标事件为例，大致介绍龙瑞村集体在沙田发包方式上的若干变化：

第一，明确了招标时间、地点、承租期限和农田分布详情等基础信息。2009 年 11 月发布的《沙朗农田招投标公示》（以下简称《招标公示2009》）中包含招标地点及面积、承租期限、投标方式、投标保证金、定标办法、要求六项内容，公示时间为 11 月 9 日，离公开招标时间 11 月 19日相隔 10 天，招标地点在村办公楼会议厅。当时沙朗农田划片分为 11块，每块农田分别标明禾田面积与鱼塘面积。这是农田招标公开透明化的第一步。

第二，采取公开投标的方式且要求投保人预交 2 万元投标保证金，保证金将对投标人的投标行为产生约束作用，以保证招标投标活动的严肃性。在招标当日现场公布的一份细化的《沙朗农田招投标说明》（以下简称《招标说明2009》）① 中，其规定投标人在递交投标文件后不得撤销投标文件，中标后不得以不正当理由不与招标人订立合同，在签订合同时不得向招标人提出附加条件，或者不按照招标文件要求提交履约保证金，否则，招标人有权不予返还其预交的投标保证金。

第三，明确定标办法，即"取所有投标人中的最高价报价人为中标人。当同时出现两家或两家以上报价相同且均为最高价时，抽签决定中标人"。据当时附录的所有投标者的身份信息显示，这次参与竞标的共 21人，竞争较为激烈。在招标当日的《招标说明2009》中进一步规定"我村决定在此以暗标方式举行"，暗标是指投标文件中不标明具体投标人名称和标识，避免评标委员会评议时产生倾向性，最大限度体现招标过程的公平性。

第四，为提升农田承包合同的"法律效力"，村委会主动寻求乡镇司法所的帮助。在《招标公示2009》和《招标说明2009》中均要求"中标后五个工作日，甲、乙双方共同到沙溪司法所签订见证书"，保证农田承包合同获得正式机构的承认以提升本合同的法律效力。用刘×富的话来说，"这样的合同已经非常规范了，乡镇有关部门的介入既是监督也是保

---

① 村藏档案：《沙朗农田招投标公示》《沙朗农田招投标说明》，卷宗号：122.58 – A –2009 – 55。

护，如果真的遇到赖皮承包户故意拖欠承包款或破坏地力设施等，我们大队也可以找政府出面评理，依法制裁！同时也能表明我们村干部做事都是清白的，没有暗箱操作！"①

第五，为确保租金及时上交，进一步规范交租方式、时间等。公开招标后交租方式由"年终租"改为"上期租"。所谓年终租是指承包户秋收后上交当年的租金，上期租指承包户在春耕前上交当年的租金。后者可以有效防止承包户蓄意拖欠。同时，租金形式由"实物地租与货币地租并存"转向"单一化的货币地租"。这与90年代中期农业税由实物形态转为货币形态有关，管理区不再收取实物地租稻谷，农地租金统一改为现金支付。

可见，集体发包经营农田从20世纪90年代到21世纪初经历了从"求人种田"到"选人种田"的变化。在集体组织"反租倒包"的早期，管理区主要通过集体组织的有限考察和公共服务来降低租赁关系中的经济风险，但不能解决承租户可能出现的蓄意拖欠、赖账等行为。对集体而言，这是一种被动的软约束。但到2003年后的"选人种田"时期，村委会通过完善招标方式、规范承包合同细则等方式来降低市场风险，如签订承租合同是需缴纳一定数量的"履约保证金"的，如发生违约情况便可以此来弥补集体的经济损失。甚至主动吸纳地方行政力量以增加承租合同的权威和效力，由此形成强有力的硬约束。总之，21世纪以来，村集体一方面通过规范发包程序，借助司法力量来约束可能发生的各类违约行为，另一方面通过压低发包租金、提升水利设施、提供农业技术等方式来降低承租户的生产成本，负向激励与正向激励双管齐下最大限度地降低市场化的租赁关系所带来的经济风险。

（三）集体农地经营权二次分化

集体组织反租倒包的实质是将土地承包权和经营权相分离，集体先统一"有偿收回承包户的承包权"再统一将农地经营权"有偿发包"给专业户，而经营权的分散程度由划片土地地块数和专业户的人数综合决定。前文关于沙朗农田经营情况的论述表明，分享该区土地经营权的市场主体呈不断增加趋势，从最初的2—3户外耕户到1988年的8—9户外耕户，还有10多户承包鱼塘的养殖专业户和大大小小的蔬菜瓜果种植户。20世

---

① 访谈资料：刘×富，原村两委委员，编号：2017 – 12 – 29。

纪 90 年代民田区开始发包，民田区靠近中山市城区和沙溪镇中心，承租户以种植经济作物为主，集体发包的土地规模较小、地块数量较多，承租户总数在原来沙田区的基础上迅速攀升，而且承租户中来自外省的农民人数比例越来越大。故在"反租倒包"初期，一般由集体直接对接众多的承租户，其耕地规模有大有小，主要由租户的种植种类和经济实力决定，由此形成"集体 + 专业户"一次转包的经营模式。随着农业种植结构多元化调整，不同类型的专业户越来越多，农地经营权的细碎化和分散化成为必然。这种细碎化的经营权分布格局对发包方来说，不仅意味着集体组织的发包管理成本上升，而且其带来的社会治安风险也在不断增加。

刘×光老书记提到："90 年代中后期，管理难度最大的就是外地人，尤其是在本村从事农业的农民。他们大部分从广西过来的，以种蔬菜为主，外地人在本地没有地方住，当时土地管理也不是太严格，我们就允许他们在承包地头搭建 1—2 间简易棚用于生产和居住。但后来这些人拖家带口、带老乡带朋友的，他们有些在附近工厂打工，因工厂不提供住宿他们便借住老乡家里，有些则是游手好闲、没有稳定工作的年轻人，在附近活动的人越来越多也越来越复杂，违规扩建简易棚的也增加了，给我们带来巨大的管理压力！"[1] 在这种农地经营权过于分散的"集体组织 + 专业户"模式下，随着越来越多外地人口（中山市户籍以外的人口）参与本地农业和工业生产，由此带来的社会治安风险却不断上升，以至于本村主管农业的村干部从"农业管理"转向"社会管理"。但集体组织在对外地人的管理经验和管理资源都不充足的情况下，这种过于分散经营的格局带来的负外部性最终演变为被《中山日报》曝光的"西河部落"事件。该事件被媒体曝光后，管理区立即采取行动，"1997 年西河一带承包户严重违反合约，乱搭乱建严重，在《中山日报》曝光'西河部落'后，在有关部门的配合下，清拆西河一带的违章建筑，消除了隐患，并由集体出资贰万元，将所有田块推平，重新规划水利设施，并及时落实代耕户，完善了合同的签订"。[2]

尽管此前村干部也注意到这种经营权过度分散型的"集体 + 专业户"带来的社会问题，但由于种种原因并未引起村干部的重视，直到被《中

---

① 访谈资料：刘×光，前任村书记，编号：2017 – 07 – 18。
② 村藏档案：《龙瑞党支部三年工作总结》，卷宗号：122.58 – A – 1999 – 4。

山日报》曝光后，集体组织才下定决心联合有关部门进行深度整治。但这种整治实际上依旧属于"治标不治本"，换了一批代耕户，只要代耕户的规模不变、社会关系不变，"老乡带老乡"的农民工流动方式必然会再生产出进化版的"西河部落"。为此，集体组织对农田经营权的分配规则进行重新调整，从 2003 的农田招投标开始实行"集体 + 农场主 + 专业户"的"包上包模式"，即集体组织通过公开招投标的方式划片发包给农场主，即在一次发包关系中形成规模农场，然后由农场主根据自己的生产计划招租专业散户，即在二次发包关系中形成家户经营。当时《招标说明 2009》提到"中标总价为菜地价格，如需改种水稻按市价种植面积价格下降 30% 收取"，这表明沙朗地区的禾田大部分已改种蔬菜，至于中标地块如何分配水稻和蔬菜的种植面积，就看中标者能够招到多少菜农。以 2012 年沙朗农田中标人肖×友为例，在他名下的菜农共 38 户，这些菜农以种生菜、葱、菜心为主，每户种植面积在 2.5—4 亩之间。① 因而这些分散的菜农、养殖户不再与村委会签订租赁合同，而是与中标人签订租赁合同。

由此，在同一田块上形成两层租赁关系：集体组织与中标人、中标人与专业户，农田经营权在这个过程中出现了两次分化，第一次是集体组织的"倒包"，第二次是中标人的"转包"。这种"集体 + 中标人 + 专业户"的经营模式便是老百姓口中的"包上包"，与原来"集体 + 专业户"的"直接包"不同，在土地耕种者与土地发包方之间出现了中介人物即"中标人"，中标人不再是小农经营式的职业农民而是拥有一定经济实力的"农业资本家"，他们当中有些可能既当农民又当老板，有些则属于脱离农业一线生产的拥有一定农业资本的农场主。农地经营权通过中介老板进行了二次分化，这种双层转包经营模式，对农场主来说实现了适度规模占有经营权，对集体组织而言，通过农地经营权的相对集中大大降低了管理成本，正如刘×富所言："我们只发包给这些老板，不再直接对接种植专业户，由他们按照签订的合同维持基本的生产秩序，我们收租只用找 9 位老板，不用像以前那样找几十户专业户，这样管理起来就方便很多！"② 集体组织通过农田经营权的二次分化有效地降低了管理成本，同时也将市

①　村藏档案：《龙瑞村蔬菜种植情况调查表》，卷宗号：122.58 - A - 2012 - 19。
②　访谈资料：刘×富，原村两委委员，编号：2017 - 12 - 29。

场风险分散并转移给中标的农场主。对农业生产本身而言，通过逐步将耕地集中到种田能手和专业大户手中，由他们实施科学养种，有利于提高农业经济效益，推进传统农业向现代农业转变。

三 农业集体经济收益分配的制度化

龙瑞村农业发展经历了统分结合的"一村两制"阶段和统分结合的"反租倒包"阶段，不同阶段农业集体经济的收益来源与分配存在一定的差异。"一村两制"时期，村集体向承包户和承租户收取的承包费①主要用于上缴国家税金和支付共同生产费，减去这两项开支所得的承包费剩余即为当时农业集体经济的纯收益，而本村和外村农户除去承包费所得的农业生产剩余则全部归自己支配。1992 年农地大调整实施"反租倒包"后，一方面村集体向租地农户（不论是本村农户还是外村农户）统一收取农田租金以形成农业集体经济的收入；另一方面上缴国家农业税和支付农业公共服务费形成农业集体经济的支出；两者相抵扣所得便是农业集体经济的纯收益。尽管改革开放以来，农业集体经济所得的纯收益较少，但这笔利润都会纳入集体经济年终分配的"再分配"中。

不过，具体实践中的"再分配"的内涵前后有所变化，为说明这种变化，下文分别摘录 1983 年、1986 年、1987 年和 1989 年的《龙瑞集体经济年终收益分配明细》以便分析：

> 1983 年年终收益分配底稿：农业收入 149516，工副业收入221763，其他收入 49827，承包收入 184054，小计（一）605160。农业支出 216014，工副业支出 158249，其他支出 48297，管理费 6697，税金 30827，干部及管理人员报酬 87650，小计（二）547734。社员往来 30968（其中再分配 22397，退休金 8571），公积金 12456，公益金 10000，生产基金 4000，小计（三）57424。②（单位：元）
>
> 1986 年中收益分配方案：承包收入 336327，工副业收入 303233，其他收入 13585，小计（一）653145。共同生产费 93699，工副业支

---

① 这里的"承包费"前文已详细分析，实际上分别指本村承包户上交集体的"余粮"，即集体提留款和外村承租户的农地租金。

② 村藏档案：《1983 年度年终分配决算修正案》，卷宗号：D1. 1 - 20 - 1983 - 4。

出 119703，其他支出 53357，管理费 9669，小计（二）276428。分配结果：国家税金 50078，公积金 30772，公益金 6000，生产基金 10000，折旧基金 4000，预付工资 75865，再分配 64000，退休补贴 20000，奖励费 26000，小计（三）286715。① （单位：元）

1987 年统一经营分配方案：承包收入 352288，工副业收入 643734，其他收入 22397，小计（一）1018419。共同生产费支出 122513，工副业支出 285073，管理费 21023，其他支出 36053，工资 96570，小计（二）561232。税金 55734，公积金 40000，公益金 60000，生产基金 10000，折旧基金 40000，再分配 251452，小计（三）纯收益 457187。其中再分配安排兑现：禾田土地面积或人口数分配 98368 元、补充公益金或其他项目 50000 元、年终奖金 77748 元、超龄安慰奖 25336 元。② （单位：元）

1989 年的"再分配（利润）"详情如下：1. 按面积分配以每份田 50 元共 3185 份，应分 159250 元；2. 按人口分配以每人 50 元共 3157 人应分 157850 元（再其中以 40% 即每人 20 元国库券，60% 即每人 30 元现金，即全分国库券 63140 元、现金 94710 元）；③ 3. 老人慰问金 486 人每人 120 元，共 58320 元；4. 奖励金企业单位领导人奖 234758 元，管水员保管马达奖 1470 元，共 236228 元；5. 除上列四项分配尚存 128417.46 元，暂予入利润以便候待转入分配基金。④

上述材料显示，年终纯收益 = 小计（一）年终总收入 - 小计（二）年终总支出，年终纯收益的分配项目 1983 年包括公积金、公益金、生产基金、社员往来（再分配和退休金），1984 年后将国家税金从"年终总支出"转移到"年终分配结果"中，⑤ 1986 年又将折旧基金纳入其中，此

---

① 村藏档案：《1986 年度年终决算收益分配修订方案》，卷宗号：D1.1 - 23 - 1986 - 1。
② 村藏档案：《1987 年统一经营分配方案》，卷宗号：D1.1 - 24 - 1987 - 1。
③ 说明：这里的人口数应该为当年实际农业户籍人口 3157 人，而一年中存在下半年出生、嫁入、上半年去世等"变动人口"，这些"特殊成员"一般以 0.5 人计算，所以，本数据中"应分人口数"和"实际人口数"存在一定差异，如人口分配中实际人口数为 3157 人，"应分人口数"为 160550 除以 50 元 =3203 人。
④ 村藏档案：《1989 年度龙瑞集体经济分配概况（分配部分）》，卷宗号：D1.1 - 26 - 1989 - 4。
⑤ 村藏档案：《1984 年度龙瑞大队年终收益分配表》，卷宗号：D1.1 - 21 - 1984 - 2。

后这 6 项成为龙瑞集体经济纯收益的常规年终分配项目。可见，一轮承包期间，集体统一经营的农业纯收入在收支项目是可单独计算，但它最终与非农集体统一经营的纯收入共同组成"集体经济年终纯收入"用于"年终分配"。

在年终纯收益 6 项分配中，与社员利益直接相关的是"社员往来"项，分田到户后改称"再分配"，但"再分配"的内涵也先后发生了一些变化。1983 年的材料显示，当时社员往来包括"再分配"和"退休金"，此时的"再分配"是指集体按照人口平均分配部分集体经济纯收益，其实质为均质化的年终分红。它与特殊对象，如老年人补贴、奖励金区别开来。1984 年经营体制调整后取消了原来的"社员往来"，将再分配、退休补贴和奖励金直接分列为"年终分配项目"，这一格局一直持续到 1986 年。而 1987 年的分配方案显示，"再分配"的内涵扩大了，它不仅包括"按土地或人口数"均质化分配的年终分红，还包括原来与它并列的"超龄安慰奖"①"年终奖金"等，即将与集体成员个人收益直接相关的分配统称"再分配"，实际上回到了 1983 年"社员往来"的层次。这种未区分农业和非农业差别的、以集体经济整体纯收益作为资金来源、基于成员权资格、按一定规则分配的个人收益，笔者暂且定义为"广义再分配"，这种分配秩序一直延续到二轮承包初期。

1999 年 9 月龙瑞村出台《沙溪镇龙瑞村延长土地承包期、建立土地经营收益分配制度工作方案（草案）》，标志着龙瑞村集体经营的农地收益分配走向制度化。该方案第三条规定：本村决定从 1999 年开始实行土地经营收益分配制度，把农用地的全部经营总收入减除农用一切开支后的 80% 按分配土地人口分配给村民。凡报领土地自己耕种的农户，先由集体垫支机耕排灌等支农支出费用，在年终的土地经营收益分配中再扣减垫支后参加土地经营收益分配。村集体的工副业收入，年终按人口分配不少于 33%。② 也就是说，集体所得的农业年终收益等于农用地总收入（统一发包的租金收入）减除集体垫付的一切农业公共开支，然后将这部分农业

---

① 说明："超龄安慰奖"即原来的"退休金""退休补贴"，20 世纪 90 年代中后期又改名"生果金"，称谓虽多有变化，但其内容一直没有变，即指集体经济组织每年必须预留出一部分纯收益均分给农业户籍的老人，其年龄规定为男 60 周岁、女 55 周岁以上。

② 村藏档案：《沙溪镇龙瑞村延长土地承包期、建立土地经营收益分配制度工作方案（草案）》，卷宗号：122.58 – A – 1999 – 45。

集体经济纯利润的 80% 按照"分配土地人口"来分配。由于每年都有新生人口和新婚人口，但农地份额每 3 年调整一次，这意味着每年有少数集体组织"新成员"不能参与当年的农地经营收益分配。同时，为保证口粮户和非口粮户之间的公平，集体组织为口粮户垫付的农业生产成本将在年终农地经营收益分配中扣除后再发放到户。可见，农业统一经营收益从原集体经济总纯收益分配中独立出来，此后根据出现的新情况、新问题进行及时调整，最终形成当下非常规范的"农地收益分配"方案。

在此摘录 2000 年、2008 年和 2010 年的具体分配方案以了解农地收益分配的基本程序：

2000 年土地经营收益再分配明细表①

一、农业总收入：462566.00 元，其中稻谷收入 382660.00 元，鱼塘收入 79906.00 元。

二、农业总支出：194268.85 元，其中公粮支出 104452.65 元，农田水利费 15959.20，农业特产税 2200.00 元，折旧费 1762.00 元，代交镇村民 2000 年度水利费 66660.00 元，农田铺路疏河费 3235.00 元。

三、土地经营纯收益：268297.15 元。

制表日期：2000 年 8 月 23 日

2008 年土地经营收益再分配公布表②

一、农业总收入：823686.90 元，其中禾田发包收入：711859 元，禾田改种蔬菜补差价：111827.9 元。

二、农业支出：96366.90 元，预留沙朗农田水利工程款：96366.90 元。

三、土地经营纯收益：727320 元。

四、参加土地分配款股东人数：3306 人，每股东分配 220 元，应分金额 727320 元。

龙瑞村民委员会盖章

2008 年 8 月 12 日

---

① 村藏档案：《2000 年土地经营收益再分配明细表》，卷宗号：A12.1－113－2000－19。

② 村藏档案：《2008 年土地经营收益再分配公布表》，卷宗号：122.58－2008－60。

村民代表会议表决内容①

2010 年我村农田发包收入共 1268923.2 元，今年水利设施维护已支出 96800 元，余款 1172123.2 元。2010 年参加农田发包收益分配的人数为 3472 人，拟人均分配 330 元，共分配 1145760 元，分配余额 26363.2 元留用于农田水利维护，提请村民代表会议审议是否同意上述分配方案。

2010 年 8 月 4 日

二轮承包以后集体组织对本村农地经营有着明确的方向，即"明确所有权，稳定承包权，搞活使用权，强化管理权，实现土地承包权和经营权有偿相分离，推动农地使用权流转的同时保障农民承包权的收益"，②此后农地经营收益的分配进入规则明确、预期稳定的相对公平的均质化分配阶段。2003 年集体经济组织进行股份制改革后，其确定分配对象的规则发生了变化："有关原口粮分配，结合本村实际，自然将收益（农地经营收益）转入本村股份合作经济联合社，从今年（2003）起收益分配按股权界定后股东享受（原 1999 年 9 月 9 日订立的三年变更人口一次的规定自然终止）。"③ 2010 年的农业集体经济收益分配材料显示，集体农地经营性收益分配的程序大致如下：首先由村委会工作人员计算出当年与农业相关的总收入和总支出详细数据；然后将具体的农业纯收益分配方案提交村民代表大会审议，会议时间一般定在每年 8 月中旬；若经村民代表大会审议通过就对全体村民公示，公示无异议后，年终就按此方案发放现金。可见，到后期已有村民代表参与农地经营收益再分配方案的决策，其过程的公开性、透明性和程序化也是其制度化建设的重要表现。

与一轮承包期"广义再分配"相比，二轮承包期间农业集体经济纯收入再分配的内涵缩小了许多，笔者概括为"狭义再分配"。两者的差异主要体现在以下几个方面。首先，从分配资金来源来看，狭义再分配的资金来源明晰，即集体经营农地所得的纯收入，与广义再分配的资金来源相

---

① 村藏档案：《村务审议表决内容》，卷宗号：122.58 - A - 2011 - 14。

② 村藏档案：《沙溪镇龙瑞村延长土地承包期、建立土地经营收益分配制度工作方案（草案）》，卷宗号：122.58 - A - 1999 - 45。

③ 村藏档案：《龙瑞村全体党员村民（股东）代表大会有关本村股份经济联合社股权界定补充规定》（2003 年 7 月 21 日通过），卷宗号：A12.1 - 127 - 2003 - 2。

比，狭义再分配的资金来源清晰化。其次，分配对象明确为"拥有土地份额"的人口，分配属性明确为"承包经营权统一收回"的租金，其彰显了"反租"的过程，其实质是承认集体成员承包经营权的收益权。再者，集体组织将根据成员自然增减规律进行及时调整，因不涉及具体地块，这种账面上的调整非常便利，这充分展现了农地收益分配的公平性和灵活性。最后，通过强化集体对农地的统一发包权来展现土地集体所有权的权能，同时实现了具体农民与具体土地的生产性分离。使用"份田"或"股份"保证了具体农民与抽象土地的财产性关联，较好地实现了集体所有土地管理权与农民承包土地收益权的平衡。

两种再分配的内涵和形式形塑了不同的农民与集体的关系，更隐含着不同的地权观念，两者的差异如表4-5所示。

表4-5　　　集体土地承包期间集体收益"再分配"的类型差异

类型	广义再分配（一轮）	狭义再分配（二轮）
资金来源	集体组织经营农业和非农项目的纯利润	集体组织经营农业项目所得的纯利润
分配对象	本村承包户与老人等特殊人群的分配	当年分配土地（份地）的人口，2003年股份化后改为"股东"
基本属性	农业补贴和成员权的分红与福利	承包经营权的收益
责权关系	集体"以工补农"，承包户无明确公共责任，所有社员凭成员权资格享受福利	集体以发包收入支付农业公共品，明确承包者、发包方、承租者三方的权利
地权意识	承包费强化农地归集体所有的地权意识，本村农户只享有承包经营权	承包权有偿转移强化承包户财产意识，集体统一发包展现土地集体所有权的权能

第三节　小结：农业现代化与集体
统筹关系再认识

20世纪80年代改革开放以来，龙瑞村农业集体经济经历了"一村两制"时期（1983—1992年）的"集体统筹+家户经营"相结合的经营体制以及"反租倒包"时期（1992—2014年）的"集体统筹+规模农场"

相结合的经营体制。总体而言，龙瑞村农业集体经济表现为"公有私用私享型"的产权安排。首先，从所有权的角度来看，一直延续着集体时代的"集体所有权"即保持了"公有"的基本形态，而且在不同时期均能找到其合适的实现形式，如"一村两制"下的"承包费"、集体"反租倒包"下的统一发包权以及农地租金等；其次，从使用权的角度来看，尽管耕种主体出现了本村家户逐步退出而外村农户逐步进入的历史转变，但两者均以家庭为基本经营单位，其实质均为家户"私用"；最后，从农地收益的角度来看，国家税金和集体提留逐步减少并最终取消的过程说明，农业产出剩余在承包户与承租户之间分配：部分依据承包权分配给本村农户，部分因劳动投入而归直接经营的外村租户，故具有明显的"私享"特征。

龙瑞村农业集体经济的实践表明，依托集体土地所有权所彰显的"集体统筹"在农业现代化过程中发挥了重要作用，具体表现在以下几个方面。首先，集体组织自发地成为农地从本村承包户转移到外村种植户的重要中介组织，集体组织一方面扮演承包权的统筹者，另一方面扮演经营权的分配者，从而实现了高效的有序农地流转，它凭借集体经济实力和政治公信力较好地保证了本地农民与外地农民隐性的却极为稳定的契约关系。其次，作为农地流转唯一合法的中介组织，集体组织同时扮演着农地统一经营收益分配者的角色。集体组织围绕着内部公平、程序合理、成员增收等基本原则不断调整分配规则，从而间接地调适着集体与农民的关系、农民与土地的关系、农民分配与公共投入的关系。龙瑞村集体组织凭借集体统筹较大的自主权和较强的市场适应能力，较好地维系着这三对关系的平衡。这一点是政府主导的土地流转和资本主导的土地流转难以做到的。最后，集体组织不论在哪种经营模式下，都没有退出农田水利设施、农业机械化服务等农业生产公共品的领域，而是主动成为这类公共品的主要供给者，从而促使当地农业生产的外部自然条件不断改善，为本村农业现代化发展夯实了基础。

农业集体经济的关键并不在于集体直接分享农业剩余或者直接经营农业生产。在集体主导的农地再组织化模式中，农业集体经济的核心定位在"中介者"和"服务者"。中介者包含两层意思：一是承包户和承租户的中介，通过具有政治资本的集体组织来降低土地流转的市场交易成本；二是农资商与耕种者的中介，通过具有社会资本的集体组织来降低农资市场风险带来的生产成本。服务者则主要表现在农业生产公共品的供给方面和农业生产的社会化服务方面，即通过具有经济资本的集体组织来持续改善农业生产环境。可见，非经营性和非营利性是集体主导的农地再组织化模式的核心目标，这是与资本主导的农地再组织化模式最大的区别。在中国现有的人地关系背景和产业发展阶段下，农业绝对剩余的人均水平不可能高于第二、第三产业。因而，对于那些仍有大量农民留守农村且需要农地作为一种生活保障乃至生活方式的广大中西部农村地区来说，在承认老人农业和中农农场具有历史阶段性的合理性的前提下，这种非经营性和非营利性的农业集体经济可能是这些新时代小农经济的最大福音。

　　改革开放后龙瑞村农业发展的脉络基本符合黄宗智所定义的"隐性农业革命"，而引发龙瑞村农业革命的三大动力均来自农业生产体系外部：严格执行计划生育政策带来的人口增长减慢与本地工业化快速发展带来的非农就业，两股力量交会导致龙瑞本村村民务农人数持续减少，而这样的减少正好与食物消费结构转型所带来的农业向相对高价值和高劳动需求的产品转型同步。① 如此，在龙瑞集体所有的农用地上的"耕者"实现了几乎完全就业的状态，并在收入上获得显著提高。同时，农地所有者和承包者也在"三权分置"的格局中彰显了自己的权能。这一现象在笔者调研过的东部沿海发达地区的近郊农村具有普遍性。隐性农业革命的动力与本地工业化、就近城市化密切相关，而其核心内容包括农业内部种植结构的调整、农业基本生产资料，即农地的再组织化以及农业从业人员劳动价值的快速提升。

---

　　① 黄宗智：《中国的隐性农业革命》，法律出版社 2010 年版，第 106 页。

第五章

资本进村：非农集体经济的产业转型

　　1980 年全国人大常委会颁布的《广东省经济特区条例》标志着以深圳为排头兵的"特区经济"起步，其制定了一系列吸引外资的优惠政策，包括企业经营自主权、税收、土地使用、外汇管理、产品销售、出入境管理等特殊政策。在特区政策的扶持下，珠三角地区工业化进程快速推进。1984 年中山市被列为广东省珠三角地区重点开发经济区之一，三来一补企业、大型国有企业以及中小型私营企业逐步落户中山。工业经济由城市向周边农村扩展，乡村工业化随之起步。当地人将本地工业化路径形象地称为"四个轮子一起转"的工业化，"四个轮子"是指围绕外资企业落地所需要的土地、资本、劳动力、政策等要素的四大主体，即行政村、组（原自然村）集体组织，县、乡（镇）两级地方政府，中央、省两级政府以及本村村民。其中，集体组织成为工业用地和企业厂房的主要供给者并在乡村工业化进程中扮演关键角色。农村集体经济也因本地工业的发展获得了新的生命力：它在依托市场原则、本土规则、集体资源以及国家力量的基础上把村社共同体在非农化过程中再组织起来，[①] 非农集体经济的发展成为改革开放以来珠三角农村变迁的核心内容。

　　在沙溪镇，龙瑞村是拥有众多华侨宗亲的侨乡之一，在利用血缘宗亲关系吸引外资方面具有一定的优势；而生产大队拥有的相对集中的土地统筹权则有利于降低企业的用地成本和交易成本；以上这些比较优势让龙瑞村成为沙溪镇乃至中山市乡村工业化启动最早的农村之一。龙瑞村乡村工业化大致经历了三个阶段：1980—1990 年为缓慢发展期，以集体企业、

---

　　① 蓝宇蕴：《都市里的村庄——一个"新村社共同体"的实地研究》，生活·读书·新知三联书店 2005 年版，第 152 页。

国有企业进村落户为主；1991—2000 年为快速发展期，以三来一补企业入村为主；2000—2010 年，随着亚洲金融风暴的蔓延，外资企业逐渐撤离，进入持续衰退期。面对外部周期性不稳定的经济形势，龙瑞村从 20世纪 90 年代中后期便依托传统的商业优势大力发展以商贸市场为主的第三产业，开启了乡村商贸化的进程。本地乡村产业结构的转变成为推动非农集体经济变迁的核心动力，其具体表现为集体厂房物业经济向集体商贸物业经济转变。本章将围绕集体物业的发展历史、经营策略、现实困境等方面展开，重点讨论在乡村产业化的历史潮流中非农集体经济的"弱势地位"及其"保守心态"的形成机制，通过分析集体与市场关系的变迁来理解集体组织与产业资本的互动逻辑。

第一节　集体厂房物业经济的实践及其困境

一　"卖地筑巢"：自我积累与自建厂房

党的十一届三中全会后，珠三角的"特区政策"开启了局部地区以市场调节为主、以轻工业为导向的新型工业发展序幕。20 世纪 70 年代末，香港地区劳动力和土地资源的重新定价，引起了香港加工产业利润的下降及竞争力的下滑。据广东省委公开的资料显示，在 80 年代初就有大量的香港资本要求进入内地办厂，[1] 这成为珠三角乡村工业发展的重要历史机遇。最早一批进入龙瑞村的三来一补企业便是港资投资的制衣业行业。因而，在中小规模的轻工业资本能够覆盖的农村，谁能最大限度地为三来一补企业提供廉价的生产空间，谁就能占据乡村工业化的发展先机。轻工业企业对生产空间的硬件设施要求不高，同等地租条件下，它还要考虑生产车间的规模、所在地的交通便利程度、水电供给水平和生活配套设施等。在农村土地为集体所有的情况下，廉价土地供给比较容易解决，但这些生产配套设施的建设需要集体组织前期投入大量资金方能实现，因而，前期建设资金的自我供给能力成为本村工业化发展的关键。

据刘×光书记介绍，20 世纪 80 年代初期，集体可用于公共建设的资金非常有限，主要靠侨胞捐款捐物来改善生产条件。龙瑞村 1984 年固定

---

① 温铁军等：《解读珠三角：广东发展模式和经济结构调整战略研究》，中国农业科学技术出版社 2010 年版，第 29 页。

资产投资总额为 8.88 万元，其资金来源属 "利用外资"，而且是无偿捐赠的；[①] 1985 年固定资产投资总额为 9.44 万元，其中县以上政府无偿投资 1 万元、社会联办企业投资 0.5 万元、集体自有资金 1.52 万元、无偿捐赠的外资 6.42 万元，按资金用途均属于交通、邮电投资。[②] 这笔 6.42 万元的外资属于香港侨胞无偿捐赠的，专项用于本村街道整治，即将村内道路进行水泥硬化，以改善出行条件，这次硬化面积达 400 平方米。[③] 而集体自有资金 1.52 万元是靠卖地换来的一笔 "急用款"：

> 当时香港侨胞刘×成向村委会提出购买位于其祖屋东南面的一块土地，当时本村刚开始将村内一些道路改建成水泥路，为解决本村资金不足，村干部经过研究，与刘×成协商后，刘×成以捐赠汽车一辆为名义与本村置换土地（约2.6亩），村委会拟变卖该车以解决村道改造的资金困难。当时刘×成向本村捐赠了一辆丰田牌9座冷气旅行车，本村则将位于其祖屋东南面的一块自留地（现大成制衣厂）划拨给其用作建设厂房，该地的测量面积约2.6亩。该地实属以车换地，不属捐赠。[④]

可见，在传统集体经济公共积累普遍不足的情况下，改善投资环境的资金短缺是当地的普遍情况，联系侨胞、发动侨胞捐资捐物建设家乡成为当时解决资金困难的主要办法。但这种 "小打小闹" 的捐赠只能小范围地解决基础设施问题，最重要的还是筹措标准厂房的建设资金。当时那些有机会引入三来一补企业的村集体，或是通过抵押集体资产向银行贷款建设厂房，或是通过村民集资建设厂房，或是直接以集体土地入股、由企业自建厂房。但据刘×柱介绍："当时的港资企业都不愿意自己建厂房，都要求村里建好厂房，他们带来订单和原料租用现成的厂房来加工产品。"[⑤]

---

① 村藏档案：《1984 年农村集体所有制单位固定资产投资情况》，卷宗号：D1.1 - 21 - 1984 - 7。

② 村藏档案：《1985 年农村集体所有制单位固定资产投资情况》，卷宗号：D1.1 - 22 - 1985 - 7。

③ 村藏档案：《1985 年集体所有制单位固定资产投资利用外资情况》，卷宗号：D1.1 - 22 - 1985 - 8。

④ 村藏档案：《关于刘乃成〈致镇政府、龙瑞村民公开信〉的复查报告》，卷宗号：122.58 - A - 2007 - 70。

⑤ 访谈资料：刘×柱，60 岁，村两委退休干部，编号：2017 - 07 - 06。

龙瑞村最初只能充分利用一些闲置的建筑物比如老学校、老仓库等吸引侨资，然后利用所得租金零散地建些"钢棚""铁棚"再招租。龙瑞最早建立的集体厂房应该是 1986 年报建的临时建筑物钢棚（位于溪角总站附近），建筑面积 1080 平方米；① 1987 年再次报建了一个建筑面积为 800 平方米的松皮竹棚作为集体工场（位于岐沙公路溪角车站路段），投资成本大约 2 万元。② 总之 20 世纪 80 年代初期本村工业发展相当缓慢。

　　龙瑞管理区厂房建设资金短缺的局面一直延续到 1987 年，此后因国企单位和机关单位进村征地带来了巨额征地补偿款，大大缓解了集体组织资金不足的困境。据 1988 年龙瑞村登记的"房地款"显示，1983—1987 年累计获得 487184.42 元，截止到 1988 年底累计额为 4552600.42 元，③ 也就是说仅 1988 年一年该村共获得了近 400 万元的征地补偿款。这笔征地补偿款主要由国有企业中山市咀香园食品厂支付，具体征地补偿情况如表 5-1 所示。

表 5-1　　　　　　　　中山市咀香园食品厂征收龙瑞村
土地基本情况（1987—1988 年）

征地时间	征地面积（亩）	每亩价格（元）	总价格（元）	征地时间	征地面积（亩）	每亩价格（元）	总价格（元）
1987.04.24	1.42	20000	28400	1988.04.28	9.195	33000	303435
1987.09.10	2.166	20000	43320	1988.04.28	9.225	33000	304425
1987.11.27	2.99	25000	74750	1988.06.09	9.6	33000	316800
1987.12.31	9.37	25000	234250	1988.06.09	8.985	33000	296505
1988.01.23	1.78	25000	44500	1988.06.09	8.1	33000	267300
1988.01.23	2	25000	50000	1988.06.09	8.406	33000	277398
1988.01.23	2.99	30000	89700				
1988.04.28	9.6	33000	316800	1988.04.28	9.522	33000	314226
合计	95.349		2961809				

　　注：1988 年 4 月与 6 月的征地款有 150 多万元未付，这部分转为投资金参与企业利润分红。
　　资料来源：《1983—1988 年度禾田耕地征用情况表》，卷宗号：D1.1-25-1988-2，藏于中山市沙溪镇龙瑞村档案室。

① 村藏档案：《临时建筑工程报建批复通知书》，卷宗号：122.58-H-1-1986-5。
② 村藏档案：《广东私人建房申请宅基地施工队伍报建证》，卷宗号：122.58-H-1-1987-13。
③ 村藏档案：《1983-1988 年度房地款收入情况表》，卷宗号：D1.1-25-1988-9。

表 5 - 1 显示，截止到 1988 年底，咀香园共征用龙瑞村集体土地
95. 349 亩，每亩的土地补偿费随时间后移而有所增加，最早的、也是补
偿费最低的是 2 万元/亩，到 1988 年 4 月则增加到 3. 3 万元/亩。集体组
织应收土地补偿费为 296. 1809 万元。但如此短期内大规模扩张导致咀香
园周转资金紧张，不可能一次性兑现所有补偿款，因而在补偿费的支付方
式和期限方面与集体组织达成协议，如 1988 年 4 月 28 日和 6 月 9 日的经
济补偿先后至少分了 5 次支付且尚未付清。截止到 1988 年 12 月，龙瑞村
实际收到的地补偿款 140 万元左右，剩下的 150 万元左右经双方协商，转
为龙瑞集体组织入股咀香园的投资股份，此后每年享受一定的企业利润分
红，形成入股分红型的非农集体经济收入。1989 年和 1990 年的《对外投
资明细表》显示，咀香园投资利息分别为 23. 3 万元和 30 万元。[1] 这些征
地补偿款及其投资收益成为 1988—1993 年期间本村大力投资基建和厂房
的原始资金，其中仅 1988 年、1989 年、1990 年投放基建的费用分别为
168. 7 万元、94. 9 万元、57. 7 万元，[2] 其投资力度较之 20 世纪 80 年代初
期可谓"巨大"。

1988—1992 年期间，集体组织连续投资近 400 万元建立标准化厂
房即本村规模最大、条件最好的"工业大厦 A 座至 H 座"，具体投资情
况如下：1989 年工业大厦 A 座累计投资 396902. 29 元、B 座累计投资
377909. 08 元、C 座累计投资 1294432. 41 元；1990 年投资建设工业大
厦 D 座投入 650499. 28 元；1991 年基建预付 42 万元用于投资工业大厦
E 座；1992 年继续投入 710860. 25 元建设工业大楼 F 座、投入
1075885. 54 元建设工业大楼 G 座、投入 3595455. 54 元建设工业大楼 H
座。[3] 这 8 座工业大厦的建筑总面积，以 1997 年统计数据来大致推算，
1997 年"已经出租的厂房面积" 28700 平方米，用它减去 1986 年和 1987
年建立的钢棚和竹棚厂房面积，剩下的 26820 平方米应该就是 8 座工业大
厦的总面积。

---

① 村藏档案：《1989 年度龙瑞对外投资明细表》，卷宗号：D1. 1 - 26 - 1989 - 7；《1990 年
度龙瑞对外投资明细》，卷宗号：D1. 1 - 27 - 1990 - 4。

② 村藏档案：《1988 年度投放基建费用统计表》，卷宗号：D1. 1 - 25 - 1988 - 11；《1989 年
度基建投资概况》，卷宗号：D1. 1 - 26 - 1989 - 6；《1990 年度基建及征地收支概况》，卷宗号：
D1. 1 - 27 - 1990 - 5。

③ 村藏档案：《1998 年集体厂房宿舍折旧基金提取明细表》，卷宗号：D1. 1 - 35 - 1998 - 4。

2007 年统计的《龙瑞集体所有的固定资产明细》显示，属于"经营用建筑物——厂房"的一共有 10 处，除 1988—1992 年建设的"工业大厦 A 座至 H 座" 8 处之外，还有 1988 年与沙溪镇经济发展公司合伙投资建立的富都汽车修配厂以及 2000 年通过村民集资 400 万元和集体自有资金 2.6 万元建立的白石桥工业楼，该工业楼拥有标准厂房面积 4550.67 平方米。另有配套生活设施——职工宿舍共 6 栋，其中仅配套白石桥工业楼的劳工宿舍面积便达到 2481 平方米。据此可知，1992 年以后集体组织便不再大规模投资建设厂房，其中，1997 年统计总面积为 31500 平方米，2007 年统计总面积为 33082 平方米，2014 年统计面积为 40000 平方米。① 可见，20 世纪 90 年代中后期，集体标准工业厂房及其配套设施建设进入缓慢发展期。这与当时龙瑞管理区的发展战略转变相关，1996 年龙瑞正式提出"以稳定农业、稳定客商、大力发展第三产业"② 的发展思路，这表明集体经济的投资重心开始转向商贸物业，1997 年龙瑞大酒店的建设便是集体物业转型的标志。③

除此之外，龙瑞村还利用征地机会向政府单位提出经济补偿之外的附加条件以解决"货币无法解决的问题"。例如，1988 年 10 月，咀香园饮料厂由于架设高压电线需要在龙瑞村的稻田上立杆拉线，而电线所经过的路段妨碍土地利用规划。为了均衡利益，经双方协商达成如下协议：(1) 电线杆所占用的农田土地，龙瑞村委会无偿供给咀香园饮料厂使用；(2) 咀香园同意把 1 台 180 瓦的变压器无偿交给龙瑞村永久使用，以及提供高压专线接驳 189 瓦变压器使用权利。该变压器接驳上述高压线，接驳用的材料和工费及申报使用变压器所涉及缴交的一切费用，由龙瑞村负责。④ 当时集体组织投资建厂引进外资企业，企业所用机械设备对电力供给要求较高，集体组织通过这种"以小土地换稀缺设备"的方式，尽可能地改善工业供电环境。可见，在土地交易过程中，集体组织尽可能地提出一些附加条件来解决本村最紧急但又最难办的事情。

---

① 村藏档案：《1997 年龙瑞管理区年终总结》，卷宗号：A12.1 – 86 – 1997 – 1；《2007 年度龙瑞村工作总结》，卷宗号：122.58 – A – 2007 – 184；《龙瑞村委会 2014 年工作总结与 2015 年工作计划》，卷宗号：122.58 – A – 2014 – 174。
② 村藏档案：《1996 年年终工作总结》，卷宗号：A12.1 – 82 – 1996 – 6。
③ 村藏档案：《1997 年各科目支出明细表》，卷宗号：D1.1 – 34 – 1997 – 3。
④ 村藏档案：《龙瑞村与咀香园土地换变压器协议书》，卷宗号：122.58 – H – 1988 – 87。

二　"借鸡下蛋"：侨资回乡与厂房出租

在解决了集体厂房建设资金不足的问题后，村干部的中心工作便是招商引资。只有吸引外资企业或内陆私营企业落户本村，集体才可能收取厂房租金以壮大集体经济收入。1986 年入驻本村的企业已有 7 家，其中有 3 家是挂靠集体组织的"三来一补"企业，即龙瑞制衣厂、新龙制衣厂、港龙制衣厂，还有 2 家合作企业和 2 家私营企业。① 随后几年，越来越多的港资企业向内地转移，龙瑞村抓住这一历史机遇，集中力量改善村内投资环境以吸引外资落户本村。沙溪镇政府为鼓励村干部大力发展工业经济，将招商引资作为考核村干部的主要项目，并根据年终落户企业上交地方税收的多少进行额外奖励。据不完全统计，长期落户龙瑞村的、以出口为导向的"三来一补"企业大约有 10 家：嘉丰制衣厂、新龙制衣厂、雅达制衣厂、雅登制衣厂、雅柏制衣厂、康达制衣厂、百利厂、雅发制衣厂、东浚制衣厂等。总之，20 世纪 90 年代当地有大大小小的私营企业 15—20 家，另有 3—5 家联营企业和 5—6 家实行承包制的集体企业。1986—1996 年期间进驻龙瑞村的工业企业情况如表 5 - 2 所示。

表 5 - 2　　　　　龙瑞村工业企业增减情况（1986—1996 年）

年份	原有集体工业企业	当年工业企业（含新进和原有）
1986	粮食加工厂、竹厂、砖瓦牙灰厂、灰厂、手工业综合厂、沙场、酒厂、新二队五金加工厂、新二队粮食加工厂	龙瑞制衣厂、新龙制衣厂、港龙塑料厂，另有 2 家合作企业和 2 家私营企业（具体企业名称不详）
1988	粮食加工厂、竹厂、砖瓦牙灰厂、灰厂、手工业综合厂、沙场、酒厂、新二队五金加工厂、新二队粮食加工厂	咀香园食品厂、文达制衣厂、富都汽车修配厂、嘉丰制衣厂、雅丁制衣厂、红木厂。其他情况不详
1989	粮食加工厂、竹厂、砖瓦牙灰厂、灰厂、手工业综合厂、沙场、酒厂、新二队五金加工厂、新二队粮食加工厂	新龙制衣厂、龙瑞制衣厂、金城制衣厂、嘉丰制衣厂、雅柏制衣厂、自主制衣厂、雅登制衣厂、港龙胶厂、本元五金厂、宏利印花厂。其他情况不详

① 村藏档案：《1986 年龙瑞乡全年集体企业预计表》，卷宗号：D1.1 - 23 - 1986 - 9；《1986 年龙瑞乡全年私人企业预计表》，卷宗号：D1.1 - 23 - 1986 - 10。

续表

年份	原有集体工业企业	当年工业企业（含新进和原有）
1990	粮食加工厂、竹厂、砖瓦牙灰厂、手工业综合厂、酒厂、新二队五金加工厂、新二队粮食加工厂、龙瑞五金厂	*雅登制衣厂、金诚制衣厂、金星制衣厂、自主制衣厂、嘉丰制衣厂、雅柏制衣厂、宏利印花厂、港龙塑料厂、龙瑞康达制衣厂、新龙制衣厂*。其他情况不详
1991	综合厂、牙灰厂、竹厂、五金厂、酒厂、新二队五金加工厂、新二队粮食加工厂	*大明制衣厂、康达制衣厂、百利制衣厂、志威制衣厂、宏利制衣厂*（原宏利印花厂）。其他情况不详
1992	综合厂、牙灰厂、竹厂、五金厂、酒厂、新二队五金加工厂、新二队粮食加工厂	*景雅制衣厂、百利厂、大明厂、利隆制衣厂、康达、雅柏制衣厂、金威厂、新龙制衣厂、雅登制衣厂、雅达制衣厂、金星厂*。其他情况不详
1993	综合厂、牙灰厂、竹厂、五金厂、酒厂、新二队五金加工厂、新二队粮食加工厂、水泥构件厂	*雅迪制衣厂、冠兴制衣厂、顺兴制衣厂、凯信针织厂、百利鞋厂*（原百利制衣厂）、*大明纸箱厂*（原大明制衣厂）、*景纸印花厂*，雅达、新龙、雅登、金城、嘉丰、雅柏、康达制衣厂均在。其他情况不详
1996	综合厂、牙灰厂、竹厂、五金厂、酒厂、水泥构件厂	私营工业企业共20家；联营企业5个（坤山粮食加工厂、宏业五金厂、广桥、伟发和诚信3家红木厂）；出口工业企业8个（雅达、新龙、雅登、雅柏、雅迪、凯信、日进和康达）。其他情况不详

注：在"当年工业企业"栏目中，明确属于当年进驻本村的企业以斜体"企业名"的方式呈现，其他则属于往年入驻的企业。"其他情况不详"包括无法查阅到的当年减少的企业或增加的企业。

资料来源：《1986年龙瑞乡全年集体企业预计表》，卷宗号：D1.1-23-1986-9；《1986年龙瑞乡全年私人企业预计表》，卷宗号：D1.1-23-1986-10；《1988年龙瑞暂付款（债务）情况统计表》，卷宗号：D1.1-25-1988-6；《1988年龙瑞暂收款（债权）情况统计表》，卷宗号：D1.1-25-1988-7；《1988年龙瑞承包未缴欠款统计表》，卷宗号：D1.1-25-1988-8；《1989年度承包款未完成情况（应收承包款）》，卷宗号：D1.1-26-1989-8；《1990年度龙瑞结算经济年终应收未收款估收估支分列表》，卷宗号：D1.1-27-1990-2；《1991年度龙瑞管理区企业承包上缴明细表》，卷宗号：D1.1-28-1991-7；《龙瑞村乡镇企业基本情况综合过录表》（1992年、1993年和1996年），卷宗号：D1.1-29-1992-10、D1.1-30-1993-4、D1.1-33-1996-8。均藏于中山市沙溪镇龙瑞村档案室。

表5-2显示，1986—1996年期间集体企业的数量变化很小。这些企业大部分是生产大队在20世纪70年代陆续建立的，改革开放后其经营方

式经历了从集体直接经营到私人承包经营的转变，其中以外贸出口为主的是手工业综合厂和牙灰厂。与之形成鲜明对比的是，这10年期间私营企业、联营企业、"三来一补"企业等数量逐年增加，90年代中前期达到高峰。最初有些企业是以挂靠集体组织进入村庄的，如雅登制衣厂、新龙制衣厂等，但1992年以后进驻的企业便不再挂靠集体。从入驻企业名称可知，在龙瑞村形成了以制衣行业为核心的轻工业聚集，也正是这些企业为集体经济带来了一项较为稳定的厂房租金收入。不过，不同时期、不同性质企业的厂房租金的名称不一样。比如，80年代初期，挂靠集体企业的"三来一补"企业上缴的"厂房租金"就与本村承包制集体企业上缴集体的"承包费"同名，而少数私营企业则名副其实地称为"厂房租金"。到90年代末集体企业改制后，龙瑞村集体所有制企业全部转制为私有企业，那些挂靠集体的"三来一补"企业也恢复原貌，村集体向这些企业统一收取厂房租金。

20世纪80年代末90年代初的"三来一补"企业，都是村干部花大力气引进的侨资企业。以雅登制衣厂①为例，其投资人是刘×朝的外甥女，他本人的姐姐在50年代偷渡到香港从事制衣行业，他们夫妻俩通过在这个行业30多年的打拼，逐步在香港拥有自己的工厂，其两个女儿"子承父业"，也在制衣行业做得不错。当时村主任刘×希是刘×朝的堂哥，村主任便让刘×朝向其姐姐提供信息，说村里正好有一栋闲置的小学，问她愿不愿回来投资建厂。在沟通的过程中，一方面村集体承诺给予各种优惠，比如集体保证解决用水用电问题、给予厂房租金优惠等；另一方面也是以乡情、亲情为情感纽带希望他们能够支持家乡建设。在香港土地租金和劳动力成本不断上涨的形势下，内陆地区既然政府有政策、老家有支持，他的小外甥女便表示愿意投资合作。依托刘×朝为中介，投资方和集体组织围绕投资建厂、利润分配、生产环境等达成一致协议后，1989年他的外甥女便带着200台平车、4台电脑绣花机、4台电剪、1台卡钟正式成立雅登制衣厂落户龙瑞村，闲置的旧龙瑞小学重新发挥作用。由于从香港过来的设备比大陆地区的先进，本地农民带着尝鲜的好奇心都想进外资企业工作。

龙瑞村集体厂房出租率处于较高水平，较少出现长时间空租的现象。

① 访谈资料：刘×朝，曾任雅登制衣厂报关员，编号：2017 - 07 - 10。

从《2007 年度财务收支及资产负债的审计报告》① 来看，工业大厦的 A
座、B 座和 E 座一直为嘉丰制衣厂使用，D 座则一直为百利厂使用，F 座
为雅迪制衣厂使用，这些制衣企业在 2008 年全球经济危机后逐步走向衰
落。截止到 2014 年，留在本村的大型制衣企业只有嘉丰制衣有限公司和
溢利制衣有限公司，白石桥工业楼建成之后一直由东浚制衣厂承租，其他
都是一些接受大公司尾单、急单的中小型加工厂。② 在激烈的市场竞争中
有些企业因经营不善倒闭或破产，但也不断涌现出新企业试图"抓住机
会奋力一搏"。因而，20 世纪 90 年代到 21 世纪初期是珠三角地区制衣行
业快速发展的"黄金时期"。在制衣行业总体利润较高的形势下，龙瑞村
的集体厂房凭借区位优势和产业集聚优势，基本能够维持以较高价位出租
的市场状态。2010 年以前，其工业厂房的出租率一直维持在 95% 以上。
较高的出租率意味着厂房租金的稳定。这种持续的、显而易见的经济收益
反过来会强化本村村民对村干部决策的正向支持，进而强化本村村民对集
体组织的认同。

　　由于本村大型制衣厂均属于"出口型"的来料加工企业，企业的经
营状况深度嵌入在世界市场中。在遇到周期性的经济危机时，外商受外贸
市场不景气影响导致"突发性退厂房、退宿舍"的情况也偶有发生。如
1991 年入驻龙瑞的"三来一补"企业雅迪制衣厂，因经营不善导致企业
于 1996 年破产，不得不提前终止租赁合同退回集体厂房 10000 平方米。③
这应该是龙瑞集体组织第一次遇到如此突然的大面积退租情况，差不多占
到厂房总面积的 1/3，如果不及时解决，对集体经济收入将产生重大影
响。因而，在集体厂房出现较大面积空租时，村两委干部便通过经济奖励
中介人的方式大力发动"各方面人员"积极为集体和侨胞企业家牵线搭
桥。如《1997 年龙瑞管理区年终总结》中提到："集体目前还有未出租工
业厂房 1800 平方米，宿舍 700 平方米，龙瑞酒店还未租出，将继续实施
介绍租赁奖励办法。"④ 故制衣企业的市场风险与集体厂房租金的市场风

---

　　① 村藏档案：《2007 年度财务收支及资产负债的审计报告》，卷宗号：122.58 - A - 2008 -
109。
　　② 村藏档案：《2014 年龙瑞物业租赁情况台账》，卷宗号：122.58 - D - 3 - 2014 - 3。
　　③ 村藏档案：《关于龙瑞村集体的民事纠纷案件资料（1992 - 2010）》，卷宗号：122.58 - A -
2010 - 226。参见龙瑞经济联合社与华×制衣厂签订的《厂房租赁合同》。
　　④ 村藏档案：《1997 年龙瑞管理区年终总结》，卷宗号：A12.1 - 86 - 1997 - 1。

险紧密相连，集体组织需要及时察觉可能的风险。

当集体与客商确定了租赁关系后，确保厂房租金及时、准确的收缴便成为集体组织的核心任务。据村干部回忆，只要这些制衣企业没有遇到重大的市场波动，他们一般能够及时上缴厂房租金。在相关资料中，确实只发现个别年份因企业效益波动而延期上交租金的事情。比如 1988 年新龙制衣厂、龙瑞制衣厂、雅丁制衣厂分别拖欠当年"承包款"17118 元、16620 元和 28750 元。① 而 1992 年是厂房租金拖欠最为严重的一年。据《1992 年年终尚欠 1992 年度承包款明细表》显示，当年共有 11 家外资企业拖欠了"承包款"即厂房租金，其中欠款最多的是景雅制衣厂约 26.4 万元，其次是表威制衣厂欠 7 万多元、金星制衣厂欠 4.7 万元、雅登制衣厂欠 4.3 万元，其他企业所欠额度在 5000—30000 元之间。② 相关村级档案显示，1987—1992 年期间均有拖欠厂房租金的现象，其他年份情况不详。另外，自 20 世纪 90 年代中期开始，村集体实行按月收租的方式取代了以往按年收租或按季度收租的方式，这样做虽然增加了集体组织收租的人力成本，但通过较为频繁的接触可以及时了解企业运营情况，及时发现可能存在的拖欠势头，从而采取有效的预防措施来降低集体经济可能遭遇的损失。

三　"迎法下乡"：欠租纠纷的化解之策

一般情况下，"三来一补"企业因市场波动而适当延迟上交厂房租金属于正常现象，只要这些租金在一定期限内能够足额补交，对集体经济的负面影响较小。但如果少数企业遇到不确定的突发事件导致企业资金链断裂乃至企业破产，集体组织则不得不想办法处理其中牵扯的各种问题，比如财产清理、安抚工人、追回租金、厂房转租等。据调查，龙瑞村在经营集体厂房物业的 30 多年里，碰到的上述"糟糕情况"不多也不少，其中保留了详细档案资料的有 7 件经济纠纷案例，包括：1999 年龙瑞村追收华×制衣厂厂房租金纠纷案，1992 年龙瑞红木家私工艺厂追收货款纠纷案，1999 年龙瑞村追收日进制衣厂厂房租金纠纷案，1998—2000 年龙瑞村经联社与刘×成、梁×明（金城制衣厂）关于土地欠款的纠纷案，2001 年龙瑞村委会追收美芳时装厂厂房租金纠纷案，2015 年嘉丰制衣厂

---

① 村藏档案：《1988 年龙瑞承包未缴欠款统计表》，卷宗号：D1.1-25-1988-8。

② 村藏档案：《1992 年年终尚欠 1992 年度承包款明细表》，卷宗号：D1.1-29-1992-5。

拖欠厂房租金纠纷案。① 这 7 个案例中有 4 个是因承租厂房的企业拖欠厂房租金而被起诉，有 2 个是因拖欠购地款或房地款被起诉，有 1 个是因拖欠集体企业货物款被起诉。笔者将重点以日进制衣厂的纠纷为个案，并结合其他 3 个拖欠厂房租金的案例，简要分析这类经济纠纷的发生机制及其化解之策。

1995 年日进制衣厂进驻龙瑞村，当时统计的企业人数为 70 人，以出口成衣为主，出口产品总产值大约 30 万元，属挂靠集体的"三来一补"企业。1994 年 11 月 15 日双方签订的厂房租赁合同的详细内容如下：

租　约②

甲方：龙瑞经济联社

乙方：沙溪日进制衣厂（法人麦×林）

乙方租用甲方工业楼房作制衣厂房用，有关租用事宜，双方同意签订以下租约：

一、乙方的经营属挂靠甲方集体企业性质，须服从有关集体企业的领导和管理规定。

二、乙方与前利隆制衣厂的转让手续，由有关双方妥善处理，企业法人及有关事项的变更则由乙方与甲方共同办理。

三、甲方出租乙方使用的是第五幢工业楼房的第三、四层，计建筑面积 936 平方米，另有附属的宿舍厨房等房屋 112 平方米。

四、租期由乙方与前利隆制衣厂确定的缴交厂租划分日期起至1997 年 12 月 31 日止，满期后如果乙方续约，按当时楼宇租价优先乙方续租。

五、每年租金 83100 元，按季度交租一次 20775 元，如拖欠厂租，甲方可以收回厂房并追讨欠款。

六、前利隆制衣厂装修的物件，包括水电、办公场所等属于甲方所有，任何人不得拆走。属于乙方的生产设备、工具、办公与生活用具，租期满期后由乙方处理，其余的增建和装修物件归甲方。

---

① 村藏档案：《关于龙瑞村集体的民事纠纷案件资料（1992—2010 年）》，卷宗号：122.68 - A - 2010 - 226。

② 村藏档案：《关于龙瑞村集体的民事纠纷案件资料（1992—2010 年）》，卷宗号：122.68 - A - 2010 - 226。参见龙瑞经济联合社与日进制衣厂签订的《租约》。

七、房屋的改建须经甲方同意，房屋小修理由乙方出资负责。

八、乙方要提前结束租用地，须提前三个月通知甲方，遵照办理结业手续以及确定乙方物资退场日期，租金计收至乙方办妥结业手续和物资全部撤走日止。

从该《租约》中可以看出，日进制衣厂使用的厂房原为利隆制衣厂使用，龙瑞经济联合社收租方式为按季度收租，每季度20775元。但该企业入驻后并未按《租约》约定的方式按时缴纳租金。从相关诉讼材料提供的被告交纳租金的情况来看，日进制衣厂实际上"分别于1996年6月19日、7月12日和7月23日向原告缴交厂房租金10000元、10000元和40000元，三次共交租金60000元"，[1] 即该企业入驻的第一年1995年并未向集体组织上缴过租金，而仅仅在第二年6月和7月分三次补交了部分租金。由于《租约》中没有关于拖延租金的处罚规定，因而难以对承租企业按时交租产生约束力，其结果是，该厂实际使用集体厂房长9个季度，但实际上只支付了不到3个季度的租金。据村干部刘×安回忆："一般情况下，只要在村的这个工厂正常开工，就表明它还能维持努力生产、盘活资金，我们就会以最大的耐心催缴租金，一般不会采取影响其生产的措施逼迫他交租，把老板逼急了，我们可能更难收回租金。像日进制衣厂这样长时间未缴租金的情况属于少数。"[2] 在集体厂房物业经济中，企业和集体始终是唇亡齿寒的关系，在企业遇到暂时性资金周转困难时，集体需要给它一定的斡旋空间，但这也加大了集体经济的风险。

与1997年龙瑞经济联合社与华×制衣厂签订的《厂房租赁合同》相比，后者对厂房和宿舍租金的收缴方式、时间和计算方式等方面的规定更为详细。如该《厂房租赁合同》第三条明确规定："厂房每平方米建筑面积租价每月7.5元，宿舍单价7元（每月），计算每月租金11664元，从1997年6月16日计算厂房租金，每月收租金一次11664元，收上期租，拖欠租金，按天计算收千分之一滞纳金，拖欠一个月以上，甲方可以收回厂房及

---

① 村藏档案：《关于龙瑞村集体的民事纠纷案件资料（1992—2010年）》，卷宗号：122.68-A-2010-226。参见《广东省中山市人民法院民事判决书》（1999）中沙经初字第6号。

② 访谈资料：刘×安，78岁，退休干部，编号：2017-07-11。

追清欠款。"① 可见，龙瑞经联社吸取了日进厂的"粗放式合约"教训，此后厂房租赁合同对租金计算方式、缴纳方式及日期、拖欠租金的违约惩罚等方面做了全面且详细的规定，从而有效保障集体厂房租金的及时入账。

从 1999 年龙瑞经济联合社与日进制衣厂的《广东省中山市人民法院民事判决书》(1999) 中沙经初字第 6 号来看，日进厂于 1995 年 1 月 1 日起租用龙瑞集体厂房后还扩大了宿舍面积，"被告（麦 × 林）还从 1995 年 7 月起以月租金 653.3 元租用原告（龙瑞经济联合社）百利宿舍 112 平方米；1996 年 6 月 11 日至 9 月 30 日以月租金 2320 元租用原大排档楼上二间房屋作劳工宿舍之用"。除此之外，由于该企业属于挂靠集体的集体企业，集体组织为此还承担了多项"代交费用"：原告于 1996 年 9 月 15 日至 10 月 15 日代被告交纳电费 8 单共 10742.6 元；1996 年 11 月 1 日至 1997 年 4 月 9 日代被告交纳电话费及其滞纳金 7 单共计 6600 元；1997 年 4 月 23 日代被告交纳水费 5045.3 元；共代被告交纳 22387.9 元。② 因而，1995—1997 年近三年期间日进厂总共欠龙瑞经联社厂房租金 126975 元、宿舍租金 19896.3 元、代交费 22387.9 元，这些欠款均因为"1997 年 3 月被告结束生产离厂而去"后而无法追索，这对龙瑞经济联合社年终集体经济收入将产生重大影响，经联社不得不于 1998 年 12 月 11 日向广东省中山市人民法院提起诉讼。

中山市人民法院虽然判决日进制衣厂所欠租金和代交款"在本判决发生效力之日起十日付清"，但该厂的投资人麦 × 林"已下落不明"，龙瑞经联社向法院申请变卖日进厂现有资产以抵扣欠款。于是，2000 年 1 月 14 日在沙溪镇法庭完成了属于日进制衣厂的设备的公开拍卖，大致包括平车 48 台、钮门车 1 台、打钮车 1 台、双针车 1 台、骨车 19 台、裁床剪布机 1 台等，拍卖所得 10.6 万元，依旧还剩约 6.32592 万元追不回来，最后龙瑞经联社表示"可延期执行尚未执行款额，待发现被执行人麦 × 林有可供执行财产时再恢复执行"，法院同意了这一请求。③ 但实际上，

---

① 村藏档案：《关于龙瑞村集体的民事纠纷案件资料（1992—2010 年）》，卷宗号：122.68 - A - 2010 - 226。参见龙瑞经济联合社与华 × 制衣厂签订的《厂房租赁合同》。

② 村藏档案：《关于龙瑞村集体的民事纠纷案件资料（1992—2010 年）》，卷宗号：122.68 - A - 2010 - 226。参见《广东省中山市人民法院民事判决书》(1999) 中沙经初字第 6 号。

③ 村藏档案：《关于龙瑞村集体的民事纠纷案件资料（1992—2010 年）》，卷宗号：122.68 - A - 2010 - 226。参见《广东省中山市人民法院民事裁定书》(1999) 中沙经执字第 6 - 2 号。

在没有大数据作支撑的信息分散的社会，龙瑞村想要再次找到麦×林几乎不可能，更何况麦×林是香港居民而非大陆居民。这意味着集体组织只能自己承担这部分经济损失。可见，这种重大的厂房租金拖欠事件的发生，一方面与集体经济组织作为一个市场主体缺乏经营管理经验有关，另一方面与这种"三来一补"企业所具有的脱钩式市场关系有关。

在处理企业主拖欠厂房租金经济纠纷时，集体组织一般采取以下策略：

首先，从其正式向法院起诉前的"屡次催缴无果"可以看出，集体组织遇到承租企业拖欠租金的情况时，往往在具体沟通环节中给予承租人最大的耐心。虽然相关材料并没有直接说明这些企业拖欠厂房租金的具体缘由，但从刘×成（金城制衣厂投资人）的《答辩状》中可窥知一二。1995年8月份刘×成按客商订单发货后，客商以制衣原料网络布"有水积、褪色"为由拒绝收货，这意味着这批货物必须另找买家，才能收回生产成本。同时，之前有几个拿过货的客商欠他本人货款1000多万元，但"有的破产，有的走路"，在这祸不单行的情况下金城制衣厂出现资金周转不灵，工厂也无法正常经营。① 可见，以出口为导向的制衣厂最大的风险是订单出货后因各种原因被客商退货或者货款不能及时到位，由此引发企业资金回流速度过慢而不得不拖欠集体厂房租金。在企业拖欠厂房租金的初期，集体组织了解具体情况后往往会采取比较宽容的态度适当延迟收租，这样可以间接地帮助该企业渡过资金周转危机，从而有利于建立较为稳定的厂房租赁关系，这符合集体经济的长远利益。

其次，当这些"长期拖欠租金的"企业对集体组织的耐心和催缴置若罔闻时，集体组织便采取其他手段，如民事调解、司法法律等来维护自身利益。在拖欠不是那么严重且企业负责人态度较为积极的情况下，可通过民事调解来解决问题。当时美芳时装厂便是这种情况，双方实际上并未将彼此的经济纠纷推到地方法院，而是在"双方友好协商下"，承包人自觉签订了《设备折价还款协议》。② 如果拖欠情况特别严重且承包者态度

---

① 村藏档案：《有关刘乃成与村集体交往、投诉的相关资料》，卷宗号：122.58 – A – 2010 – 228。

② 村藏档案：《关于龙瑞村集体的民事纠纷案件资料（1992—2010年）》，卷宗号：122.68 – A – 2010 – 226。

较为恶劣比如弃厂逃离、下落不明的,一般直接走司法程序,借助法律来解决问题,前文日进制衣厂便是典型案例。在这4个案例中,有3个是在投资人"下落不明"的情况下拍卖其厂房设备及办公用品来弥补集体组织的经济损失。从这个过程中可以看到,集体组织在解决这类经济纠纷时,主要引援的力量是司法机构,如追缴亿生制衣厂剩余房款的《协议书》是请沙溪镇法律服务所作为见证单位;追缴美芳制衣厂厂房租金时是聘请广东中元律师事务所律师为代理人。如果这些力量还不足以形成有效约束力,则直接作为原告上诉地方法院来解决纠纷。总之,集体组织在采取半正式或正式的灵活处理方式中表现出较为严谨的契约意识和法律意识,这是集体组织适应市场经济进行自我调整的重要体现。

最后,尽管可以通过法院获得合法追回欠款的权利,但在具体实践中部分"无法追回"的欠款便只能由集体经济来承担损失以维护声誉。如华×制衣厂和日进制衣厂,尽管法院依法拍卖了这些制衣厂的所有设备和办公用品,但也不足以弥补其所欠的全部厂房租金。在华×制衣厂纠纷案例中因"被执行人刘×华暂无其他财产可执行;被执行人高×泉下落不明,亦无其他财产可供执行",集体组织只能同意等到再"发现被执行人有可供执行财产时再恢复执行"。这种情况下集体组织能追回部分欠款,剩下的欠款尽管法律维护了原告延期执行的权利,但实际上集体组织很难找到这些"下落不明"的外资老板,这些无法挽回的损失只能由集体组织自己承受。总的来看,由于物业租赁市场刚刚起步、厂房发包经验不够丰富、契约精神不够严谨等原因,导致集体厂房物业经济遇到一些较为隐蔽的市场风险。这些经济纠纷倒逼集体组织不断完善经营管理方式,并及时通过"迎法下乡"来追回经济损失,集体组织作为租赁市场的重要主体也正是在这种"吃一堑、长一智"的摸索中形成一套严密地保护集体利益的经验和策略。

第二节　集体商贸物业经济的实践及其风险

20世纪80年代中期到21世纪初,是当地乡村工业化快速发展的"黄金时期",集体经济也迎来了其稳定发展的二十年。但好景不长,1997年亚洲金融风暴以及2008年全球性金融危机对珠三角以出口为导向的工业产生重大影响。珠三角以出口为导向的私人企业的订单迅速减少，使企业不得不缩小生产规模，一些资本弱小的企业因资金周转不过来而停产乃至破产。这种高度依赖外部资本和外部市场的外源性经济[①]的波折对集体经济造成的直接影响是：集体厂房欠租率上升以及集体厂房空租率上升，集体经济的厂房租金减少。在这种情况下，集体组织必须想办法"开源"，以商贸产业为目标的集体物业成为龙瑞村新的发展方向，这开启了龙瑞村乡村商贸化的新篇章。

一 商贸物业的阶段性开发

龙瑞村早期商贸物业是在传统墟市贸易上建立起来的。集体商贸物业经济大致分为三个阶段：第一阶段是 1986—1995 年的缓慢发展阶段。集体组织主要沿着溪角墟市的三条街兴建集体商铺出租，如墟市东北向的龙瑞大街、墟市东南向的新桥街以及墟市西南向的北州大街；第二阶段是 1996—2006 年的快速发展阶段。集体组织充分利用集体建设用地大规模修建商贸市场，且有意识地树立专业的或特色的商贸行业，其中龙瑞小商品市场、溪角新市场、龙瑞粥城较为典型。第三阶段是 2007—2016 年的转型升级阶段。龙瑞经联社充分利用留用地政策对原有物业进行升级改造以适应市场新趋势，如龙瑞国际服装城、龙瑞·菜丁市场、龙瑞国际小商品城以及正在积极筹备的龙瑞商业城。该村集体商贸物业经济三个阶段的基本情况简述如下：

（一）早期缓慢发展阶段

龙瑞村最早的商贸物业是龙瑞商贸市场。该市场坐落在溪角总站附近，1986 年由集体组织投资的钢棚搭建而成。从市、镇相关部门的《临时建筑工程报建批复通知书》来看，"钢棚"是一个占地面积 1080 平方米的、仅有 1 层的"临时建筑"。批复通知的时间为 1986 年 3 月 8 日，临时钢棚竣工验收合格的时间为 1986 年 6 月 3 日，该钢棚仅花了 3 个月建成并投入使用。[②] 如果按照一个门面 20—30 平方米计算，该市场大约有 30—50 个门面可供出租。《1988 年度龙瑞年终决算方案》显示钢

① 温铁军等：《解读珠三角：广东发展模式和经济结构调整战略研究》，中国农业科学技术出版社 2010 年版，第 7 页。

② 村藏档案：《临时建筑工程报建批复通知书》，卷宗号：122.58 – H – 1 – 1986 – 5。

棚租金收入约 8.58 万元,① 《1989 年度龙瑞集体经济分配概况（收入部分)》显示其收入约 9.19 万元,② 到 90 年代中期一直保持这一租金收入水平。

另外，1988—1990 年期间，集体先后投资修建了位于龙瑞大街的 9 间商铺、位于龙瑞北洲街的 3 间商铺以及位于长岭街的 9 间商铺。③ 这些商铺靠近传统的溪角墟市，商业位置较好。改革开放初期这些商铺实行"承包制"，上缴集体的费用统计在"承包费"中。1999 年以后集体有意识地将龙瑞大街培育成一条集时装、百货、五金、精品水果于一体的商业夜市街。截止到 2014 年，龙瑞大街共有 31 个商铺或卡位（含星铁棚卡位 11 个）。其中，星铁棚每月租金 600—960 元，铺位每月租金 1400—1600 元。④ 同时期还有一个果菜站，这是集体创办的用于出口蔬菜的中转站，即由果菜站专门收购附近农民所种的瓜菜，经果菜站简易包装后转卖给专门的果菜出口公司，属于集体商业。《1989 年度龙瑞集体经济分配概况（收入部分)》显示果菜站收入约 5100 元，当年投入了 2.56 万元扩建果菜站的面积。

龙瑞村属于交通便利的近郊村，是中山市西北部、西部农民进城的必经之路。早在 20 世纪 70 年代初，生产大队就特别重视交通运输服务业的经营。改革开放后，随着新型交通工具如客运汽车的普及，1988 年龙瑞管理区与中山市沙溪镇工业发展有限公司合作投资中山市富都汽车修配厂，专门为新型交通工具提供维修、配件等服务。当时集体组织以现金投入、仓库折价和土地折价的方式累计投资 1964402.40 元，而沙溪镇工业发展有限公司则主要以土地折价和现金入股的方式参与投资，投资金额不详。当时双方承认该汽配厂为合资企业、属共有产权，1988—2001 年以承包经营为主，所得利润双方五五分成。后因政策变动，2001 年集体向村民集资借款 706 万元收购了原属沙溪镇工业发展有限公司土地资产，将该汽配厂的产权全部转移至集体组织，此后由龙瑞股份合作社独资经营，

---

① 村藏档案：《1988 年度龙瑞年终决算方案》，卷宗号：D1.1 – 25 – 1988 – 5。
② 村藏档案：《1989 年度龙瑞集体经济分配概况（收入部分)》，卷宗号：D1.1 – 26 – 1989 – 2。
③ 村藏档案：《1988 年度投放基建费用统计表》，卷宗号：D1.1 – 25 – 1988 – 11；《1989 年度基建投资概况》，卷宗号：D1.1 – 26 – 1989 – 6；《1990 年度基建及征地收支概况》，卷宗号：D1.1 – 27 – 1990 – 5。
④ 村藏档案：《2014 年龙瑞物业租赁情况台账》，卷宗号：122.58 – D – 3 – 2014 – 3。

继续实行承包制。①

（二）中期快速发展阶段

早期商贸物业主要以日常生活用品市场为主，随着本地制衣产业的集聚，龙瑞村开始有意识地打造与制衣产业有关的专业市场。其中投资金额最大的便是龙瑞小商品市场。1995 年龙瑞与中电置业公司（以下简称"中电公司"）合作开发龙瑞小商品市场的第一区和第二区，位于溪角总站旁，占地面积 28 亩，建筑面积 13225 平方米，铺位 340 个，从业人员2500 人。② 根据该市场的地理位置可知，该市场应该是对 1986 年修建的钢棚市场的替代。1997 年龙瑞小商品市场第三区牛仔城市场建成，6 月交付客商使用，其经营范围包括布料、成衣、百货等与制衣行业密切相关的大类商品。③ 由于该物业属龙瑞与中电公司合作开发项目，1997—2001 年期间其经营收益主要归中电公司。2001 年合作协议到期后，中电公司将经营权交还龙瑞村，龙瑞继续投入 100 万元改善电路和顶棚，④ 2003 年该市场第三区新增 22 个商铺投入使用。2001—2009 年，整栋物业由龙瑞单独经营，集体出租给散客经营。⑤

20 世纪 90 年代初龙瑞溪角墟市搬迁后，集体将该墟市西北角的商业转向餐饮业，商铺经营由杂货逐步转向餐饮。其中龙瑞粥城成为本村餐饮业的代表。2002—2004 年期间，集体共投资 191 万元修建建筑面积 1657 平方米的"龙瑞粥城"，位于龙瑞学府街 5 号。⑥ 最初为分包经营，后改为整包出租：2012 年 6 月—2020 年 2 月承租人刘×毅，月租金1.6 万元。⑦ 另外，1999 年集体在沙溪南路白石桥投入 129 万元兴建建筑面积约 1500 平方米的商业楼，2000 年租出 14 间铺位开始营业，

---

① 村藏档案：《中山市富都汽车修配厂资产转让协议》，卷宗号：A12.1 – 114 – 2001 – 9。

② 村藏档案：《1997 年龙瑞管理区建设"五个好"工作总结》，卷宗号：A12.1 – 86 – 1997 – 2。

③ 村藏档案：《1997 年龙瑞管理区年终总结》，卷宗号：A12.1 – 86 – 1997 – 1。

④ 村藏档案：《龙瑞村委会 2001 年工作总结及 2002 年工作计划》，卷宗号：A12.1 – 114 – 2001 – 14。

⑤ 村藏档案：《广东沙溪龙瑞小商品市场工程项目绩效自评报告》，卷宗号：122.58 – A – 2009 – 30。

⑥ 村藏档案：《龙瑞村委会 2002 年至 2004 年工作总结》，卷宗号：122.58 – A – 2005 – 358。

⑦ 村藏档案：《龙瑞村党员、村民（股东）代表联席会议村务审议表决会议记录》，卷宗号：122.58 – A – 2012 – 35。

2014 年共 18 个卡位租出，以集体出租给散户的分散式经营模式为主。① 再者，随着往来于批发地与销售地之间的客商越来越多，集体便尝试着投资建设为客商短暂住宿提供便利的旅馆，1997—1998 年在沙溪南路修建的龙瑞大酒店便是其中之一。该酒店可用经营面积为 1.2 万平方米，主要经营项目为大型超市和宾馆。② 但该酒店建成之后空租了 2—3 年，直到 2000 年才将该酒店二层租出去，2006 年引进天虹集团后才将其全部出租。

（三）近期转型升级阶段

1996—2006 年期间的商贸发展奠定了龙瑞村当前商贸物业的基本格局，即以专业化的大型流通市场为主体，并围绕流动客商的吃、住、行发展低水平的服务业。但随着客商对物业条件要求水平的提高，原有市场环境和设备很难跟上时代需求。正如现任村书记刘×源所言："现在各种市场商场越来越多，80—90 年代的市场已经跟不上时代步伐了，如果我们不主动升级改造，可能就会被淘汰，集体经济收入也就没有保证了。"③ 在这种新市场竞争局势下，集体将发展重心放在打造具有品牌和品位的专业化市场，其中龙瑞国际服装城、龙瑞国际小商品市场和溪角·龙瑞菜丁市场成为该村的"新名片"。

尽管金融危机后龙瑞村的制衣企业及其产量有所下降，但其作为一个传统的服装批发市场却越来越具有活力，来自全国各地的生产商和销售商在这里聚集，展览或预定自己中意的服装款式。该服装市场既有高仿的中高端样板，也有自创的中低端样板，俨然成为一个各种服装流行要素聚集的重要场所。1995 年建立的龙瑞小商品市场的规模显然不能满足现有的市场需求，在这种情况下，集体组织果断采取措施，在交通更为便利的朗心片区新建新龙瑞小商品市场。该新市场于 2007 年 8 月动工，集体单独

---

① 村藏档案：《1999 年龙瑞村工作总结》，卷宗号：122.58 - A - 1999 - 1；《龙瑞村 2000 年上半年工作总结》，卷宗号：A12.1 - 113 - 2000 - 3；《2014 年龙瑞物业租赁情况台账》，卷宗号：122.58 - D - 3 - 2014 - 3。

② 村藏档案：《1997 年各科目支出明细表》，卷宗号：D1.1 - 34 - 1997 - 3；《龙瑞村 2000 年上半年工作总结》，卷宗号：A12.1 - 113 - 2000 - 3；《构建和谐新型农村》，卷宗号：122.58 - A - 2006 - 13。

③ 访谈资料：刘×源，现任村书记，编号：2017 - 07 - 06。

投资近 1.5 亿元，占地面积 100 亩、建筑面积 10 万平方米。2009 年竣工后，新老租户承租一楼全场 1025 间商铺并开张营业。[1] 2010 年 9 月，该商场二楼皮具鞋业市场隆重开业。[2] 2011 年 9 月，新龙瑞小商品市场正式升级为龙瑞国际服装城。2009 年至今，服装城一楼以散租方式由集体直接经营管理。2010 年至今服装城二楼则以整租方式发包给黄×胜，由他负责经营管理。

　　溪角·龙瑞菜丁市场的出现也是类似的经历。集体时代原位于龙瑞大街与新桥街交会处的龙瑞溪角墟市，于 1991 年搬迁至占地面积约 10.4 亩的"溪角新市场"，当时受集体建设资金限制，主要建筑材料为钢铁棚，摊位简陋。随着本村外来人口逐渐增加，以生鲜水果蔬菜为主的菜市场越来越繁荣，其带来的卫生、治安管理压力也越来越大。同时，随着周边邻村也纷纷建起自己的小型菜市场，同行竞争压力越来越大。在这种情况下，集体组织不得不寻求新的出路，"人有我优"成为他们的突破口。2007 年龙瑞在朗心片区投入 1600 万元修建了占地 30 亩、建筑面积 10000平方米的龙瑞农贸市场，2008 年 5 月正式开业，共有 55 间商铺和 194 个档位。[3] 2016 年整体出租，将农产品市场升级为"互联网 + 生鲜"的龙瑞·菜丁市场。[4] 1991—2016 年，该物业按照"集体 + 散户"散租方式经营，2016 年至今，则改为"集体 + 公司 + 散户"的整租方式经营。

　　2009 年，原龙瑞小商品市场的租客搬迁至龙瑞国际服装城后，这片物业便暂时闲置下来。2011 年中山市名商天地物业管理有限公司（以下简称"名商物业公司"）愿意投资开发该旧小商品市场牛仔城用地（基地面积 6961.96 平方米）以经营五金、小百货的项目。由名商物业公司投资建立的龙瑞国际小商品城于 2013 年 4 月正式开业。[5] 2012 年集体组织继续以合作形式引资开发龙瑞商业城的项目以盘活该市场的一区和三区的土

---

①　村藏档案：《广东沙溪龙瑞小商品市场工程项目绩效自评报告》，卷宗号：122.58 – A –2009 – 30。

②　村藏档案：《关于沙溪龙瑞小商品市场皮具城项目核准的批复》，卷宗号：122.58 – A –2010 – 208。

③　村藏档案：《龙瑞村两委明确思路，扎实推进新农村建设》，卷宗号：122.58 – A –2007 – 183。

④　村藏档案：《2014—2016 年龙瑞村两委班子述职报告》，卷宗号：122.58 – A – 2016 – 2。

⑤　村藏档案：《龙瑞村村民（股东）代表大会财务审议表决会议记录》，卷宗号：122.58 –A – 2011 – 12；《关于举办龙瑞国际小商品市场开业庆典的请示》，卷宗号：122.58 – A – 2013 – 65。

地共 42 亩，最终仍是与名商物业公司确定长期合作关系：首先由集体投资建设该工程的主体建筑面积约 5 万平方米（含地下车库）和高压转低压电源、建筑消防、外围地面工程及基本绿化，集体的总投资额达到 1.2 亿元。其次，剩下的内部装修工程则全部由公司负责且至少签订 20 年的租赁合同。① 除上述大型的集体物业开发之外，21 世纪初期集体组织也零散地添置了一些居住区的商铺，如在龙瑞粥城的庙前街的若干铺位，2013—2015 年每月每铺位租金为 400 元。

　　龙瑞村集体商贸物业的发展经历了以上三个阶段。不同时期商贸物业的发展重心略有不同，早期以商铺为主，中期商铺与市场并重，近期以中高档商铺为主，并最终形成以服装市场为主，以小商品、餐饮业为辅的第三产业格局，由此完成了乡村工业化向乡村商贸化的经济转型。接下来将参照集体厂房物业经济的实践，详细分析两者在投资方式、经营方式、物业租金等方面的差异。

二　商贸物业融资途径多元

　　就集体商贸物业资金来源来看，主要有三种模式：集体独资开发、集企（集体与公司）合作开发和集民（集体与集体成员）合资开发。其占比情况如下：集体独资开发有 9 项，集企合作开发有 3 项即汽配厂、龙瑞小商品市场和龙瑞国际小商品市场，集体集资开发有 1 项即 2001 年购买汽配厂全部产权，另有 1 项情况不详即 1991 年开发的溪角农贸市场。这与集体厂房物业资金来源单一化，即以集体自有资金为主的方式存在较大差异。早期商贸物业大多以建立沿街商铺为主，因其对资金投入数量需求较小，可用集体自有资金单独投资建设。但不论是集体厂房的自有资金还是商贸市场的集体独资开发，这笔资金均来自集体土地国有化的征地补偿款。以龙瑞国际服装城和溪角·龙瑞菜丁市场为例，两大项目在 2007—2009 年之间共投入 1.66 亿元，这笔巨款来自 2005 年中山市征用龙瑞村朗心片区 840 亩土地的征地补偿款和 150 亩的留用地拍卖的地价款。可见，集体土地国有化所得的土地增值收益成为集体投资大型商贸物业的经济基础。

---

① 村藏档案：《龙瑞村党员、村民（股东）代表联席会议村务审议表决会议记录》，卷宗号：122.58 – A – 2012 – 36。

如果集体积累了雄厚的土地增值收益，集体便以独立自主开发为主，而当集体所能支配的建设资金不足时，则选择合作开发的模式。最早的集企合作开发项目，即 1996 年兴建、1997 年开业的龙瑞小商品市场。据前文所述，当时的合作开发模式以集体提供土地资源和部分资金，合作公司则以提供建设资金为主，这成为当时规模最大的集体商贸物业。该商贸市场建成之后，物业所有权归集体组织，但物业经营权及其收益权则在一段时期内归合作公司。这种"集企合作开发"模式在 2011 年龙瑞国际小商品市场和 2012 年龙瑞商业城的投资中得以延续，但后两者选择合作开发模式的原因，并不仅仅限于集体自身的经济压力，据村干部反映这种具有保守性的合作开发模式更多的是迫于集体成员基于经济民主参与所产生的政治后果。

2010 年出台的《沙溪镇村级民主决策制度》（中沙府〔2010〕47 号）、《中山市沙溪镇农村集体资产经营及合同管理办法》（中沙府〔2010〕48 号）、《沙溪镇农村集体资产和财务管理制度》（中沙府〔2011〕32 号）三大文件，共同赋予了村民（股东）参与集体经济决策的权利。这有利于推动集体经济民主管理走向制度化，但其不便之处在于民主权限过大而集体经济组织集中权限过小。当任何集体资产经营变动的决策都需要村民（股东）代表表决时，其带来的最大障碍是村民民主决策的滞后性与市场经济的灵活性之间的张力。村民（股东）代表会议中，每个代表都有自己的想法。"一人一票"的决策制度最大的问题在于民主协商的时间成本、沟通成本，等到大家就某一项目达成一致意见时，流动的资本可能已经转移了。在一个资本高度流动的市场经济中，决策的效率在某些关键事件中发挥重要作用，这给集体经济的管理组织带来较大的压力，尤其是在一个招商引资竞争较为激烈的环境背景下。

关于本村村民（股东）集体经济所承担的市场风险的心态保守化，现任书记刘×源感触颇深，他坦言："20 世纪 90 年代末集体厂房的空租现象时有发生，以及 1998 年投入巨资建立的龙瑞大酒店空租 2—3 年的事情，让本村村民对集体独资开发新项目的信心越来越不足。还有附近一些村集体大力投资商贸楼失败的案例，老百姓一传十、十传百，大家的心态也就越来越保守了！"[1] 这种保守心态造成两大后果：一是倒逼集体组织

---

① 访谈资料：刘×源，现任村书记，编号：2017－07－06。

放弃独立投资大型新商贸物业的想法；二是大大降低了集体经济事务的决策效率。以筹建龙瑞商业广场为例，2011 年龙瑞村希望借助"三旧"改造政策盘活原龙瑞小商品市场一区和三区的 42 亩建设用地。最初村两委提议经联社利用集体积累资金独资开发，但有部分股东认为这样投资风险太大，不同意这种开发方式。于是村两委提出第二套方案，即以集体所有物业向银行抵押贷款开发，但股民也不同意，因为"股民们觉得借钱投资这种风险较大的项目，太冒险了。股东们怕投资失败后，集体的债务就成为他们的债务，还是小农思想在作怪"。① 于是，该项目最终于 2012 年确定与商业资本合作开发。

在集体经济事务民主化决策的背景下，集体组织独立投资某些商贸物业的想法很难得到股东的支持，便只能通过引资合作开发。但合作开发涉及合作商、村集体以及集体成员三方利益的博弈，其交易成本亦随开发主体的增加而增加。龙瑞国际小商品市场的项目在协调村民需求、投资方需求和集体收益方面就花了整整一年的时间。为了使集体经济持续发展，降低投资风险及解决集体资金短缺问题，最终于 2011 年 6 月 16 日召开的村民（股东）代表大会村务审议表决会议上通过了"将旧小商品市场牛仔城用地以土地出租及约定经营的形式，由承租人全资开发以经营五金、小百货的小商品城"② 的方案。可见，随着物业经济市场风险越来越大，拥有经济决策权的股民在保守心态的驱使下，对集体独立投资大型的、综合性的商贸物业越来越消极和保守。同时，在重大集体经济事务的决策过程中协商成本提高、决策过程延长，这种低效的决策方式与资本高度流动的市场经济存在较大张力。

2013 年，集体组织为了缓解这一张力，结合当年龙瑞村财务管理、资产经营以及市场的实际情况，经村两委、监委会及片区联络员联席会议研究讨论，草拟了《2013 年至 2014 年龙瑞村集体资产经营管理方案（草案）》。该管理方案提出委托村委会、经联社对集体土地、房产进行出租，委托期限为两年。委托期间，在办理发包出租过程中，村委会、经联社可在以上《经营管理方案》的基础上，根据市场形势的发展与承包方或承

---

① 访谈资料：刘×，现任村团委书记，编号：2017 - 07 - 16。

② 村藏档案：《龙瑞村党员、村民（股东）代表联席会议村务审议表决会议记录》，卷宗号：122.58 - A - 2012 - 35。

租方协商，在公平、公正合理的前提下，争取最优价格进行出租。如遇特殊情况，可结合市场的实际，按以上方案的租金水平做一定下调，下浮率不得高于10%，如客观原因下浮率超过10%，则必须经村民代表会议审核表决。① 这实际上是赋予集体资产的管理者在突发性、紧急性的情况下，拥有一定相对独立决策权，即凡是合理的、符合客观市场行情的租金下调且不超过10%，可以不用经过村民代表会议表决，只需由村两委、经联社等村级组织主要干部联合集中决策便具有效力。这实际是通过村民自治的方式适度提升村干部集中决策的权限和能力。

最后，属于集体通过向集体成员集资完成的项目共2项：1995年裕景园的房地产项目和2001年富都汽配厂的产权赎买项目。1995年龙瑞以集体企业的名义向村民集资开发房产楼盘裕景园，然后按照商品房的价格对外销售，所得利润部分用于支付借款利息和收益分配。富都汽配厂所占用的土地是由龙瑞集体和镇政府共同提供的。2001年集体通过向本村村民借款706万元购买原属沙溪镇工业发展有限公司（镇政府的下属企业）的一块土地资产，由此将该汽配厂的产权全部转移至集体组织，并进一步完善了续约经营。② 当时的借款合同内容如下：

借款合同③

甲方：龙瑞村经济联合社

乙方：村民□□

为支持村经济联合社收购原富都汽车修配厂60%土地使用权，经甲乙双方协商，乙方自愿借款□万元给甲方作购地款之用，借款期限由2001年1月1日至2004年6月30日止，为期三年，利息按年息6厘计。在合约执行期间，如集体经允许的情况下，可以单方面提前返还乙方本金和截止日期之前的利息，合约自然终止，乙方绝无异议。但在合约执行期间，如乙方在经济上遇到异常特殊情况，亦得到经济联合社同意，方可提前支取本金，但当年利息将提前一个月

---

① 村藏档案：《龙瑞村党员、村民（股东）代表联席会议村务审议表决会议记录》，卷宗号：122.58 - A - 2013 - 2。

② 村藏档案：《龙瑞村委会2001年工作总结及2002年工作计划》，卷宗号：A12.1 - 114 - 2001 - 14。

③ 村藏档案：《退还各村民借款合同资料》，卷宗号：A4.6 - 2001 - 2。

终止。

以上合同共二份，盖章签字后各执一份。

根据《借款合同》可知，本村村民投入的资金为"借款"，其收益为"年息 6 厘"。而且该合同显示双方资金往来具有一定的灵活性或者说"乡土性"，即本村村民如遇到特殊情况下可以提前终止合同，向集体兑现剩余本金。从查阅的《本金利息支付表》来看，集体组织均能按时按约付清乙方的本息，其间也没有发生合同中的"异常特殊情况"。据村干部刘×安回忆，当时集体其实可以找银行贷款来应对这次资金缺口，但当时有人提出，与其将这部分借款利息交给银行，还不如分配给本村村民。本地工业的快速发展让本村老百姓手中都有余钱，集体年终分红也较为稳定，向本村老百姓借款然后支付略高于银行的利息，这既帮助集体渡过难关又能惠及村民，也算是一举两得。[1] 这种"集体 + 村民"的集资行为往往是正常市场环境中"稳赚不赔"的项目。但市场的变化莫测是集体无法掌控的，这种向村民集资投资的项目如果失败，带来的不仅仅是村民的经济损失，更会直接影响集体和村干部的权威，如果处理不当甚至会带来群体性的不稳定事件。故这种政治风险明显高于经济风险的集资方式随后便被地方政府禁止，"集体与村民合资"开发的项目在龙瑞村中也就仅此两项。

总体来看，与厂房物业建设资金来源比较单一相比，商贸物业建设资金来源的渠道更为多元。集体商贸物业的建设资金以集体自有资金为主，在集体资金不足的情况下灵活选择"集体 + 公司"或"集体 + 村民"的方式筹集建设基金。而影响商贸项目资金构成的关键要素，一是重大项目上马之前集体可支配的建设资金的存量，二是集体成员对该重大项目未来收益的预期以及他们对市场风险的心理承受能力。

三　商贸物业风险规避机制分析

（一）经营权让渡与投资风险规避

集体商贸物业的融资途径的多元化导致其经营权的支配形态存在差异。一般而言，以集体自有资金或集体向村民集资建设的商贸物业，其经

---

[1]　访谈资料：刘×安，78 岁，退休干部，编号：2017 - 07 - 11。

营权完全由集体组织支配，后者中借款村民只能获得投入资金的利息而不能分享经营权。而 2010 年以来的以"集体＋公司"合作开发的商贸物业，则是分散投资风险的一种策略，因而是有"代价"的。为此，尽管该物业最终归集体所有，但该物业的经营权在一段时间内属于合作公司或双方共享，这是保证合作方收回投资成本并获得一定收益的"交换条件"，是集企合作开发所必须付出的"成本"。接下来以龙瑞国际小商品市场和龙瑞商业城广场为例，就其经营权的让渡情况简要分析。

龙瑞小商品市场的计租情况①

2011 年 6 月 10 日，村民表决龙瑞小商品市场合作开发后租金计算方式为："前五年租金（土地租金）按建筑物基底面积计算 10 元/平方米/每月，五年后按开发商实际出租租金金额的 50% 作租金（经营权收益五五分成），八年后该物业全部收归集体。"

双方于 2011 年 11 月 10 日在沙溪镇法律服务所签订《土地使用权租赁合作》，同意将岐沙路原龙瑞小商贸市场牛仔城的土地（面积约 12 亩）出租给中山市名商天地物业管理有限公司建设小商品城。按照正式合同约定，合同期前五年的计租面积将以小商品城建成后由测量公司测出的建筑物基底面积（6961.96 平方米）计收租金；后五年租金按中山市名商天地物业管理有限公司实际收取租户的租金 50% 计收（经营权收益三七分成）。

意向书②

甲方：中山市沙溪镇龙瑞村股份合作经济联合社

乙方：中山市名商天地物业管理有限公司

为推动地区经济，促进商业服务业发展，本着互利互惠，共同发展的宗旨，经双方友好协商，达成如下意向：

一、甲方按乙方使用要求，在自有的原龙瑞小商品市场一、二区约 42 亩商业用地上投资兴建龙瑞商业城广场首期项目，项目建成后

---

① 村藏档案：《龙瑞村党员、村民（股东）代表联席会议村务审议表决会议记录》，卷宗号：122.58 – A – 2012 – 35；《关于租金计收面积的公示》，卷宗号：122.58 – A – 2013 – 160。

② 村藏档案：《关于龙瑞商业广场开发意向的请示》之《意向书》，卷宗号：122.58 – A – 2012 – 31。

由乙方整体承租经营。

二、……

五、甲方在项目报批手续完成后，甲乙双方签订物业租赁合同，租赁合同主要条款如下：

1. 租赁合同期限为二十年；

2. 首五年租金，商业面积按每月每平方米16元，地下车库面积按每月每平方2元，第六至第十年租金在上年基础上递增15%，第十一至十五年在上年基础上递增15%，第十六至第二十年租金在上年基础上递增16%，甲方负责租赁税的30%，其余由乙方负责；

3. 计租面积以规划验收面积为准；

4. 合同保证金为200万元；

5. 工程规划验收后，甲方将物业移交给乙方，自移交之日起十一个月为免租装修期；

6. 不得经营服装批发行业。

六、乙方在项目主体工程完成后向甲方预交租金2000万元，预交租金在日后租金中分四年扣减，不计利息。

龙瑞国际小商品市场的《土地使用权租赁合同》显示，该项目以"集体以土地入股、公司以资金投入"的方式开启合作，由于该商场的建筑及装修费用均由名商物业公司承担，故建成之后的前五年其经营权完全归合作公司，由其负责招商和收租，集体（经联社）只按"建筑物的基地面积"收取租金，后五年才按该公司"实际收取租户租金的50%计收"物业租赁费。也就是说，前五年集体组织收取的仅为"土地租金"，这意味着前五年该物业的经营权及其收益全部归合作公司。而2011年的村民代表决议显示，第六年至第八年物业租金按五五分成，第九年以后则全部经营权归集体。这是一个典型的商贸物业所有者逐步收回经营权及其收益的过程。

而龙瑞商业城广场《意向书》表明，该物业首先是"甲方（龙瑞经联社）按乙方（中山市名商天地物业管理有限公司）使用要求……投资兴建龙瑞商业城广场首期项目，项目建成后由乙方整体承租经营"。然后等主体建筑工程验收后，"甲方将物业移交给乙方，自移交之日起十一个月为免租装修期"。为避免同业行业竞争，还明确规定不得经营服装批发行业。其中第四条关于租赁合同的内容显示，该项目主体工程建成之后集体便享有物业经营权的收益，只是租金计收起止时间推迟 11 个月，而且首五年租金较低，到最后一个五年租期内集体还需承担 30% 的租赁税。与龙瑞国际商品市场相比，在集体既出土地又出部分建设资金的情况下，经营权的让渡空间较小，主要是收益权的让渡。

在合作项目中，集体为将新建物业租赁市场风险降至最低，在重大项目启动之前，便以合同保证金和预交租金的形式确保项目落地后不空租。如《意向书》第六条规定，乙方在项目主体工程完成后向甲方预交租金 2000 万元，预交租金在日后租金中分四年扣减，不计利息；第二条规定，双方签订本意向书前，甲方收取乙方 100 万元作为诚意金，在双方签订物业租赁合同后诚意金转入合同保证金（合同保证金 200 万元），如因客观原因无法实施，甲方将退回乙方全部诚意金，如乙方不能在约定时间内与甲方签订物业租赁合同，诚意金将不予退还，归甲方所有。随着商贸行业的竞争越来越激烈，集体组织及其股东的投资决策越来越保守。这种保守性，一方面在一定程度上保证了集体经济收益的稳定；另一方面意味着集体在租金方面必须让渡部分利益给合作商。

需要注意的是，当集体与承租商确定了较为稳定的租赁关系后，在租期内集体会根据实际情况适当分担部分突发性的市场风险。以 1995 年"集体＋企业"合作兴建的龙瑞小商品市场为例。该市场 1997 年开始营业后，其经营权虽完全暂归投资方中电置业公司，且由其负责招商收租、自负盈亏。但由于"最近几年环境影响较大，经支管委（龙瑞管理区支部委员会）讨论为保障投资者的利益，给以优惠政策，给以续期二年，租金按比例给以增加，现时每平方米 3.5 元（每月），约 1 万平方米，到 2001 年期满"。① 当周期性经济危机让投资方无法获得预期的投资收益时，集体通过经营收益权"延迟收回"的方式间接地分担了经济危机带来的市场风险。

（二）收益权分化与空租风险规避

集企合作开发的大型商贸物业投资建成后，往往以长租、整租的方式与合作开发商签订租赁合同。而集体独资开发的大型商贸物业，早期以短租、散租的方式出租，随着这些物业改造升级，其出租方式逐渐转为长

① 村藏档案：《1999 年龙瑞村代表会议记事簿》，卷宗号：122.58－A－1999－6。

租、整租的方式，形成了与集企合作开发项目一样的"集体—承租公司—散租客"的租赁关系。目前仅有龙瑞国际服装城在升级后依旧保持短租、散租的经营方式，但由于该市场发展历史长达 20 多年，集体与租户之间的关系较为复杂。据现任服装市场办王主任介绍，该市场中既有一些"元老级别"的租户还在直接从事服装批发零售，也有一些"元老级别"的租户已经"上岸"，即"他们长期续签铺位，然后将铺面转租给二手租户，自己收二手租金并转行干其他生意"。① 由此形成"集体—散租客"或"集体——手散租客—二手散租客"的租赁关系。上述三种租赁关系，从所有者与使用者的关系来看，可分为两类，一类是所有者与使用者直接对接的租赁关系；一类是所有者与使用者通过中介对接的租赁关系，后者占据主导地位。因而，在市场竞争日益激烈的情况下，保持中介承租户的稳定是商贸物业保持租金收入稳定的关键。据调查，村集体一般以低于市场价格 2—3 倍的租金来稳定中介租户，这样做主要出于以下两点考虑：

首先，给中介租户预留二次流转的收益空间。据现任龙瑞国际服装城管理办公室王主任介绍："集体要稳定一手租户，关键就在于一级租金，我们村集体的一级租金往往会略低于市场价格，比如，国际服装城的一个商铺，我们给一手租户的租金是 200 元/平方米·年，市场行情好的时候他转手给二手租户的租金一般在 500—800 元/平方米·年。这种情况下，那些以投资为目的的中介租户通过转租所获得的利润往往比我们村集体还高。但二手租户市场中的泡沫较为严重，如果中介租户收取的二级租金是 800 元/平方米·年，市场去泡沫化的时候可能就降到 300—500 元/平方米·年，但这离我们给一手租户租金还有 100—200 元的差价，保证他们基本能挣到钱，是稳定这类租赁关系的关键。"② 而对于那些以直接经营为目的的直接租户，集体收取的租金越低，意味着他们的经营成本越低，在价格竞争中就较有优势。他们能挣到钱，集体物业的租金便有保证。

其次，给集体自身预留较大的涨价空间。正如王主任所言："如果村集体一下子把一级租金抬高到高线位置，这年的分红肯定就是高额分红。但一旦遇到市场不稳定或停滞的时候，高线的一级租金必然要降下

---

① 访谈资料：王×波，村民代表，龙瑞国际服装城管理办公室主任，编号：2017 – 07 – 09。
② 访谈资料：王×波，村民代表，龙瑞国际服装城管理办公室主任，编号：2017 – 07 – 09。

来，这时候村集体经济的收入必然减少，但我们的分红是不能比前一年低的！股民对集体的要求就是每年分红能够上调一点，至少保持与前一年不变，这是政治任务，完不成这政治任务，你这村干部也就不用当了！所以，我们村集体宁可慢一点、少一点，以远低于现有市场价格（有可能是泡沫化的价格）的租金为基础将铺面出租给一手租户，然后每年上浮 3%—8%。一手租户可以根据市场行情选择直接经营或者转手铺位。转租的话，他就可以在一级租金和二级租金之间赚取差价。所以，就算我们按照 5% 的上调率，他们至少也有 5—10 年的纯利润，这样就能保证较为稳定的租赁关系。"[①] 可见，保证集体分红每年有所增加是集体组织保持集体物业租金稳定增长的内在动力，而保持集体商贸物业租金的稳定增长关键在于"起点低"，即通过低于平均市场价格的一级租金来稳定中介租户。

　　综上所述，集体主要从租户的经营成本和集体分红的增长两个层面考虑，有意识地压低商贸物业的租金，其实质是集体适当压缩经营权一次流转的收益空间，以给中介承租户二次流转的收益空间，即通过分化收益权来保证基本的出租率以避免市场泡沫化带来的空租风险。如此，集体一方面能够保证一手租户"有利可图"从而确立稳定的租赁关系，另一方面也促使集体经济收入保持一个"可操作化"的增长速度，这样集体组织对集体成员的分红也有交代。在村集体——一手租户——二手租户三者的关系中，村集体作为物业的所有者，为了最大限度地降低经营权的市场风险，他们选择"让利于一手租户的方式"来稳定一手租户与村集体的市场关系。而一手租户的盈利有两个方面：一是自己妥善经营实业，这需要付出极大的精力，也要承担所在行业的市场风险；二是转手给二手租户，自己成为"二级食租者"而去从事其他行业，从而将此铺面的市场风险转嫁给二手租户。看得出来，村集体实际上通过远低于市场价格的租金在商贸租赁市场风险与村集体之间建立了一个以中介承租户为主体的缓冲带，从而实现一个可操作化的集体经济增长机制。这是该村保持集体经济收入稳定增长的一个微观运作策略，但微观运作的背后显示了作为一个市场主体但又面临特殊"社会责任"的集体经济组织的经营之道。

---

① 访谈资料：王×波，村民代表，龙瑞国际服装城管理办公室主任，编号：2017 – 07 – 09。

第三节　非农集体经济收支结构及其变化

一　非农集体经济的收入结构

改革开放初期，集体工副业经营方式与农业经营体制一样也进行了改革。集体时代由集体直接经营的工副业大部分在 1984 年转为私人承包经营，包括集体竹厂、砖瓦厂、酒厂等，剩下的如沙场、电站（原配电站）、汽车东站等极少数工副业仍由集体直接经营。其中汽车东站于 1988 年转为私人承包经营，其他情况不详。这两种经营方式所得收入在年终集体经济收入统计中有所区别，其中承包经营的工副业上交款纳入"承包费"中，[①] 而集体直接经营的工副业则单独以"工副业收入"的名义入账，如 1985 年统计的"工副业收入"仅三项，即外汇留成 5486 元、沙场26124 元、外勤 654 元。龙瑞村 1986—1990 年集体经济收入的基本情况如表 5 - 3 所示，据此可了解改革开放初期集体经济收入结构的特点。

首先，从集体经济收入的统计项目来看，涵盖农、林、牧、副、渔的"综合农业"收益在统计数据中隐匿化，说明集体经济收入结构完成非农化转型。传统集体经济的统计项目分别是农业收入、林业收入、畜牧业收入、渔业收入、工副业收入和其他收入，这表明集体化时代集体组织主要按照产业类型登记收入。但从 1984 年开始，集体经济收入账目开始有意识地彰显经营方式差别带来的收入，表 5 - 3 中的"承包收入"项便是体现。承包收入指由集体组织发包集体资产（包括自然资产和固定资产）取得的非直接经营性收入；工副业收入则指集体组织直接经营集体资产取得的收入。前文曾详细分析过该阶段"承包收入"中不仅包含农、林、牧、渔等综合农业发包收入，还包括部分传统的工副业和商业的发包收入。根据表 5 - 3 可知，1986—1990 年期间，承包收入占总收入比例分别为 52.5%、34.6%、28.3%、19.3%、19.8%。假设该承包收入全部为综合农业发包收入，其占比持续下降的趋势说明，由农业创造的集体利润在集体经济总收益中已经"式微"，集体经济收益天平逐渐向工副业倾斜，其产业结构的非农化转型从 20 世纪 70 年代开始，到 80 年代中后期基本完成，这是集体经济收入结构的第一次大转型。

---

① 即第四章提到的"承包费"中的非农业类收入。

表 5 - 3　　　　　龙瑞村集体经济收入项目明细（1986—1990 年）　　单位：万元

年份	承包收入	工副业收入								其他收入	总收入
		沙场	汽车东站	外勤（副业上交）	商棚收入	外汇留成或联营利润	承包外补充企业上交	劳务或土方	地租		
1986	33.6	22.2	1.5	1.9	2.8	0.7	—	—	—	1.3	64.0
1987	35.2	31.4	0.5	2.4	7.8	1.2	—	—	—	2.2	101.8
1988	46.4	36.2	—		8.5	8.1		1.1	3.5	1.9	164.2
1989	64.1	7.5	—	0.08	9.1	8.3	19.6	15.5	6.1	41.3	331.9
1990	89.4	—	—		9.4	8.0	3.4	1.2	8.3	9.9	452.3

注："总收入"并非仅指承包收入、工副业收入和其他收入之和，还包括本表中未登记的项目，如原始数据中工副业收入中还有卫生站收入、电站收入、水站收入和其他收入，其中：（1）卫生站 1986 年为 6000 元，1988 年为 14000 元，其他年份不详；（2）其他收入 1986 年 2982 元、1987 年 7940 元，1988 年至 1991 年期间没有记录；（3）电站收入从 1987 年开始统计，分别为 201860 元、568263 元、1322488 元、2442465 元；（4）水站收入从 1989 年开始统计，1989 年为 278444 元，1990 年为 485409 元。

资料来源：《1986 年度年终决算收益分配修订方案》，卷宗号：D1.1 - 23 - 1986 - 1；《1987 年统一经营分配方案》，卷宗号：D1.1 - 24 - 1987 - 1；《1988 年度龙瑞年终决算方案》，卷宗号：D1.1 - 25 - 1988 - 5；《1989 年度龙瑞集体经济分配概况（收入部分）》，卷宗号：D1.1 - 26 - 1989 - 2；《1990 年年终决算分配修订方案》，卷宗号：D1.1 - 27 - 1990 - 6。均藏于中山市沙溪镇龙瑞村档案室。

其次，集体利用乡村工业发展的机遇创造其他收入，集体经济收入来源多元化。与集体时代相比，表 5 - 3 "工副业收入"项目中新增收入来源主要有商棚收入、联营利润、承包外补充企业上交、土方和地租收入。其中，商棚收入指集体 1986 年投资建设的市场出租收入。联营利润指集体组织与其他经济单位合作经营的项目利润分成收入，当时合作投资的企业有富都汽车修配厂、红木工艺厂。承包外补充企业上交指三来一补企业或本土私营企业租用本村厂房或挂靠集体所产生的租金收入。土方收入与集体工程建设有关，地租收入指土地出租收入，由于两者占总收入的比例较小且不太稳定，可忽视它们对集体经济收入结构的影响。除此之外，1990 年还增加了"投资利润"，它指将部分"应付未付"的土地补偿款入股国有企业后参与企业年终利润分红的收入，如咀香园利润收入。可见，这段时期非农集体经济围绕乡村工业的发展，通过集体经营厂房和土地形成租赁型收入；通过集体资金投资入股国有企业或私有企业形成股份型收入；通过经营集体所有的商铺或市场形成经营型收入；通过配套和服务工业生产，如电站、土方等形成生产服务型收入。这与传统集体经济发展以农业经营收入为主、以工副业经营收入为辅的结构形成鲜明对比，经济收入来源的多元化大大提升了非农集体经济的增长速度。

随着 20 世纪 90 年代中后期集体厂房物业经济的发展，这种多元化收入格局逐步朝单一化的租赁型收入格局转变，以集体经济收益租金化为核心内容的非农集体经济结构在 1993 年以后逐渐凸显。1992 年工业大厦其他 3 幢集体厂房建好后，集体厂房租金随着市场价格以每年 10%—15% 的速度增长。1995—1999 年每年厂房租金占当年集体经济总收入的比例分别为 67.8%、50.5%、87.1%、57.2%、65.3%。[①] 这组数据表明，集体组织逐渐退出生产领域的经营以及投资入股的企业，80 年代以来多元化的收入结构逐步被以厂房租金为主导的资产租赁型收入结构所取代。进一步分析资产租赁型集体经济的产业类型，这种集体经济收入的内部结构，即厂房租金与商贸租金的占比情况在 2001 年后发生了变化。80 年代末至 90 年代末，集体从龙瑞小商品市场中获得的纯收益在 40 万—50 万元之间，加上其他商铺出租的租金每年 25 万—35 万元之间，商贸物业租金维持在 65 万—70 万元之间，尚不足同时期厂房物业租金的 50%。但 2001 年集体组织收回龙瑞小商品市场的全部物业经营权后，仅它一项就能"每年为集体经济创收 1000 多万"，[②] 商贸物业租金是当时厂房物业租金的 2—3 倍。随后，商贸物业租金逐年攀升，尤其是 2007—2011 年期间龙瑞·莱丁市场、龙瑞国际服装城、龙瑞国际小商品市场相继开业，由此掀起了非农集体经济收入结构的第二次大转型。表 5 - 4 为 2007 年、2008 年、2010 年、2012 年和 2014 年的非农集体经济收入情况，该组数据可大

① 村藏档案：《1995 年年终结算表》，卷宗号：D1.1 - 32 - 1995 - 2；《1996 年年终结算表》，卷宗号：D1.1 - 33 - 1996 - 3；《1997 年年终结算表》，卷宗号：D1.1 - 34 - 1997 - 2；《1998 年年终结算表》，卷宗号：D1.1 - 35 - 1998 - 3；《1999 年年终结算表》，卷宗号：D1.1 - 36 - 1999 - 3。

② 村藏档案：《龙瑞村委会 2001 年工作总结及 2002 年工作计划》，卷宗号：A12.1 - 114 - 2001 - 14。

致反映这次转型过程。

表 5－4　　　　　龙瑞村股份经济合作联社集体经济收入情况　　　　单位：万元

年份	经营收入	占总收入比（%）	发包及上交收入	占总收入比（%）	投资收益	补助收入	其他收入	总收入
2007	1001.7	45.1	934.2	42.0	0	115.1	172.2	2223.2
2008	1072.8	41.1	1107.0	42.4	0	40.8	390.5	2611.1
2010	1223.4	26.4	3125.9	67.6	0	42.4	233.7	4625.4
2012	1124.8	19.2	4209.6	71.7	12.5	48.9	473.2	5869.0
2014	1287.5	19.3	4596.9	69.2	0	11.5	751.1	6647.0

资料来源：2007 年、2008 年、2010 年、2012 年、2014 年《集体经济收益分配表》，卷宗号：D1.1－170－2007－1；D1.1－171－2008－1；D1.1－173－2010－1；D1.1－174－2012－1；D1.1－176－2014－1。均藏于中山市沙溪镇龙瑞村档案室。

表 5－4 显示，2003 年集体经济组织进行股份制改革后，集体经济收入统计项目分为经营收入、发包及上交收入、投资收益、补助收入和其他收入 5 项，与 20 世纪 80 年代、90 年代的统计方式略有差异。投资收益指前文提到由集体资金入股其他经营单位的企业股份型收入，本表中除 2012 年之外其收入均为"0"，表示集体资金不再对市场风险较大的企业进行投资。补助收入指集体获得自上而下的财政资金，包括项目资金、村干部工资等。其他收入是指当年集体资金的银行利息和其他杂项收入。表 5－4 显示，这几项收入之和占总收入比例不到 20%，它们对集体经济收入结构的影响较小。对其产生重大影响的是表 5－4 中占总收入比例前 2 位的项目，即发包及上交收入和经营收入，其中经营收入包括物业出租收入、土地出租收入、劳（服务）收入，发包及上交收入包括农田发包收入、企业上交收入、农场品市场收入等。

结合《2007 年度财务收支及资产负债的审计报告》① 的科目明细可了解租金收入的构成要素：第一，物业出租收入的统一科目代号为 112003，共 153 项，以制衣厂和承租散户为主，具体指集体厂房和散户承租的商铺租金收入。第二，土地出租收入的统一科目代号为 112004，当

———————

① 村藏档案：《2007 年度财务收支及资产负债的审计报告》，卷宗号：D1.1－170－2007－2。

年显示共 10 处，包括合益 4S 店、远通有限公司、停车场、新城制衣厂、加丰厂、果蔬场以及 4 位个体户，这些客户承租零散的、闲置的集体土地并自建临时性建筑来做生意。第三，农田发包收入的科目代码为 112001，共 16 项，他们均为沙朗农田的租户。第四，企业上交收入的科目代码为 112002，当年仅有龙瑞小商品市场的租金收入 1 项。《2014 年龙瑞物业租赁情况台账》将龙瑞国际服装城二楼的租金收入也纳入"企业上交收入"。由此推断，2007 年以后以"集体—承租企业"整租的大型非农产品市场的物业租金属于本表中的"企业上交收入"，以此区别于由集体直接经营出租给散户的"物业出租收入"。因而，无论是经营收入还是发包及上交收入，其实质均为集体资产的租金收入，只因资产类型和经营方式不同而出现名义上的区分。两者占总收入的比例之和至少超过 80%，说明非农集体经济收入转向了单一型租金化的结构。

最后以 2014 年的相关台账为例进一步简要分析集体厂房物业与集体商贸物业给集体经济收入带来的影响。据当年《龙瑞物业租赁情况台账》、《农产品市场租金应收明细计提》和《龙瑞国际服装城租金应收明细计提》统计的月租金数据显示，龙瑞国际服装城二楼每月租金即"企业上交款"为 577699.02 元，龙瑞国际服装城一楼所有铺位每月总租金约 360 万元，农产品市场所有铺位每月总租金为 242021.90 元。而白石桥工业楼及其宿舍每月租金 15780 元，沙溪南路的工业大厦及其宿舍每月租金约 94951 元。[①] 商贸物业月租金是工业物业月租金的 400 倍，两者之间的差距足以说明该村商贸物业租金在集体经济收入中的重要性。集体经济租赁型收入结构在第二产业和第三产业之间发生逆转，以商贸物业租金为主的资产租赁型集体经济收入结构替代了以厂房物业租金为主的租赁型集体经济收入结构，非农集体经济的收入结构随着乡村第三产业化而发生第二次转型，标志着龙瑞集体经济进入了后工业化时代。

二　非农集体经济的支出结构

集体经济的支出项目一般分为经营支出、管理支出和其他支出。其中

---

① 村藏档案：《2014 年龙瑞物业租赁情况台账》，卷宗号：122.58 - D - 3 - 2014 - 3；《2014 年 4 月份农产品市场租金应收明细计提》，卷宗号：122.58 - D - 3 - 2014 - 4；《2014 年 4 月份龙瑞国际服装城租金应收明细计提》，卷宗号：122.58 - D - 3 - 2014 - 5。

经营支出分为共同生产费和工副业支出，共同生产费属于农业生产公共设施服务方面的支出，其基本情况在本书第四章已详细阐述，不再赘述。工副业支出需要区分以下两种情况：在集体组织直接经营工厂、电站、水站时，工副业支出主要指这些单位的生产经营成本；而转为集体物业经济后，工副业支出则主要包含物业修缮费、物业管理费、经营性固定资产折旧费等。管理费支出即维持村级组织运转的各项行政费用，其他支出主要指公益性固定资产折旧费。由于1999年二轮延包之后农业集体经济的收支单独计算，故此后的集体经济年终支出情况便集中在非农集体经济方面。2007年非农集体经济经营支出、管理支出和其他支出的明细如表5-5所示，通过该表可以大致了解各项支出占比情况。

表5-5　　　　龙瑞村2007年集体经济支出项目明细公布　　　　单位：元

支出项目	支出费用	占总支出比（%）	支出项目	支出费用	占总支出比（%）
1. 经营支出	1359567	51.79	10. 修缮费	152	—
2. 干部工资及奖金	128400	4.89	11. 物业保险费	59020	2.25
3. 其他人员工资及奖金	725498	27.64	12. 机动车费	15304	0.58
4. 退休人员工资及津贴	86880	3.31	13. 邮电费	39520	1.50
5. 办公费	89108	3.39	14. 其他1	180	—
6. 会议费	11270	0.43	15. 公益性固定资产折旧	42646	1.62
7. 书报费	36103	1.37	16. 其他2	0	—
8. 接待费	30708	1.17	2—14 管理费小计	1222804	46.58
9. 业务费	661	0.03	1—16 总支出小计	2625017	100

资料来源：《2007年度财务收支及资产负债的审计报告》，卷宗号：D1.1-170-2007-2，藏于中山市沙溪镇龙瑞村档案室。

表5-5显示，经营支出占总支出比例最高。其具体支出结构可通过2014年4月统计的《财务收支情况公布表》来了解。[①] 该统计数据显示，

---

① 说明：因为2007年并没详细记录经营支出细表，但2007非农集体经济转型升级以来，其集体产业类型和数量并未发生实质变化，据此推断，2007年的经营支出明细与2014年的应该相差不大，故此处选择2014年的数据来进一步了解其情况。

当时经营支出累计达 1021644 元，其中经营性固定资产折旧费 4 月份支出 134951 元，累计支出达 540663 元，占经营支出总额的 52.9%；物业修缮费当月无支出，但累计支出达 2950 元，占经营支出总额的 0.3%；税金本月支出 69051 元，累计支出达 276043 元，占经营支出总额的 27.0%，这里的税金是指向地税局上交的集体物业租金营业税；物业管理费当月支出 7790 元，累计支出 34350 元，占经营支出总额的 3.4%；农产品市场费用当月支出 58837 元，累计支出达 165659 元，占经营支出总额的 16.2%；国际服装城费用当月支出 499 元，累计支出 1981 元，占经营支出总额的 0.2%。[①] 可见，经营性固定资产折旧费和税金是经营支出的主要项目。另外，农产品市场费用和国际服装城费用差额巨大，这与两大物业经营方式的不同有关。当时农产品市场按照"集体—散户"的模式经营，集体组织作为直接经营者需要承担该物业在水电费、卫生费、市场管理人员工资和保安人员工资等公共项目的支出以维持该物业正常、有序运转。而龙瑞国际服装城二楼整体发包给私营企业，属于"集体—企业—散户"的委托经营模式，日常的物业维护和开支由承包企业负责，一楼虽然是"集体—散户"的直接经营模式，但因其经营项目是服装贸易，其日常维护费用分摊至租户，故集体支付的费用整体较少。

表 5 – 5 中第 2—14 项"管理费"支出，对比 1988 年、1998 年、2007 年和 2014 年支出项目详情可大致了解管理费内容细微的变化。1988 年统计的管理费包括办公费、旅差费、报刊费、邮电费（含电话费）、会议费（含党训办费用）、电费、民兵经费（电费占多数）7 项。当年干部及其他工作人员的工资另列为"预付工资"纳入集体经济收益年终再分配中。[②] 到 1998 年，管理费项目增加了工资（含干部、治保会、巡逻队）、车船使用税、物业保险费 3 项，民兵经费纳入"福利事业费"中。[③] 需要注意的是，这里的"物业保险费"是指非经营性的固定资产保险费，并不包含经营性的固定资产。2007 年与 2014 年的支出项目完全一致，与 1998 年相比，其新增项目主要有机动车费、折旧费、修缮费等。[④] 总体而

---

① 村藏档案：《2014 年 4 月财务收支情况公布表》，卷宗号：122. 58 – D – 3 – 2014 – 6。

② 村藏档案：《1988 年度龙瑞年终决算方案》，卷宗号：D1. 1 – 25 – 1988 – 5。

③ 村藏档案：《1998 年各科目支出明细表》，卷宗号：D1. 1 – 35 – 1998 – 2。

④ 村藏档案：《2007 年度财务收支及资产负债的审计报告》，卷宗号：D1. 1 – 170 – 2007 – 2；《2014 年 4 月财务收支情况公布表》，卷宗号：122. 58 – D – 3 – 2014 – 6。

言，管理费支出的项目并未发生实质性变化，只是在 2003 年集体经济股份制改革后将原来分列的项目统一合并到"管理费"中，这些费用均属于维持行政村组织运转的公共开支。根据表 5-5 可知，占总支出比例前五位的管理费项目是：其他人员工资及奖金、干部工资及奖金、办公费、退休人员工资及津贴和物业保险费。可见，集体经济收益的消耗主体是集体组织的管理机构及其人员。

本表第 3 项"其他人员"是指除村两委之外的、由村委会聘用的一般工作人员。其中，村委会办公室配备了 6—8 名工作人员，他们辅助村干部完成各类条线工作或其他公共服务工作；剩下的人员集中在治保会和巡逻队中，如 1995 年治保会 7 人、巡逻队 19 人，[1] 1999 年治保会 10 人、巡逻队 16 人，[2] 2005 年治保会 9 人、巡逻队 18 人、保安人员 50 人，[3] 2009 年治保会 9 人、巡逻队 20 人、视频监控人员 8 人、保安人员 60 人。[4] 这些人员的工资及奖金均由非农集体经济承担。如此算来，龙瑞村的一般工作人员总数大约在 90 人，是村两委干部人数（共 9 人）的 10 倍。尽管他们人均年工资（含奖金）仅 10000 元左右，比村干部人均年工资（奖金）14000 元少 1/3，但毕竟其总人数是村两委干部总人数的 10 倍左右，故人口基数决定其所占总支出比例必然偏高。这些人员均属于社区公共服务和公共管理人员，故属于公共支出项目之一。

本表中第 4 项"退休人员"是指从村两委职位中退休下来的农村干部。在村级档案中发现的两份《农村干部退休通知书》，其内容如下："（抬头）龙瑞管理：经镇委研究，刘×群同志的退休申请已批准。其退休后的福利待遇为镇政府每月补贴 60 元，管理区按'中沙府〔1996〕8 号'文件的精神执行，由 1996 年 6 月开始生效。请通知其本人。（落款）沙溪镇委组织办（盖章）。"[5] 结合其内容和落款单位可知，当地农村干部退休管理的制度化和规范化建设在 20 世纪 90 年代中后期便已完成，主要

---

[1]　村藏档案：《治安保卫委员会治安工作专业承包责任制人员名册》，卷宗号：A12.1-53-1995-17。

[2]　村藏档案：《治安巡逻队员名册》《治安保卫委员会名册》，卷宗号：A12.1-53-1995-12。

[3]　村藏档案：《2005 年治安工作总结》，卷宗号：122.58-A-2005-24。

[4]　村藏档案：《2009 年治安工作总结》，卷宗号：122.58-A-2009-34。

[5]　村藏档案：《农村干部退休通知书（刘×群）》，卷宗号：A12.1-82-1996-15。

表现在两个方面：一是，农村退休干部必须经镇政府人事组织部门认定后方可享受镇村两级共同负担的"生活补贴"；二是，退休干部的"生活补贴"标准严格按照上级政策执行，村委会没有自由裁量权的空间。该退休制度从1996年开始实施，之后经历了若干次修正，[①] 每一次修正主要围绕退休干部待遇而展开，同时不断完善相关管理制度。乡镇政府承担的补助额度由最初的每月60元到2001年的每月70元，2008年开始按照主职干部即支部书记和村委会主任、副职干部即支部副书记和村委副主任、支部委员和村委员三个等级分别发放每月150—200元不等的补贴，[②] 2013年再次提升至每月300—400元不等。[③]

退休村两委委员的补贴标准也按照上述相关文件规定进行发放。如2008年印发的《关于农村两委干部退休的管理规定（试行）的通知》（沙委办〔2008〕26号）规定是"村委会按农村退休干部曾任最高职务所对应的现职干部相应级别月基本工资50%的标准，按月发放生活补贴"。2013年印发的《关于调整沙溪镇农村退休干部福利待遇的意见》（中沙委〔2013〕21号）就使用人员范围、福利待遇、待遇标准和其他事项作了详细规定，其中"村发补贴"规定如下：村委会按农村退休干部曾任最高职务所对应的现职干部相应级别月工资和生活补贴，按如下标准、按月发放退休人员生活补贴：（1）任职年限为6年至10年的，发放标准为45%；（2）任职年限为11年至20年的，发放标准为50%；（3）任职年限为21年至30年的，发放标准为55%；（4）任职年限为31年以上的，发放标准为60%。2013年的调整在于按照任职年限分为4个等级差异化地设定不同标准比例，这等于承认不同退休干部为集体做出的贡献存在差异，其任职年限越长，贡献越大，退休后享受的生活补贴也越多。对村干部班子整体而言，这种差异化的补贴方式有利于村干部队伍的整体稳定；而对村干部个人而言，则具有一定的经济激励作用。

---

① 参考资料：中沙府〔1996〕8号文件、中沙府〔1997〕2号文件、沙委办〔2008〕26号文件、中沙委〔2013〕21号文件等。

② 村藏档案：《印发〈关于农村两委干部退休的管理规定（试行）〉的通知》（沙委办〔2008〕26号），卷宗号：122.58－2008－56。

③ 村藏档案：《关于调整沙溪镇农村退休干部福利待遇的意见》（中沙委〔2013〕21号），卷宗号：122.58－A－2013－57。

第四节 小结：乡村产业化与集体 经营关系再认识

综上所述，龙瑞村非农集体经济发展经历了两个阶段。第一，20 世纪 80 年代至 90 年代，工业资本大规模进入龙瑞村，集体利用自有资金投资建设标准厂房以吸引华侨回乡办厂，由此逐步形成以制衣业为主导的轻工业聚集，集体厂房出租成为非农集体经济主要经营内容。第二，90 年代末以来，"三来一补"企业逐渐退出村庄，但前期制衣行业集聚所催生的服装、布匹等轻纺织产品交易市场为龙瑞村非农集体经济打开了另一扇门，以龙瑞小商品市场为起点、以龙瑞国际服装城为标志的服装商贸成为乡村经济的核心产业。同时，这种劳动密集型产业的集聚也意味着大量产业工人的聚集，他们"离土且离乡"的生产方式产生了日常生活必需品的购买需求，农产品市场、房屋租赁市场、中低端餐饮市场也随着人口密度的增加而产生，以农产品和餐饮为主导的零售市场也成为乡村经济的重要组成部分。龙瑞集体经济组织敏锐地捕捉到这些市场信息，通过集体与商业资本的密切合作开发商品交易场所，集体商贸楼与市场的出租成为非农集体经济的主要内容，由此实现了乡村工业化向乡村商贸化的转变。

从集体产权秩序来看，非农集体经济首先通过集体土地资源就地资本化，形成各类经营性集体固定资产，由此建立非土地类生产资料共同占有的"公有"产权；然后通过集体经济组织统一对外发包和管理，建立经营权归属集体的"公用"产权。集体经济组织在与工、商业资本的互动中最终选择了单一的、依托集体物业出租为主要收入来源的租赁型集体经济。在这个互动过程中，非农集体经济的经营重心放在处理集体与外来资本、集体与租赁市场的关系。为了迎合和满足工、商业资本对土地规模化、物业专业化的需求，集体必须具备强大的资源统筹能力和灵活的市场调控能力来投资和经营集体物业。通过最为保守的、也是市场风险最小的"出租"经营来实现集体经济的增长，最终形成"公有公用共享型"的产权秩序。[1] 与传统集体经济的"集体经营"相比，非农集体经济的"集体

---

[1] 非农集体经济"共享型"再分配秩序将在第六章详细论述。

经营"具有更加丰富的内涵，表现在三个方面：第一，前者主要通过土地要素连接国家与本村劳动力，后者则是通过土地要素连接外部工商业资本和外来劳动力；① 第二，前者偏重产品生产领域的组织与管理，后者偏重产品流通领域的服务与管理；第三，前者的经营性质具有浓厚的国家计划性，后者则更具有市场经济理性。这是不同时代政策环境、市场环境、产业环境共同塑造的结果。

---

① 温铁军等：《解读珠三角：广东发展模式和经济结构调整战略研究》，中国农业科学技术出版社 2010 年版，第 9 页。

第六章

食租社区：新型集体经济
主导的社会转型

改革开放以来，龙瑞村由乡村经济产业转型带来的空间转变和农民转型也在悄然发生。集体所有土地的非农化使用成为村域空间转变的核心内容，而村庄农民转型则主要体现在农民日常生活生产的变化，它是在不发生空间迁移、不转变农村户籍的情况下，行政村内集体成员从事非农产业、并享有市民权利和生活方式的过程。[①] 这种在产业、人口、建筑等方面全方位以城市为标准的社会变迁即"村域城镇化"。"村域"是指以行政村为边界的地域经济共同体，这个地域经济共同体有着共同的发展历史、清晰的产权边界、集体分配与社会福利的边界，是一个相对独立的、自主运行的经济单元。[②] "村域城镇化"则是指建制村（行政村）域经济社会结构、人口集聚规模、聚落建筑景观、农民生产生活及基本公共服务的方式和水平趋同城镇的过程。[③]

珠三角经济区一路领先的城镇化水平引起了不少学者的关注。在已有研究中，对珠三角地区城镇化的研究重点集中在城镇化的动力、类型和特点等方面，并在此基础上阐述城乡一体化建设的经验意义和理论意义。[④] 一般而言，城市代表了某种进步，这种以城市为目标的城镇化分析路径较

---

① 王景新：《农民市民化：中国 10 个著名经济强村实证研究》，《广西民族大学学报》（哲学社会科学版）2014 年第 1 期。

② 王景新：《村域经济转型发展态势与中国经验》，《中国农村经济》2011 年第 12 期。

③ 王景新：《中国农村发展新阶段：村域城镇化》，《中国农村经济》2015 年第 10 期。

④ 说明：参见李志刚、李郇《新时期珠三角城镇空间拓展的模式与动力机制分析》，《规划师》2008 年第 12 期；郑艳婷、刘盛和等《试论半城市化现象及其特征——以广东省东莞市为例》，《地理研究》2003 年第 6 期；赵伟《工业化与城市化：沿海三大区域模式及其演化机理分析》，《社会科学战线》2009 年第 11 期。

少关注珠三角地区城镇化进程中村庄资源与村庄人口的适应策略。这种缺乏由内向外看的村庄视角，很容易忽视集体经济发展与村域空间转型和村域农民转型的微观联系。本章重点以新型集体经济分配制度为切入点，探讨集体收益分配与集体土地非农化、个体农民非农化之间的内在关联。本研究发现，以龙瑞村为代表的珠三角集体经济强村实践的是一条农民高度依赖集体收益分配的由集体主导的城镇化道路。这种城镇化模式在一定时期内是高效的，对"本村农民"而言也是其支付城镇化成本最低的，但其所产生的负外部性亦需高度警惕。

第一节　土地变性：土地征收与"征地留用"

改革开放以来，随着城市经济的发展，毗邻大城市的农村不得不面临城市空间扩张带来的集体土地征收问题。龙瑞村位于中山市西郊，从 20 世纪 80 年代初开始，集体土地逐步被地方政府、国有企业、私营企业等单位征用，其直接后果是集体的土地面积逐步减少，集体成员的土地保障能力逐渐减弱。村干部反映了一个令他们头疼的现象："我们这里，以前政府征地很容易，现在征地越来越难呢！"[①] 村干部头疼，是因为老百姓不再轻易让地方政府把集体土地拿走，但征地在某种程度上说又是上面派下来的"政治任务"，夹在老百姓和上级领导之间，他们有时候觉得很无奈。本节主要围绕龙瑞村集体土地征收历史展开，了解土地征收的基本程序、征地补偿、征后利用等情况，在此基础上重点围绕农民与集体在土地增值收益中的分配比例来思考国家、集体与农民三者的关系。

一　集体土地征收的历史过程

土地征收是指国家为了公共利益需要，依照法律规定的程序和权限将农民集体所有的土地转化为国有土地，并依法给予被征地的农民集体经济组织和被征地的农民合理补偿和妥善安置的法律行为。我国宪法规定土地为公有制，公有制土地分为国有土地和集体土地，所有城市用地均属于国有土地，除此之外则属于集体所有土地，故集体土地按照法定程序被政府征收的过程也称为集体土地国有化。截至 2016 年，龙瑞村已被征用的土

[①]　访谈资料：刘×光，70 岁，前任村书记，编号：2017-07-18。

地面积累计不少于 2000 亩，详细情况如表 6-1 所示。

表 6-1　　　　龙瑞村集体土地征收情况（1980—2016 年）

时间	面积(亩)	补偿单价(万元)	补偿总价(万元)	征地单位	时间	面积(亩)	补偿单价(万元)	补偿总额(万元)	征地单位
1980	2	0.25	0.5	畜牧局	1986	2.4	0.5	12	中石油
1987—1988	95	2.0—3.3	295.4	咀香园	1987	5	1.5	7.5	畜牧局
1988	63	3.3	207.9	粮食局	1988	15.75	2.8	44.1	私企
1988	25	—	70*	私人	1989	40	0.6	24	富华道
1989	108	3.4	367.2	港企	1990	10.4	5	52	工商所
1992	32.1	5	160.5	国企	1992	9.39	10	93.9	国企
1992	104	0.8	83.2	市政	1992	40.06	5	200.3	私企
1993	43.36	1.38	59.84	市政	1995	81	10—23	1215	私企
1995	15	36*	540	电力局	2001—2002	36.5	1.7	62.05	市政
2001	108.5	6	648	镇建委	2002	26	0	0	镇建委
2002	2.9	49.5*	143.55	镇政府	2003	2	25*	50	私企
2002	20	25	500	黄氏	2005	841.66	6.5	4495.8	国土局
2004	1.86	6.5	12.09	镇建委	2004	11.32	6	67.9	镇政府
2005	61.57	2	123.14	新路村	2008	61.54	4.95	304.61	市政
2012	6.62	7	46.3	镇政府	2010—2011	123.25	7	862.75	镇政府
2016	2.85	7	19.95	镇政府	总计	1998.03	—	10769.48	

　　注：（1）"补偿总额"项目中带"＊"号的数据，因其相关材料中并未找到当时的具体征地价格，为方便统计，笔者按照离此次征地时间最近的、征地单位性质一致的标准来计算，故此数据并非实际补偿数。如 1988 年私企征地 25 亩，便按照同年内有确切登记的私企征地价格 2.8 万/亩的价格计算。（2）"补偿单价"项目中带"＊"号的数据，其单价明显高出同时期、同类性质土地征收的水平，正常的土地征收价格一般不会有这么大浮动。根据笔者查阅的相关资料，有可能是 1992 年由中山市新城开发有限公司征用后且已经办理了国有土地证的情况下，因某种原因退还给龙瑞村的国有土地，1995 年和 2003 年"征用"的这两块土地均位于这"未利用的国有土地"处，因而，笔者推测这两笔土地交易应该是指国有土地的转让，而非集体土地的征收，故价格远高于同时期的土地征收价格。

　　资料来源：《1980—2016 年村级土地征用档案》，卷宗号：122.58-H（1-26）；《小榄快线（龙瑞村）征地留用地货币折现补偿合同》（二）（三），卷宗号：122.58-A-2016-43/44；《国道 G105 线中山沙朗至古鹤段改建工程（沙溪龙瑞村）征地和留用地补偿合同及图纸》，卷宗号：122.58-A-2016-45。均藏于中山市沙溪镇龙瑞村档案室。

表6-1大致反映了龙瑞村集体土地的征收历史。按时间划分，村集体大规模土地被征收集中在三个时段：20世纪80年代中后期、90年代初、21世纪初。结合前文可知，每次征地的高峰期过后会迎来非农集体经济投资的高峰期，故集体土地征收所带来的土地增值收益成为集体经济扩大再生产的主要资金源。从征地单价来看，土地价格随着时间推移不断上涨，且其上涨速度经历了先慢后快的变化。而且，同一时期内因征后用途、征地单位不同，其价格也不同。从征地单位来看，大致分为三类：以咀香园为代表的国有企业、以富华道为代表的市政单位和私营企业。其中，国有企业和私营企业所征土地主要用于建设厂房发展工业，市政单位所征用土地主要用于道路等基础设施建设，这是改善工商业发展环境所必需的投资。

表6-1中龙瑞村累计获得的征地补偿款高达10761.98万元。龙瑞村能够在改革开放30年内获得如此"巨额"的征地补偿款是一件令人羡慕不已的事情。尤其在本土资金高度稀缺的20世纪80年代和90年代，集体组织能够自主支配这笔土地国有化带来的增值收益，是"可遇不可求"的历史机遇。村里的老干部经常说道："我们那个年代就盼望着征地，盼望着修路。一方面，土地被征用后老百姓就可以'名正言顺'地不用种田了，还能享受农业税费减免，对本村普通农民来说，征用农田是减负，他们当然很高兴，只要征地补偿大致合理，他们自然不会过多为难政府或企业；另一方面，对集体而言，持续地征用土地给集体经济创造持续的纯收益，集体组织可以用这笔钱做很多事情，比如建厂房、建商铺、投资企业等等，这就好比给自己养了很多母鸡，以后集体经济的收入情况就看这些母鸡的下蛋能力了，虽然这些投资也有风险，但总比什么都没有要幸运很多！"① 这种"母鸡下蛋论"成为非农集体经济统一经营最为形象的说法。

（一）集体土地征收的基本程序

20世纪80年代，在龙瑞村征收土地最多的单位是国有企业中山市咀香园食品厂（以下简称"咀香园"）。中山市咀香园食品厂最早于1959年8月在龙瑞村溪角旧车站土名"故（古）来"地区购买4亩土地建立畜牧

---

① 访谈资料：刘×光，70岁，前任村书记，编号：2017-07-18。

场专业养殖奶牛。① 以下是 1959 年双方签订的购地凭据：兹将本队旧车站土名故来地区内割出果基 1 亩 7 分 5 厘、禾田 2 亩 2 分 5 厘，出卖予石岐镇饮料厂（咀香园食品厂的前身）作为建筑畜牧场场址应用，以上土地面积 4 亩整，共价人民券 2000 元整，特立此据（沙溪公社龙瑞大队，1959 年 8 月 15 日）。② 这是村藏土地档案中最早的一份集体土地买卖凭证。从凭证的落款和内容可知，当时土地价格为 500 元/亩，参与土地交易的主体只有生产大队和征地单位，交易土地面积、位置由双方直接达成协议而不需要上级部分审核或批复。当时这 4 亩土地分为两块，属于插花地。双方多次协商后于 1986 年签订《土地使用协议书》，③ 龙瑞村同意将这两块插花地并为一块以便该厂管理。于是将旧灰厂附近的一块面积为 2666.8 平方米（合 4 亩）土地调整给咀香园食品厂，并由咀香园支付 1 万元来解决历史遗留问题④及补偿调整损失。

石岐镇饮料厂经过 20 多年的发展，逐步成为当地有名的多种食品加工厂，并更名"咀香园食品厂"。1987 年，作为中山市较有实力的国有企业之一，咀香园大规模扩大再生产的发展计划得到了广东省经委的支持和同意。该国有企业依据省经委（87）粤经审字 055/059/062/065 号批文，一方面获得银行政策性贷款 1600 万元，另一方面获得征用土地的政策扶持，从而开启了它在龙瑞村大规模征地历史，详情参见第五章表 5 - 1。在此分别摘录 1987 年和 1988 年中山市国土局批复的原件全文，通过这两份批复文件可大致了解第一个征地高峰期集体土地征收的一般程序：

关于中山市咀香园食品总厂征地建厂房的批复⑤

中山市咀香园食品总厂：

　　你厂上报征用沙溪镇龙瑞村土名"龙瑞车站"水田 9.73 亩兴建塑料易拉罐生产线厂房用地，经佛山市国土局佛国征字〔87〕384 号文件批复，同意征用。不减免粮食征购任务，不转统销人口。经济补

---

① 村藏档案：《1983—1988 年度禾田耕地征用情况表》，卷宗号：D1.1 - 25 - 1988 - 2。

② 村藏档案：《1959 年龙瑞大队转让土地收据凭证》，卷宗号：H - 1 - 1959 - 13。

③ 村藏档案：《1986 年土地使用协议书》，卷宗号：H - 1 - 1986 - 12。

④ 这里的历史遗留问题是指 1959 年咀香园饮料厂购买土地款未支付的 500 元人民币。

⑤ 村藏档案：《关于中山市咀香园食品总厂征地建厂房的批复》（中国土征复〔87〕240号），卷宗号：H - 2 - 1987 - 32。

偿按双方签订协议执行。按规定缴纳垦复基金。

中山市国土局

一九八七年十二月三十一日

关于咀香园威化厂征地建厂房的批复①

中山市咀香园威化厂：

你厂上报征地申请书收悉，你厂为扩大再生产，需征用龙瑞村四队土名"龙瑞车站"水田 8.406 亩作建厂房用地，经研究，同意征用，经济补偿按双方签订协议执行。不转统销人口，关于减免粮食征购任务报市府办公室审核后办理。按规定缴纳耕地占用税。

中山市国土局

一九八八年六月九日

与 1959 年的"土地买卖凭据"相比，这两份批复彰显了 20 世纪 80 年代末土地征收程序的复杂化。首先，由用地单位向中山市国土局提交征地申请，申请中应说明拟征收土地的位置、面积和具体用途。其次，该申请获得中山市国土局同意后便由用地单位与被征地集体商议"经济补偿"，也就是说，上级管理部门当时对土地征收补偿费用并没有具体的指导意见，完全由土地交易的双方协商达成。这表明，在 80 年代的农村集体土地交易过程中，政策性干预较为间接和薄弱。在集体缺乏建设资金的情况下，用老干部的话来说，他们是非常欢迎别人来征地的。在上级政府对城市发展没有详细规划的情况下，用地单位在征收哪块土地方面具有较大权限，"如果集体要价太高，用地单位可以另外选择次优的地段"，因而，在第一个征收土地高峰期间，土地市场属于买方市场，土地价格一般根据用地单位的经济实力、后期减免税费情况综合决定。最后，将双方达成的经济补偿协议上报相关部门，双方获得土地征收批复文件后，由用地单位按规定缴纳复垦基金、耕地占用税等费用。至此，用地单位便可获得中山市建设委员会颁发的建设许可证，土地征收程序正式走完。

---

① 村藏档案：《关于咀香园威化厂征地建厂房的批复》（中国土征复〔88〕110 号），卷宗号：H－3－1988－80。

（二）集体土地征收的非货币补偿

集体土地原本作为农民的基本生产资料，既是老百姓的口粮保障也是国家税费的重要来源。集体土地征收后用于非农生产，地方政府需要为被征地集体减免相应国家任务，即批复显示的"减免粮食征购任务"和"转统销人口责任"。上述两则批复虽同为咀香园征收集体水田，但在减免粮食征购任务和转统销人口方面存在差异，1987 年的批复不减征购任务、不转统销人口，而 1988 年的所有相关批复则允许减免粮食征购任务但不转统销人口。1988 年咀香园共征用龙瑞村禾田面积 72.43 亩，共减免公粮任务 5233 斤、购粮任务 4822 斤。① 如果大面积征收集体土地而不按照一定比例减免公粮任务，集体现有耕地亩均所承担的农业税费就会增加。统销人口是指由地方财政供养的非农人口，比如城市工人、机关单位人员等，统销户口意味着"拿铁饭碗、吃财政饭"。在严格的城乡二元户籍制度下，地方政府安置的统销户是一种劳动安置补偿。1988 年粮食局下属企业征地情况及其减免粮食的情况如表 6－2 所示。

表6-2　　中山市粮食局下属单位征收土地、减免税费情况

征用土地单位	征用面积（亩）	每亩公粮负担（斤）		每亩余粮负担（斤）		合计应减（斤）	征后用途
		每亩	应减数	每亩	应减数		
中山市香山酒店	9.09	72.26	657	43	391	1048	商住用地
中山市沙溪粮食公司	8.72	72.26	630	43	375	1005	修建厂房
中山市粮油饲料工业公司	9.00	72.26	650	43	387	1037	修建厂房
中山市粮食局饲料厂	9.05	72.26	654	43	389	1043	修建厂房
中山市侨汇粮油食品公司	9.03	72.26	653	43	388	1041	修建仓库
中山市粮油贸易公司	9.01	72.26	651	43	387	1038	修建仓库

① 村藏档案：《咀香园食品总厂等八间厂征地减免任务的通知》（中计〔88〕66 号），卷宗号：H-3-1988-88。

续表

征用土地单位	征用面积（亩）	每亩公粮负担（斤）		每亩余粮负担（斤）		合计应减（斤）	征后用途
		每亩	应减数	每亩	应减数		
中山市粮食局直属仓库	9.10	72.26	658	43	391	1049	修建仓库
合计	63		4553		2708	7261	

资料来源：《市粮食局饲料厂等单位征地减免粮食任务通知》（中计〔88〕40号），卷宗号：H-3-1988-84；中国土征复〔1988〕83号、84号、85号、86号、87号、89号，卷宗号：H-3-1988-13/17/21/25/29/37。均藏于中山市沙溪镇龙瑞村档案室。

　　表6-2显示，1988年中山市粮食局系统下的7个单位共征用龙瑞集体土地63亩禾田，且都按政策减免了农业税。当时申报减免粮食税是由国营沙溪粮食公司核定的："中山市粮食系统征用我镇龙瑞乡河路下土地63亩，上述土地征用后，根据农业税有关规定，核减原征购任务计算如下：以一定三年，头年任务面积计算，龙瑞乡禾田面积2666亩，总征购任务341998斤，其中公粮221822斤，每亩负担72.26斤，余粮任务120176斤，平均每亩负担43斤。应减免任务为：公粮减免4553斤，余粮减免2708斤，共减免7261斤（落款：广东省中山市国营沙溪粮食公司，1988年3月30日）。"[1] 按照国营沙溪粮食公司提供的数据计算，80年代末龙瑞村禾田承担的国家粮食任务为115.25斤/亩，如按照1985年禾田亩产的平均数1497斤计算，国家粮食任务仅占亩产的7.7%，说明当时的农业税负担不算重。因而，如果是小规模、分散的土地征收，集体一般不要求征地单位协助减免国家粮食任务。

　　沙溪镇政府根据国营沙溪粮食公司提供的资料向中山市政府提交申请，获得市政府同意后再转发到中山市计划委员会（文件中简称"计委"），市计委根据市政府下达的"中府办（中山市政府办公室简称）征减函"批复。被征地单位最终获得市计委批复后才能按照相关政策落实国家粮食任务的减免。当时计委就上述申请的批复如下："一、征用上述土地后，根据农业税政策的有关规定，被征地原负担的公粮（代金）仍要缴交至一九九〇年，从一九九一年其减免你镇公粮（代金）5612斤

---

[1]　村藏档案：《龙瑞村减免国家粮食任务核算表》，卷宗号：H-3-1988-40。

（包附加，下同）。二、从一九八八年起减免你镇粮食任务 9097 斤，其中公粮（实物）5612 斤，购粮 3485 斤。以上粮食任务的核减，由征地单位告知有关生产队，请粮食、财政部门协助办理减免手续。"[1] 据此可知，减免粮食任务分为三种：一是公粮（代金）任务，二是公粮（实物）任务，三是购粮任务。其中公粮（实物）和购粮任务从 1988 年开始落实减免，而公粮（代金）任务则需缴交到 1991 年后才能减免。这里的公粮（代金）是指稻谷折算的货币，其计算公式为减免公粮（实物）数×国家粮食收购价。也就是说，集体耕地被征收后，首先减免实物农业税，但仍须继续缴交部分货币农业税，三年后再免除货币公粮。至此，被征收耕地上的农业税才算完全减免。

　　20 世纪 80 年代至 90 年代期间，在由征地单位主导的土地征收模式下，征地单位的公私属性对国家粮食任务的减免有影响。以 1988 年港资企业海兴公司为例，该公司于 1988 年 6 月同时向地方政府提交了两份征地申请书，其批文分别为中国土征复〔1989〕39 号和 45 号，其中 39 号批文内容如下：

关于海兴投资有限公司征地建高级住宅的批复[2]

海兴投资有限公司（香港）：

　　你司上报征地申请书收悉，你司为发展经济，需征用龙瑞村土名"白叶岭"水田 9.975 亩作为住宅用地。经研究，同意征用。函复如下：

　　1. 按规定缴交耕地占用税。不减免粮食征购任务，不转统销人口；

　　2. 向市政府缴交土地增值费；

　　3. 按规划办、城建办规定施工；

　　4. 使用期为五十年，从文件批准之日算起。

　　以上意见，请执行。

中山市国土局（盖章）

一九八九年二月二十一日

---

　　① 村藏档案：《市粮食局饲料厂等单位征地减免粮食任务通知》（中计〔88〕40 号），卷宗号：H-3-1988-84。

　　② 村藏档案：《关于海兴投资有限公司征地建高级住宅的批复》（中国土征复〔1989〕39号），卷宗号：H-4-1989-38。

　　该批文显示，公职单位与私营企业同等征地的情况下，双方所获的"政府方面的待遇"是不同的，体现在以下几个方面：第一，征地单位向地方政府上缴的费用不同。私企征用时需上缴耕地占用税和土地增值费两项，而国有企业征用时只需上缴耕地占用税。第二，征地单位使用土地期限不同。私企用地一般明确规定其使用期限为50年，而国有企业在批文中则没有时间规定。第三，征地单位获得的减免任务不同。前文显示国有企业征地既可享受减免粮食征购任务也可转统销人口，但该材料第1条明确规定私企征地"不减免粮食征购任务，不转统销人口"。同时期其他私企的批复文件均如此规定，这意味着私企征地时集体组织只能获得土地补偿费。而且，若所征的土地为农民正在耕种的禾田，则禾田的青苗补偿和覆盖的建筑物拆迁补偿均包括在土地补偿费中，并由集体组织负责补偿。如1988年4月海兴公司与龙瑞村签订的《征地协议书》第二条提到"征地补偿费每亩34000元，总价按测量面积核算，甲方（海兴公司）不负责青苗和建筑设施拆迁补偿，不负责农转非责任，但协助呈报减免国家粮食任务责任"。[①] 1989年私营企业征用龙瑞村土地的情况如表6-3所示。

表6-3　　　　　　　　　　私营企业（港资）征收土地情况

公司	征地面积（亩）	补偿总额（元）	征后用途	征地面积（亩）	补偿总额（元）	征后用途
永生发展有限公司	9.963	338742	商住用地	9.942	338028	住宅用地
永昌鸿发有限公司	9.912	337008	厂房用地	9.945	338130	厂房用地
杨燕企业有限公司	9.981	339354	住宅用地	9.93	337620	住宅用地
欢怡发展有限公司	9.08	333540	厂房用地	9.96	338640	厂房用地
飞龙国家贸易公司	9.978	339252	厂房用地	9.54	324360	厂房用地
海兴投资有限公司	9.975	339150	住宅用地	9.924	337416	住宅用地
合计	58.889	2027046		59.241	2014194	

　　资料来源：中国土征复〔1989〕36号、37号、38号、39号、40号、41号、42号、43号、44号、45号、46号、47号，卷宗号：H-4-1989-1/5/9/13/17/21/25/29/34/38/42/46。均藏于中山市沙溪镇龙瑞村档案室。

---

　　① 村藏档案：龙瑞村委与港资企业海兴公司签订的《征地协议书》，卷宗号：H-3-1988-110。

表6-3显示，1989年有6家私营企业均分两次征收集体土地共118.13亩，其征后用途以厂房用地为主，也有商住用地和住宅用地，后者实为早期房地产开发。从每次征地面积来看，单次征地面积都在9—10亩之间，在这点上，私企与国企的待遇则高度一致。征地单位与地方政府是如何达成这种默契的？村级档案显示，表6-3中的海兴投资有限公司在此之前曾提交过一份申请书，即前文提到的《征地协议书》。该协议显示，当时海兴公司准备一次性征用龙瑞村135亩土地，并围绕征地补偿费用、手续办理分工、使用权转移时间等方面做详细规定。① 但在村级档案中并未发现中山市国土局对这份征地协议书的批复性文件，说明这次征地申请被政府否决了。地方政府否定的具体原因不详，但根据地方政府前后态度对比可知，其主要修改部分在征地面积上，因而可推断，首次申请遭否决的原因可能是该公司一次性征地面积过大。

1988年修订的《中华人民共和国土地管理法》第二十五条规定：国家建设征用耕地一千亩以上，其他土地二千亩以上的，由国务院批准。征用省、自治区行政区域内的土地，由省、自治区人民政府批准；征用耕地三亩以下，其他土地十亩以下的，由县级人民政府批准；省辖市、自治州人民政府的批准权限，由省、自治区人民代表大会常务委员会决定。② 可见，如果用地单位征收土地超过10亩，则必须经省、自治区人民政府批准。中山市政府③为降低批复程序的复杂性而避免将土地征收上报至广东省政府，便将用地单位单次征地面积控制在10亩以内。还有另外可能的解释是：在中山市政府看来，一次征用面积过大意味着征地补偿费以及各项手续费用必然是一笔"巨款"，如果批准后该企业实际上没有那么多的资金来支付所有费用，就有可能引发经济纠纷和社会不稳定。故地方政府从社会稳定的角度否定了首次征地申请也是可能的。可见，私营企业征地能否实现的关键在于市、镇政府的意见，即能否顺利拿到市国土局征地批准文件。

---

① 村藏档案：龙瑞村委与港资企业海兴公司签订的《征地协议书》，卷宗号：H-3-1988-110。

② 来源：http://www.360doc.com/content/15/0121/00/8378385_442447050.shtml，《中华人民共和国土地管理法》（1988修订）。

③ 1983年12月22日，经国务院批准，中山县撤县改市（县级），由佛山市代管。1988年1月7日，升为地级市。

（三）集体土地公益性征收的不同

表 6 – 2 和表 6 – 3 的"征后用途"显示，被国有企业或私营企业征收的土地主要用于厂房建设、仓库建设或商住用地，这些都属于营利性的经营活动。而表 6 – 1 中以富华道为代表的市政单位征收的土地主要用于非营利性的公共基础设施建设，征后用途的不同其征地补偿费和非货币补偿方面也存在一定差异。龙瑞村被征用的土地中大约有 180 亩是用于道路建设，包括富华道筑路办公室于 1989 年共征收集体土地 40 亩建设富华道，① 中山市交通建设指挥部于 1992 年征收 104 亩建设 105 国道石岐过境线，② 以及沙溪镇建设委员会于 2002 年无偿征收 26 亩土地修建沙溪大道③和 2004 年有偿征收 11.3 亩土地改造新濠路④等。以富华道筑路办公室征用土地为例，简要说明公益性土地征收的不同。

关于富华道筑路办公室征地建道路的批复⑤

富华道筑路办公室：

你办上报征地报告收悉，你办为完善市政设施、交通网络，需征用龙瑞村土名"河路下"9.198 亩作建筑道路用地，经研究，同意征用。函复如下：

一、经济补偿按签订协议执行；

二、按省规定缴交用地费，关于核减粮食征购任务，转统销人口九人（名单另附），报市府办公室审核办理；

三、关于受影响鱼塘当造损失补偿，另商定补偿。以上意见，请执行。

---

① 村藏档案：《关于富华道筑路办公室征地建道路的批复》（中国土征复〔89〕101 号、102 号、103 号、104 号、105 号），卷宗号：H – 4 – 1989 – 50/54/58/62/66。

② 村藏档案：《石岐过境线（105 国道）征用土地及作物补偿协议书》，卷宗号：H – 7 – 1992 – 1。

③ 村藏档案：《沙溪镇人民政府转让龙瑞村"沙岗塘"土地使用权转让协议》，卷宗号：H1 – 21 – 2002 – 16。

④ 村藏档案：《沙溪镇人民政府征用龙瑞村"沙岗塘"土地作道路用地使用补偿协议、图纸》，卷宗号：H1 – 21 – 2004 – 26。

⑤ 村藏档案：《关于富华道筑路办公室征地建道路的批复》（中国土征复〔89〕102 号），卷宗号：H – 4 – 1989 – 54。

首先，公益性土地征收的补偿方式不同。从富华道征地批文中的经济补偿协议来看，其补偿费中包括土地补偿费、安置补助费和青苗补偿费：土地补偿费按照 5000 元/亩，安置补助费按照 900 元/亩，青苗补偿费按照 692.12 元/亩。① 仅就土地补偿费而言，市政建设的补偿标准仅为国有企业 33000 元/亩的 15.2%，如果将上述三项费用加起来，其总的补偿费用为 6592.12 元/亩，也不到国有企业征地补偿标准的 20%。两类征地的补偿费用差距如此之大，龙瑞村为什么能接受如此低的土地补偿费？老干部这样解释："路通财通，政府在自家门前修路，以后交通更加方便，客商、货物进出更加便利，间接地也是给我们村改善投资环境，看短期利益肯定觉得补偿太少了，但政府也不是拿着土地去赚钱，我们也就不计较那么多。关键是引导老百姓看长远利益，道路修到自家门口的潜在收益跟老百姓解释清楚，他们也都能明白！"②

其次，不同层级政府自身财政能力不同导致征地补偿费支付方式不同。表 6-1 显示征收集体土地的地方政府主要分为市政府和镇政府两级。从 2004 年沙溪镇政府与龙瑞村签订的《道路用地使用补偿协议》第四条规定"该用地的补偿款（67.9 万元）待日后乙方在开发用地的过程中需缴付给镇政府或规划建设办的费用中抵顶"③ 可知，当时镇政府将这部分土地补偿款转为"日后乙方开发用地过程中相关手续费"而没有直接支付现金，这意味着镇政府通过透支未来的镇级财政收入来支持当下的基础设施建设。这也说明当时沙溪镇政府的财政能力有限，能够拖欠的、能够透支的资金便尽量避免当前兑现。而市级政府的征地补偿费基于较为雄厚的专项建设资金一般不会拖欠，通常在土地征用一年之内全部付清给集体组织。但也有例外情况，如 1992 年 105 国道石岐过境线由于一次性征地规模过大（104 亩），其支付方式规定如下："土地面积一律每亩补偿8000 元，由交通指挥所先付 50%，剩下的 50% 作为指挥部无息欠款，待公路通车后逐步偿还。作物及茅棚等补偿一次性付清。"④

---

① 村藏档案：《富华道建设用地协议书》，卷宗号：H-4-1989-52。

② 访谈资料：刘×柱，60 岁，村两委退休干部，编号：2017-07-06。

③ 村藏档案：《沙溪镇人民政府征用龙瑞村"沙岗塘"土地作道路用地使用补偿协议、图纸》，卷宗号：H1-21-2004-26。

④ 村藏档案：《石岐过境线（105 国道）征用土地及作物补偿协议书》，卷宗号：H-7-1992-1。

最后，该批复显示龙瑞集体在富华道征地中除享受相应的经济补偿外，还能享受减免公粮和农转非政策，而前文的咀香园和私企征地是没有这两项优惠的，粮食局虽有农业税减免但没有农转非的优惠。富华道征地给予的减免公粮的标准为 36.1 斤/亩、减免定购粮（余粮）标准为 54.1 斤/亩、农转非人口按照 1 亩 1 人的标准执行。[①] 之所以给予最大限度的非货币性补偿，是因为货币性补偿标准过低，用当地老百姓的话来说："我们这是为大家做贡献，政府也不会亏待我们！"[②]

二　征地留用：失地农民的另一重保障

（一）留用地政策变化及其开发方式

在快速工业化和城市化进程中，龙瑞村被征收的集体土地总面积达 2000 多亩，人均耕地面积从 1985 年的 1.02 亩递减到 1999 年的 0.64 亩，再到 2016 年的 0.32 亩，人均耕地面积减少了 69%，由此产生大量的失地农民。如何确保被征地农民长远的生产生活及发展不受影响，妥善保障被征地村民的合法权益，一直是社会各界共同关注的热点问题。[③] 1993 年广东省人民政府出台《广东省征地管理规定》（粤府〔1993〕94 号），其第二十三条提出："市、县国土部门在实施征地时，应对被征地单位发展经济和改善生活所需的用地作出统筹安排，一般可按不超过所征用土地面积的百分之十留出土地，由被征地单位按规定统一安排使用。"[④] 之后，广东省国土资源厅颁布《关于深入开展征地制度改革有关问题的通知》（粤国土资发〔2005〕51 号），提出在全省范围内探索试行留用土地安置的模式，并相继出台《中共广东省委广东省人民政府关于解决社会保障若干问题的意见》（粤发〔2007〕14 号）及《广东省征收农村集体土地留用土地管理办法（试行）》（粤府办〔2009〕41 号）等文件以规范留用土地模式的运作，[⑤] 标志着农村集体土地征地留用制度成为广东省全省的地方

---

① 村藏档案：《富华道建设用地协议书》，卷宗号：H-4-1989-52。
② 访谈资料：刘×柱，60 岁，村两委退休干部，编号：2017-07-06。
③ 罗伟洲：《基于利益博弈视角的留用地开发利用制度研究》，《暨南学报》（哲学社会科学版）2016 年第 3 期。
④ 来源：https://baike.baidu.com/item/广东省征地管理规定/14468840? fr = aladdin，《广东省征地管理规定》。
⑤ 郑沃林、谢昊等：《经济快速发展地区的留用土地开发模式与效益分析：基于广州的实地调研》，《农业部管理干部学院学报》2017 年第 3 期。

性政策。2014 年中央 1 号文件《关于全面深化农村改革加快推进农业现代化的若干意见》首次通过中央文件形式，提出因地制宜采取留地安置、货币补偿等多种方式，确保被征地农民长期收益，明确"留地安置"是征地补偿的重要方式之一。可见，征地留用，即"留用地安置"或"留地安置"已成为全国性的征地补偿方式之一。

所谓留用地安置，是指政府在征用集体土地时，按照征地面积的一定比例核定留用地指标，用于被征地集体经济组织发展第二、三产业，以壮大集体经济、安置失地农民的征地安置方式。① 从土地用途来看，留用地属于用于发展的建设用地，它可以是集体所有的建设用地，也可以是依法征收为国有土地后划拨给集体使用的国有土地。② 2018 年之前，中山市政府基本按照广东省的要求并参照深圳、广州的做法在本市具体落实留用地的开发与管理。2018 年 10 月，中山市根据《广东省征收农村集体土地留用地管理办法》和《广东省人民政府办公厅关于加强征收农村集体土地留用地安置管理工作的意见》（粤府办〔2016〕30 号）有关要求，正式颁布《中山市征收农村集体土地留用地管理办法》，就留用地定义、留用地选址原则、留用地比例、留用地兑现方式、留用地开发方式等方面做了较为详细的规定。③ 此前市级政府实际上是将农村集体留用地的规则制定权下放至镇级政府，一般由镇政府根据实际情况确定具体方案。2007 年沙溪镇政府颁布《关于加强农村集体自留用地管理的补充意见》（沙府办〔2007〕74 号），就本镇域范围内"自留用地"的范围、使用、转让等方面做了较为详细的规定。另外，在《关于完善农村征地社会保障工作的通知》（沙府办〔2007〕92 号）中进一步明确规定："在今后村集体征地或村集体已征的自留用地出让时，必须从土地款总额中提留 50% 作为被征地农民的'两保'（社保和医保）专项资金，设立专账，实行专款专用，严禁任何单位和个人挤占挪用。"④

沙溪镇《关于加强农村集体自留用地管理的补充意见》规定，"自留

① 金晓斌、魏西云等：《被征地农民留用地安置方式的特征与模式分析》，《中国农业通报》2008 年第 8 期。

② 谢理、邓毛颖：《多方共赢的农村集体土地留用地开发新模式探讨——以广州市外围区为例》，《华南理工大学学报》（社会科学版）2015 年第 1 期。

③ 来源：http：//mobile. zscgzf. gov. cn/display. php？ id =7764&fid =99，政府文件：《中山市征收农村集体土地留用地管理办法》。

④ 政府文件：《关于完善农村征地社会保障工作的通知》，卷宗号：122. 58 – A –2007 –58。

用地"是指已获得镇政府批准留作自行使用，属村集体的工业、住宅、商住等用地，包括征地留用地以及村集体以各种形式取得土地证的用地。[①] 其中，征地留用地一般按照征地面积的15%返还给村集体，但由于龙瑞村征地时间早，早期的征地协议书中并没有相关内容，一直到2007年以后才正式出现在相关协议中。除此之外，集体以各种形式取得土地证的用地均属于"自留用地"，这里的土地证是指集体建设用地证和国有建设用地证。2013年镇政府颁发的《沙溪镇集体土地征用补偿标准》对留用地安置做了调整，规定"工业、商业等经营性用地需征收集体用地的，按20万元/亩补偿，同时按征地面积计提20%的留用地指标"；而"市政道路、教育、医疗等公共配套用地需征收集体用地的，按土地补偿5万元/亩，社保补助2万元/亩，留用地指标折现11.91万元/亩计，合计18.91万元/亩补偿，不再计提留用地指标"。[②] 也就是说，2013年公共配套用地的征收不再给被征地集体计提留用地指标，而是直接按照政府定价以指标折现的方式兑现货币补偿。这里的"计提"是指被征地集体拥有所征面积的20%的建设用地指标可以在未来有合适项目和落地地址的情况下兑现。

根据龙瑞村2008年统计的《土地证、房产证明细表》整理该村自留用地的基本情况，如表6-4所示。

表6-4　　　龙瑞村自留用地开发的基本情况（1990—2008年）

办证时间	证书类型	地块数量	主要物业	办证时间	证书类型	地块数量	主要物业
1990	中集建用	5	工业大厦、集体竹厂	1991	中集建用	11	粥城、牛仔城、幼儿园
1995	中集建用	8	长岭商铺	1996	中集建用	3	星棚工厂、商铺
1997	中集建用	3	商铺	1998	中府集用	2	商铺
2001	中集建用	1	富都汽配厂	2002	中府国用	2	商场一区、新城

[①] 政府文件：《关于加强农村集体自留用地管理的补充意见》，卷宗号：122.58-A-2007-15。

[②] 政府文件：《沙溪镇集体土地征用补偿标准》（中沙府〔2013〕66号），卷宗号：122.58-A-2013-48。

续表

办证时间	证书类型	地块数量	主要物业	办证时间	证书类型	地块数量	主要物业
2003	中府国用	1	商场中南互换地	2005	中府国用	1	千足浴背后
2005	中府集用	1	龙瑞小学	2006	中府国用	2	农产品市场
2006	中府集用	4	工厂、道路、商场二区	2007	中府国用	2	新商场、工业楼
2007	中府集用	1	合益汽车销售店	2008	中府国用	1	历史遗产侨屋

资料来源：《龙瑞村土地证、房产证明细表》，卷宗号：122.58 - A - 2008 - 213，藏于中山市沙溪镇龙瑞村档案室。

表 6 - 4 显示，中府国用共有 9 块土地，以大型商场、市场为主；中府集用共有 8 块土地，以工业楼、商铺和公共场所为主。本表中土地证书类型"中集建用"和"中府集用"均指集体建设用地，只是 1998 年前后称呼发生变化。"中府国用"则指集体名义下的国用建设用地。如牛仔城所在地，原为 80 年代集体果菜站使用的土地，改建为牛仔城后其证书编号①为"中集建（90）字第 2410010 号"。其中"中集建"是"中山市集体建设用地"的缩写，括号内的数字表示证书颁发的年份。"中府国用"，即中山市国有土地使用证的简称。2002 年龙瑞村首次拥有"国有土地"使用权证书，即龙瑞小商品市场一区土地证书为"中府国用（2002）字第 240979 号"，以及"新城"片区（具体位置不详）"中府国用（2002）字第 240687 号"。按照沙溪镇相关规定，这些都属于获得土地证的"自留用地"，根据"主要物业"一栏的信息可知，龙瑞村的自留用地主要用于建设集体厂房、集体商场、农产品市场，其中"国有土地"大部分用于传统商贸物业的改造升级，如龙瑞国际服装城"中府国用（2007）第 240445 号"、龙瑞·菜丁市场"中府国用（2006）第 240655 号"、龙瑞国际小商品城"中府国用（2011）第 240603 号"等。另有少部分用于建设公益性建筑，比如学校、医院、办公楼、道路、文化广场等。其中前者的建设用地指标主要来源于征地留用地，后者则主要属于地方政府划拨的

---

① 土地证的编号统一格式"中集建（##）字第####号"或"中府集用（##）字第####号"和"中府国用（##）字第####号"。

建设用地指标。

当前珠三角地区留用地开发主要有以下几种方式：指标出让、具结承诺、土地出租、土地转让、自主经营、物业出租和合作开发，[①] 不同开发方式集体所得收益存在高低之分。在龙瑞村，按照留用地开发的时间顺序，结合集体物业发展的情况可知，在 20 世纪 80 年代末 90 年代初，集体在留用地上自建厂房、宿舍、商铺然后通过物业出租创造收益，即属于"物业出租"模式；集体商贸物业建设高峰期，集体以留用地作价入股、企业以资金入股，集体与企业共同开发经营，双方按照协议共享物业经营收益，如 1996 年集体与中电置业公司合作开发的龙瑞小商品市场、2011年集体与中山市名商天地物业管理有限公司合作开发的龙瑞国际小商品城，都属于"合作开发"留用地模式。两者的收益和风险差异前文已述，总的来讲，这两种留用地开发方式市场风险较小、收益较为持续且稳定，是保证集体经济稳步发展的最优方式，因而是近郊村留用地开发模式中采用比例最高的。土地出租是指以集体建设用地的性质将零散、小规模的土地直接出租给企业，由它们按照相关规定自行投资建设建筑物，集体只收取土地租金。据《2007 年度财务收支及资产负债的审计报告》显示，截止到 2007 年 12 月，龙瑞村共有 8 项"土地出租款"，其中由企业承租的有加丰厂、新城制衣厂、合益汽车销售店和远通公司。[②] 虽然土地出租的市场风险低于上述两种方式，但其收益也是最低的，一般只在集体无法获得规模效益的零散留用地上才会采取这种"低风险、低收益"的开发方式。

土地转让和指标出让的留用地开发方式在龙瑞村也存在，但其面积占留用地总面积的比例很小。土地转让是指通过变更留用土地的所有权性质，即由集体所有转为国有用地并推向土地市场，将国有土地使用权在一定年限内让予土地使用者，并由土地使用者向村集体支付土地使用权出让金的模式。[③] 这种可出让的国有留用地，受制于地方政府城镇建设规划的严格控制，一般只在集体能够获得商住用途且选址刚好落在相应规划区内

① 郑沃林、谢昊等：《经济快速发展地区的留用土地开发模式与效益分析：基于广州的实地调研》，《农业部管理干部学院学报》2017 年第 3 期。

② 村藏档案：《2007 年度财务收支及资产负债的审计报告》，卷宗号：D1.1 - 170 - 2007 - 2。

③ 郑沃林、谢昊等：《经济快速发展地区的留用土地开发模式与效益分析：基于广州的实地调研》，《农业部管理干部学院学报》2017 年第 3 期。

才能实现，并不是任何留用地都可以这样开发的。据村干部刘×介绍，目前在村域范围内几个大型的商品房小区，便是由集体留用土地转让后建成的，如宝嘉上筑花园、康桥花地、金龙花园、汇豪新天地、金逸豪庭等。① 指标出让是指在村庄没有合适的土地可供建设用地指标落地的情况下，集体将拿到的留用地指标出让给其他村集体或者倒卖给地方政府以获取指标出让金的模式。与土地转让模式相比，指标出让模式是留用地指标出让的货币化补偿，而前者是留用地实地出让的货币化补偿。

　　不论是留用地土地出让还是留用地指标出让，其收益的短期性、现付性和集聚性远高于前文三种较为普遍的开发方式。但它们是以农民集体丧失对留用地的实际控制权为代价的，因而是农民满意度最低的开发方式。② 实际上，只有在迫不得已的情况下，集体成员才会同意这种一次性货币化的兑现方式。目前，龙瑞村集体仅有三宗是以货币留用方式进行的补偿：其一，2010 年小榄快线征用 123 亩集体土地后按照 15% 的比例计提留用地，但这 18.45 亩留用地指标在村内找不到合适的整块土地落地，一直拖到 2015 年才向地方政府重新签订补偿协议，双方同意以货币折现的方式将留用地指标出售给地方政府，留用地指标的价格标准为 79.4 万/亩；③ 其二，2012 省道 S268 线征地留用地 9.23 亩；其三，2016 年的国道 G105 改建工程征地留用地 0.43 亩。它们均以 79.4 万元/亩的指标价格实行货币补偿。④

　　（二）留用地的审批程序及其复杂性

　　集体组织及其成员更愿意接受物业出租和合作开发两种留用地开发方式，因为它们意味着集体对留用地及其建筑物拥有最大化的自主支配权。这两种开发方式要求地方政府能够及时提供建设用地指标，并积极配合被征地集体组织办理农转非的相关手续和建筑物报建手续，且必须以实物留

　　① 访谈资料：刘×，现任龙瑞村团委书记，编号：2017 - 07 - 16。关于这些留用地的具体转让价格，在村级档案中没有详细信息。

　　② 谢昊、谭建纯等：《广州征地留用地安置规划影响因素及策略》，《规划师》2016 年第5 期。

　　③ 村藏档案：《小榄快线（龙瑞村）征地留用地货币折现补偿合同》（二）（三），卷宗号：122.58 - A - 1 - 2016 - 43/44。

　　④ 村藏档案：《关于省道 S268 线龙瑞村段征地留用地指标折现的申请》，卷宗号：122.58 - A - 2012 - 60；《国道 G105 线中山沙朗至古鹤段改建工程（沙溪龙瑞村）征地和留用地补偿合同及图纸》，卷宗号：122.58 - A - 2016 - 45。

用地为基础。但无论是 2013 年沙溪镇出台的《沙溪镇集体土地征用补偿标准》，还是 2018 年中山市出台的《中山市征收农村集体土地留用地管理办法》都鼓励地方政府以留用地折现的方式来实现农民保障。如后者第六条①提到：鼓励对农村集体留用地采用折算货币方式予以补偿。符合下列情况之一的应采取折算货币方式补偿，不安排实物留用地：（1）被征地农村集体经济组织选择折算货币补偿而放弃留用地安置的；（2）被征地农村集体经济组织所属土地范围内，没有符合土地利用总体规划、城乡规划可供选址安排作为留用地的；（3）被征地农村集体经济组织提出的留用地选址方案不符合土地利用总体规划或城市、乡镇规划确定的建设用地安排，在与镇政府（区管委会、区办事处）充分协商后仍不能达成一致的；（4）留用地安置面积小于 5 亩的。为什么地方政府鼓励这种不为老百姓欢迎的货币留用而避免实地留用？

　　以下是 2003 年龙瑞村向市政府提交的一份关于 160 亩留用地的"请求减免用地规费"的申请书和 2008 年龙瑞村向镇政府提交的一份"协助办理留用地"的申请书，结合这两份资料可大致了解集体留用地开发的审批程序。

关于沙溪镇龙瑞村请求减免用地规费的申请②

中山市人民政府彭×文副市长：

　　我村紧邻城区，多年来我村一直积极配合市镇两级政府的市政建设，近年来市区修建多条新路已征用了我村耕地 270 亩，去年（2002年）沙溪镇政府修建的沙溪大道，我村无偿提供耕地 26 亩。作为我村经济收入，主要是靠厂房出租和商铺，由于近年经济环境萧条，我村目前更是负债经营，给村委会造成很大的压力。为尽快摆脱这一窘境……村委会向国土部门申请将位于博爱立交桥西北处的 160 亩耕地用作商业建设用地，在上级政府和国土部门的支持下，已获批准。但所需缴交的各项税费就要壹仟零肆拾多万元，这对我村来说无疑是一个庞大的数目。为早日解决这个问题，恳亲市领导体谅我村实际情

―――――――――――

　　① 资料来源：http：//mobile. zscgzf. gov. cn/display. php？id＝7764&fid＝99，政府文件：《中山市征收农村集体土地留用地管理办法》。

　　② 村藏档案：《关于沙溪镇龙瑞村请求减免用地规费的申请和批示》，卷宗号：H1－22－2003－22。

况，将上述用地的相关税费予以减免，大力支持农村的经济建设。
请批复！

关于协助办理留用地的申请①

沙溪镇人民政府：

2008 年镇政府安排给我村用于发展村经济的留用地指标合计
29.433 亩，现因办证需要，按要求上述地块要以征地形式报省办理
用地手续。该批用地实际上是沙溪镇为发展地方经济征用龙瑞村土地
后留给龙瑞村自用的，待获省批后，将以留用地形式办理土地使用权
到沙溪镇龙瑞村民委员会名下，望镇政府能给予协助办理。具体用地
编号明细如下：

1. 土地编号 24 - 2006 - 053，总面积 5312 平方米（约 8 亩）；
2. 土地编号 24 - 2006 - 054，总面积 14036.6 平方米（约 21 亩）；
3. 土地编号 24 - 2007 - 037，总面积 273.6 平方米（约 0.41 亩）。

上述两则材料显示，农村集体自留用地至少需要经过以下三个环节才
能获得自我利益最大化的开发权：

第一，农村集体自留用地必须先经过镇、市、省三级国土部门逐级审
批后方可开发利用，即必须是"先批后建"。2003 年《关于沙溪镇龙瑞村
请求减免用地规费的申请》显示，受外部经济环境萧条的影响，21 世纪
初集体经济收不抵支，处于"负债经营"的状态。为了缓解集体经济的
压力，龙瑞村首先想到的是通过盘活自留用地来增加土地财政收入或者商
贸物业经营收入。而这部分尚未开发的集体自留用地要进入土地市场，首
先要完成农业用地转建设用地的"土地变性"，即在镇政府和市政府的协
助下获得相应的建设用地指标以覆盖所选的留用地。其次，建设用地指标
到位后，村集体根据相关政策向镇、市国土部门申请"征用"本村土地，
以完成这片自留用地的"农转用"程序，即由集体农业用地转变为集体
经营性建设用地或国有土地。该申请书附录的《建设用地缴款通知书》
显示，这些自留用地均获得了"商业用途"的国土部门的批复，其批文
分别为中国土征复（2003）3135 号、3065 号、3163 号、3066 号、3098

---

① 村藏档案：《关于协助办理留用地的申请》，卷宗号：H1 - 22 - 2008 - 28。

号。2008 年龙瑞村向沙溪镇政府提交的《关于协助办理留用地的申请》，旨在希望镇政府 "2008 年安排给我村的留用地指标 29. 433 亩以征地形式获得省（国土厅）批复后" 能以 "留用地形式办理土地使用权到沙溪镇龙瑞村民委员会名下"。

　　第二，被征地单位开启 "征地" 程序并获得国土部门审批后，必须依照相关政策及时缴纳用地规费方可办理土地使用权证。上述材料中的 160 亩土地从集体农业用地转为集体支配的 "国有商业用地"，集体土地 "变性" 需要缴纳的规费包含以下五项：征地管理费（中山市行政事业性收费专户）500 元/亩、土地使用权出让金（含设施费或土地使用费）（中山市土地开发基金专户）37. 5 元/平方米、土地使用权出让金（农）（中山市土地出让金专户）21 元/平方米、耕地占用税 4667 元/亩（中山市财政局农税征管专户）、出让契税（中山市财政局农税征管专户）若干元，具体标准不详。① 如果按照常规的征地程序，用地单位还需缴纳土地补偿费或土地转让增值费、（补）出让契税、市收取的地价、镇区收取的地价和土地转让增值费。但由于这些留用地的出让方和征用方（用地单位）是同一主体即龙瑞村民委员会，意味着这 160 亩并未真正进入土地一级市场，其实质是 "自征自用"，通过征地形式完成了土地变性。

　　通过政策外的半正式关系运作，尽可能获得相关用地规费的减免以实现留用地开发成本最小化。2003 年申请书的直接目的是希望市政府能够减免这笔 "庞大的用地规费"，于是直接致信中山市人民政府副市长，希望能够得到主管领导人的支持与照顾。这份申请书首先经过沙溪镇签署 "情况属实，同意申请" 后转到中山市政府陆国良常务委员处，由他批复 "望彭市批复意见" 后转手到彭×文副市长手中。副市长的批复如下："龙瑞村历来支持城市建设，为支持该村通过发展解决负债问题，拟同意土地出让金（含土地使用费）按 22. 5 元/平方米计收；土地使用权出让金（农）按 15 元/平方米计收。请陆常务审定。彭×文（2004 年）1 月 8 日。"② 从各级领导的批复原文可知，这 160 亩 "商业用地" 的各项土地

---

① 村藏档案：《建设用地缴款通知书》（2003 年），卷宗号：H1 - 22 - 2003 - 23。
② 村藏档案：《关于沙溪镇龙瑞村请求减免用地规费的申请和批示》，卷宗号：H1 - 22 - 2003 - 22。

税费获得了部分减免，集体组织共节省了大约 223.78 万元的用地规费。由此可知，地方政府正是通过这种形式化的征地程序和特殊政策照顾，让集体组织以低于其他用地单位（国有土地市场的其他买方主体）的用地成本获得"国有土地"，从而将土地商业化开发所产生的增值收益最大化地留给村集体。

以上是实地留用开发的一般程序，在建设用地指标充足的情况下，村集体凭借雄厚的经济实力和半正式的关系运作，可较为顺利地根据本村利益开发村内的留用地。但 2000 年后各级地方政府对农村自留用地开发管理越来越严格，主要体现在两个方面：一是严格限制农村集体组织在未经相关部门许可的情况下自主转让自留用地；二是各级地方政府规范集体留用地开发的审批程序。这两项措施大大削弱了农村集体经济组织参与建设用地市场交易的自由度，其实质是严格调控自留用地的交易市场。龙瑞村集体组织为实现集体支配的自留用地价值最大化，主要采取以下措施以应对土地市场形势的变化。首先，在国家垄断一级土地市场的情况下，龙瑞村为了让自留用地能够直接参与土地交易市场，尽量向相关部门申请"国有土地使用权证"而不再是"集体建设用地使用权证"。[①] 其次，随着本村集体经济朝第三产业即商贸业发展，对建设用地使用用途提出新的诉求，即要求地方政府尽可能以商业用途或商住用途而非工业用途的建设用地指标来兑现实地留用。[②]

但这两项应对措施均涉及一个问题，即地方政府能否及时满足村集体对国有建设用地指标的需求。继 2003 年《土地管理法》出台后，中央根据国家和地方经济发展规划分配总量限定的建设用地指标，市、县两级政府在建设用地的面积控制方面的自由裁量权大大缩小。在中央不断缩紧建设用地指标、加强对地方土地开发监管的情况下，执行集体实地留用的政策越来越困难，其审批程序也越来越复杂。村集体为了获得建设用地指标获批优先权特与镇政府签订书面协议：

---

①　表 6-4 显示，2000—2008 年期间共申请 10 项土地证，其中 6 项便属于"国有土地使用证"，这与此前办理"集体土地使用证"为主形成鲜明对比。

②　村藏档案：2000 年《关于富华道改造（105 国道平交）渠化口征地的请示》（中公用请〔2000〕73 号）文件明确提出用征用土地地价款来抵扣在申办朗心地块 12 亩留用地从工业用途转为商住用途的转功能费。卷宗号：H1-22-2000-11。

关于使用土地指标的协议①

甲方：沙溪镇人民政府

乙方：沙溪镇龙瑞村股份合作经济联合社

为了进一步搞好城镇规划建设，合理利用土地资源，促进镇村经济协调发展，经甲、乙双方充分协商，就乙方自留用地问题达成如下协议：

一、甲方同意乙方自留用地8亩，以支持乙方发展集体经济。

二、上述用地的办证指标由甲方统筹解决，其他有关的办证费用由乙方自理。

三、乙方同意付给甲方土地收益费每亩2万元，合16万元。乙方承诺于办理土地证时缴付上述款项予甲方。

四、乙方凭本协议到镇国土分局办理相关的用地手续。

五、本协议一式两份，甲、乙各执一份。

这是一份镇政府与龙瑞村就自留用地的开发面积、办证指标、办证费用等方面双方各自承担的责任的协议。其中"办证指标"是指集体农业用地转为建设用地的指标，这个指标总数由中央和省级地方政府统筹分配。由于建设用地指标既要覆盖城市国有土地也要覆盖农村集体建设用地，在地方经济发展所需的建设用地指标大于上级政府分配的建设用地指标时，作为最基层的集体经济组织所需要的建设用地指标，往往只能"往后靠"而无法满足。因而，这份书面协议以及向镇政府支付的"土地收益费"都是为了保证地方政府能够优先为村集体解决自留用地的建设用地指标问题。随着土地管理的规范化和建设用地指标总量管控，稀缺性建设用地指标成为地方政府落实实地留用模式的第一大阻力。

另外，规划权力深度介入城乡建设用地管理，对集体留用地的选址以及建筑物的建设形成直接约束。2007年随着广东省出台更详细的关于农村集体自留用地的管理办法，集体自留用地不仅在开发程序上复杂化，而且其开发权增加了规划权力、规费收缴等方面的约束。如沙溪镇2007年11月颁发的《关于加强农村集体自留用地管理的补充意见》中提到：自

---

① 村藏档案：《关于使用土地指标的协议》，卷宗号：H1-22-2006-31。

留用地的规划建设，应依据土地利用总体规划、城市规划，结合镇、村经济发展现状和要求，坚持整合资源、集约用地、合理布局、规模经营的原则，要逐步引导"工业入园、住宅入区"；村集体转让自留用地（包括房产）前应将地块的转让方案及村民表决情况报镇规划建设办审查，审查通过后方可办理相关手续。未经批准转让的自留用地，各村不得擅自与单位或个人签订有关买卖协议，国土分局不给予办理相关手续；村集体转让自留用地应向镇政府缴纳公共服务设施和市政公用设施配套费，计征方法按土地转让价（拍卖竞得价）的3%计征……上述费用由镇国土分局负责核价，由镇财政所负责收取。① 这些规则表明，2007年以后集体自留用地在获得相应的建设用地指标后，其合规合法的开发又增加了三条约束性条件：一是必须符合相关规划；二是必须经过村民表决；三是必须上缴镇政府相关公共费用。

据现任村书记刘×源反映，城乡发展规划成为当前集体开发自留用地的重要遵循之一。中山市或沙溪镇的城乡发展规划，是对建设用地总指标、建设用地分布空间、建设用地具体用途、建筑物容积率等方面做详细规定，只有都符合这些条件自留用地才开发。但龙瑞村属于开发较早的村庄，实际上没有特别详细的村庄发展规划，这导致当地"实地留用"经常碰到两种情况：要么有可开发的土地而该地块刚好符合相关规划，但申请不到建设用地指标；要么申请到建设用地指标，但落实指标的自留用地不在规划范围内。正如刘×源书记所言："反正不管怎么样，这都意味着集体不能开发这片自留用地。政府给我们的解决办法就是，要么将落不了地的指标折现，由政府按照一定的价格回购；要么在规划范围内利用现有指标改造原有老旧物业。"② 2011年村企合作开发的"龙瑞商业城广场"纳入"三旧改造"项目后，村集体为提升该物业的市场价值，于2012年向镇政府、市政府提出申请，将原规划建筑密度由40%调整为50%，但最终被中山市城乡规划局驳回，导致该项目搁浅。其驳回意见如下："一、设计方案不合理：建筑物北面退让不足，建筑密度49.88%、绿化率20%均不符合控规要求。二、如确需调整有关控规指标，建议启动控

---

① 村藏档案：《关于加强农村集体自留用地管理的补充意见》（沙府办〔2007〕74号），卷宗号：122.58-A-2007-45。

② 访谈资料：刘×源，现任村书记，编号：2017-07-06。

规修改程序，规划指标须符合《中山市城市规划技术标准与准则》。"① 可见，由规划部门控制的建设用地分布空间大大压缩了集体自主开发的权限，这成为实地留用模式难以实现的第二大阻力。

第二节　社区福利：集体再分配的社会性

改革开放以来，乡村工业化打破了当地农民以农业为主的家计模式。最初是一些青年人进厂务工或者少数有一定文化水平的中年村民进厂做报关员、会计、厂长等管理类工作。1999 年集体土地二轮承包之后，本村村民90% 以上的劳动力不再从事农业生产，他们分散在工厂、市场、公职等各种非农业生产领域，一种"离土不离乡"的农民家庭再生产方式在龙瑞村普遍出现。农民职业的非农化成为农民转型的第一步。农民从事非农职业仅仅是农民市民化的开始，只有当农民的人均纯收入、基本公共服务、公共福利和社会保障水平不低于附近城镇居民的水平时，才能表明农民市民化的完成。② 而村级集体经济的收益规模决定了村域基本公共服务的水平和村民福利与社会保障的水平。在龙瑞村，持续稳定的非农集体经济收益成为本地农民市民化的重要推力。这不仅表现在集体提供的公共福利和服务方面，还体现在农民非劳动性收入的增长方面。本节以改革开放以来非农集体经济纯收入和集体土地增值收益分配制度的变化为线索，展现农民进城过程中集体再分配所发挥的影响及其后果。

一　非农集体经济收益兜底的社区福利
（一）社区公益性项目的支出概况

改革开放后，龙瑞村通过集体物业出租经营形成以物业租金为主的租赁型非农集体经济，这里的"非农集体经济收益"是指当年集体物业的经营总收入减去当年经营总支出所得的纯收入。传统集体经济的公积金和公益金提取一直延续到非农集体经济收益中，这是新时代新型集体经济对传统集体经济的继承。公积金和公益金的用途虽发生变化，但其实质内涵

---

① 村藏档案：《关于沙溪镇龙瑞村股份合作经济联合社"三旧"改造项目建筑密度调整的请示及批复》，卷宗号：122.58 – A – 2013 – 13。

② 王景新、郭海霞：《农民市民化：中国 10 个著名经济强村实证研究》，《广西民族大学学报》（哲学社会科学版）2014 年第 1 期。

却高度一致：即公积金主要用于村庄公共基础设施、公益性活动场所等的建设和维护，在集体土地补偿款不足的情况下部分公积金也用于投资集体物业建设；公益金则主要围绕公益性、福利性的事业展开。龙瑞村不同年度公益金的支出情况如表 6 - 5 所示，可大致了解在一个资源密集型的集体经济组织中集体成员所享受的社区福利状况。

表 6 - 5 　　　　龙瑞村集体经济公益金使用情况（1987—2014 年）　　　　单位：元

支出项目	1987 年	1988 年	1989 年	1990 年	1992 年	1997 年	2007 年	2014 年 4 月
1. 五保户补助	2274	1617	3129	3164	1806	3905	19764	12720
2. 合作医疗/医保	31500	40000	28000	40000	40000	28000	148391	413387
3. 困难户及丧葬补助	916	1964	1540	6691	3300	2000	14700	2500
4. 军人优抚/征兵/民兵	7870	10791	13867	24654	10782	39198	13271	—
5. 环境卫生福利	5746	4357	39631	26110	—	106349	453116	181120
6. 计划生育费/妇女/妇联	3532	4634	3429	3926	4171	17935	—	52049
7. 文化体育	11432	9873	39314	30606	19743	20237	99184	12674
8. 幼儿园	3141	2676	847	6250		14900	6282	18800
9. 赠品/慰问金	6804	3597	4109	2963	3057	18638	13750	71656
10. 接待费		7112	7630	7614	15007	26493	—	—
11. 公共设施维修	16683	13299	17924	22664	62737	100058	203457	77490
12. 小学拨款						144254	733794	156318
13. 敬老院	—	—	—	—		8706	73124	137696
14. 社区治安费	—	—	—	—		—	348457	294019
15. 农保/社保							1533532	1075338
16. 其他福利费	—	—	—	—		47761	155546	28125
合计	89898	99920	159420	174642	160603	578434	3816368	2533892

续表

支出项目	1987 年	1988 年	1989 年	1990 年	1992 年	1997 年	2007 年	2014 年 4 月
上年结余或亏损	− 28806	− 54616	5495	53487	—	—	—	—
本年提取	60000	140000	200000	200000	200000	500000	4193898	—

资料来源：《1987 年度其他支出分列表》，卷宗号：D1.1 − 24 − 1987 − 5；《1988 年度龙瑞年终决算方案》，卷宗号：D1.1 − 25 − 1988 − 5；《1989 年度龙瑞集体经济分配概况（支出部分）》，卷宗号：D1.1 − 26 − 1989 − 3；《1990 年度龙瑞公益金使用情况》，卷宗号：D1.1 − 27 − 1990 − 3；《1992 年龙瑞经济收支表》，卷宗号：D1.1 − 29 − 1992 − 1；《1997 年各科目支出明细表》，卷宗号：D1.1 − 34 − 1997 − 3；《2007 年度财务收支及资产负债的审计报告》表四《2007 年应付福利费明细表》，卷宗号：D1.1 − 170 − 2007 − 2；《2014 年 4 月财务收支情况公布表》，卷宗号：122.58 − D − 3 − 2014 − 6。均藏于中山市沙溪镇龙瑞村档案室。

表 6 − 5 反映出不同历史阶段公益金的使用略有差异，但其结构性的支出项目较为稳定。与集体时代的公益金使用情况相比，改革开放后随着集体经济收益稳步增长，集体组织承担的公共服务项目不断增加，具体的公共服务项目既有继承的也有转化的还有扩展的。其中继承项目，如五保户补助、安葬费、民校经费等；转化项目，如原保健费转变为农村合作医疗、原妇女生育补助转变为计划生育开支、原武装部经费转变为征兵和民兵开支等；扩展项目，如 80 年代中后期增加的卫生福利费、赠品慰问金、基础设施维护等，以及 2003 年经联社股份制改革后新增的敬老院开支、治安费、农村居民养老保险、农村居民医疗保险等。根据不同项目的具体内容，可将各项公益金支出分为三类，以下将简要分析其内容、变化和功能。

第一，支持村属事业单位基本运转的公益性开支。中华人民共和国成立后，随着集体组织的建立和完善，全民教育和全民卫生保障成为基层政权执政为民的一项重要战略。集体时代隶属于龙瑞村的教育机构主要是龙瑞小学，同时集体出资出力办有托儿所、幼儿园，隶属于龙瑞村的医疗卫生机构主要有卫生站以及敬老院。这些事业单位的建设一般属"集体基础设施建设工程项目"，其所需的建设资金主要从公积金中支出，而日常的设施维护、人员工资、清洁卫生、运转经费等大部分则从公益金中支出。在表 6 − 5 中属于这类支出的包括第 2、8、12、13 项，其中第 2 项"合作医疗"承袭了 20 世纪 60 年代中期创办的、为本村提供基本医疗、卫生保健服务的村级卫生站的运转经费开支。2005 年村级合作医疗站与隆都医院合并后，该项支出则指本村村民按村规民约向集体组织申请报销的部分医疗费用，这项部分医疗费用集体报销制度一直延续到现在。第 8 项幼儿园支出和第 12 项小学拨款属于典型的基础教育公益事业支出，第 13 项"敬老院"开支是老年人活动服务中心的日常开支。

需要注意的是，本表所列的这几项拨款仅指维持这些机构日常运转的经费，如学校水电费开支、购置办公用品开支、硬件设施日常维护等开支，暂未包括其工作人员的工资。事实上，在由村级财政负责这部分开支的情况下，村办事业机构人员工资支出一般列入"工资预付"中，如 1987 年《公益金使用情况》中的第 1 点说明提到"本年度另外由工资支付事业人员工资为 23488 元，其中教师小学 5350 元、幼儿园 7470 元、卫生所 3948 元、清洁工 6720 元"；第 2 点说明提到"文化体育费包括教师奖金、旅游费及学校拨款"，1988 年的《公益金使用情况》第 2 点也提到"另外联社本年还支付事业人员工资 38410 元，其中小学教工 8610 元、幼儿教工 8486 元、卫生所 12314 元、清洁工 9000 元"。在地方政府财政尚未承担起这部分公共服务的支出责任时，开展教育、医疗和养老的村属事业单位的各项开支成为集体公益金的主要支出项目。从数据较为翔实的 1987—1990 年期间的开支项目来看，村属事业单位公益性开支占当年集体公益金总支出的比例分别为 56.3%、61.7%、57.8% 和 58.8%，可见该项支出在 20 世纪下半叶的集体公益金总支出中占据主导位置。这种格局一直延续到 90 年代中后期，直到这些公益性事业单位逐步被上级直属机构收编为止。

第二，维护社区公共秩序的公益性开支。传统的农村社区是一个熟人社会，经历了本地工业化的龙瑞村随着外来人口的流入以及本地人口生产生活交集密度减弱，其熟人社会网络逐渐演变为半熟人社会网络。在半熟人社会中需要重新构建一套本地人和外地人共同承认的社会秩序。在国家能力滞后于社会结构变迁的背景下，主政一方的集体组织成为新秩序的创造者和维护者。围绕社区居民基本生活的公共秩序主要包括三个方面：一是公共卫生，包括饮水安全、废水排放、生活垃圾处理等卫生环境秩序；二是社区治安，包括人口管理、危险物品管理、社区治安秩序管理、交通道路管理和消防安全管理 5 项；三是公共设施，村社范围的公共设施是指由集体组织投资建立的、属公众共享的建筑或设备。因而，表 6-5 中由集体公益金负担的、涉及社区公共秩序的开支有第 5 项环境卫生福利、第 11 项公共设施维修和第 14 项社区治安。在 1987—1992 年以及 2007 年上述三项公共支出总额占公益金支出总额的比例分别为 25.0%、17.7%、36.1%、27.9%、35.6% 和 26.3%。由此推断，该村集体组织每年维持基本公共秩序的费用大约占当年公益金支出总额的 25%—35%，这些数据足以表明：集体组织在社区公共秩序供给方面做出了巨大努力。

其一，公共设施维修主要指生活区的街道、路灯、桥梁、消防等设施的维修费用及其消耗的水电费等。在没有兴建大型的公共设施投入使用的情况下，这部分费用比较稳定，维修费主要受人工成本和材料成本影响较大，水电费随国家水电价格的有关规定而定。公共设施维护费从 1987 年的 16683 元增加到 2007 年的 203457 元，20 年间增长了近 12 倍。

其二，社区治安费主要指维持治保会运转的日常开支，包括维稳中心大楼的水电费开支、新型强制工具的添置、巡逻机车的耗油费等。本表中 1987—1992 年的社会治安一项没有具体统计数据，其原因在于，在本村治保会成立之前（1995 年以前），社区治安以人防为主，且在外来人口较少的时候，社区治安主要围绕本村村民间的纠纷矛盾展开。这些纠纷矛盾一般由村组干部组成人民调解委员会来解决，故改革开放初期社会治安方面的开支较少。但到了 20 世纪 90 年代中后期，外来人口在村内聚集并迅速增加，外来人口管理和治安秩序管理的任务越来越繁重，围绕社会稳定而展开的治理成本也随之增加。

其三，环境卫生支出是指村庄内环境卫生设施投入以及环卫工人的补助。环境卫生费从 1987 年的 5746 元增加到 2007 年 453116 元，20 年间增长了近 79 倍。以 2009 年龙瑞村环境卫生建设为例，当年聘用的清洁工人共 50 名，每人每月工资 1200 元，每月清运垃圾 450 吨，清理杂物 150 吨。其他卫生项目包括硬件设施、垃圾收集设施的维护与添置，绿化、拆除、除四害等，当年投入灭蚊、蝇药物支出 6000 元，全年共投入资金达 225.5 万元。[①] 可见，环境卫生费中清洁工工资是主要支出，清运费由集体和社区所有常住人口共同分担。

第三，集体给特殊人群的补助费稳步增长。这里的特殊人群包括现役或退役军人、困难弱势群体和老妇幼群体。具体补助情况如下：

---

① 村藏档案：《龙瑞村 2009 年村建设及绿化情况统计表》，卷宗号：122.58 – A – 2009 – 58。

其一，本村户籍现役或退役军人的优抚、每年征收义务兵的费用开支、民兵训练经费等。1997 年《龙瑞村民政工作为民解难服务实施细则》（以下简称《1997 年民政细则》）第五条拥军优属和复原退伍军人安置服务规定："每年征兵工作，组织适龄青年和家长进行爱国主义教育，动员适龄青年踊跃报名应征……被批准入伍青年，管理区发给入伍欢送费3600 元；服现役的义务兵，每年优待金 4320 元，今后随着经济发展逐步提高；每年春节期间，组织退伍军人、现役军人、军烈家属举行座谈会，送上慰问金、春联。"①

其二，对本村困难或弱势农户的帮扶，为他们提供最低生活保障服务以保证基本生活。表 6－5 中的五保户补助、困难户补助均属于集体对社区弱势群体的照顾。如五保户除了享受民政部门的财政补助外，集体组织还为五保老人提供每月每人 250 元的伙食补贴，同时对于一般病情的五保老人"由村卫生站派医生检查诊病"，急重患者则"送医院就医，管理区请人照料护理"。② 困难户是指纳入民政农村低保系统的家庭，集体组织也给予下列照顾："1. 困难户、特困户子女在属下学校就读的给予补助；2. '三无人员'中的孤寡老人，管理区免收治安、卫生费；3. 因患病医药费过高者，造成生活困难的，可享受 70% 医疗费报销，另给适当经济补助。"③ 就本村村民家庭收入水平来看，处于农村居民最低生活保障线以下的农民家庭极少。据负责民政的村干部介绍，困难户的发生率不超过总户数的 1%。因而，基于贫困发生率极低，集体组织在这方面的开支费用也较少。

其三，特殊节日给特殊人员的慰问。如重阳节给本村老人发放生活用品或慰问金、三八妇女节组织本村妇女集体活动、六一儿童节给小朋友准备礼物等。当地人将重阳节称为老人节。1988 年集体第一次在重阳节组织老人节联谊晚会，邀请本村男 60 周岁以上、女 55 周岁以上的老人参加宴席，并为本村 90 岁以上的老寿星敬送金牌。这一活动随着集体经济的壮大而得以延续至今，截止到 2016 年已经举办 27 届。每届开席数根据实际参加宴席的人数来定，少则有 90—120 席，多则有 150—180 席。其他

---

① 村藏档案：《龙瑞村民政工作为民解难服务实施细则》，卷宗号：A12.1－86－1997－20。
② 村藏档案：《龙瑞村民政工作为民解难服务实施细则》，卷宗号：A12.1－86－1997－20。
③ 村藏档案：《龙瑞村民政工作为民解难服务实施细则》，卷宗号：A12.1－86－1997－20。

传统节日如端午节、中秋节，集体也会拨款给老年人协会，由他们给本村老人分发粮、油等物资。村委会还可以根据集体经济情况不定期地组织老人外出旅游参观等活动。同时《1997 年民政细则》规定村委会和敬老院给予死者家属殡葬补助费共 400 元以推动殡葬改革，2007 年这一丧葬补助标准提升至 500 元。① 根据表 6 - 5 提供的相关数据显示，1987 年、1989 年、1992 年和 2007 年上述三项农村社区特殊人员补助费用占公益金总支出的比例分别为 2.4%、1.6%、1.2% 和 1.6%。

在上述三大项开支中，首先村属事业单位公益性支出比例占公益金支出比例最高，其次是维护社区公共秩序的公益性开支，最后则是特殊人群的补助和慰问。总体来看，集体公益金主要围绕社区公益事业和公共管理展开，而在特殊人群补助方面的开支比较少，其主要是积极配套相关民政政策保障和提升村庄弱势群体的基本生活水平，同时特别注重提升社区老年人的生活质量。

（二）集体成员"安全网"的提档升级

21 世纪以来国家开始落实"以工补农"的各项惠农政策。2006 年全面取消农业税费，2007 年实行新型农村居民养老保险制度（以下简称"新农保"），2009 年落实新型农村合作医疗制度（以下简称"新农合"），后两者成为我国农村地区最重要的福利制度。其中，前者主要解决农民养老问题，以实现"老有所养"；后者围绕农民看病问题，以最大限度保证农民"病有所医"。国家与农民的关系由原来的"索取型"转变为"反哺型"。集体组织围绕国家出台的这些惠农政策也开始重新调整集体组织与农民的关系。接下来重点讨论集体经济收益在农村养老保险制度和医疗保险制度中扮演的角色。

20 世纪 60 年代中期，全国范围掀起的合作医疗成为当时为农民提供廉价且有效的基本医疗卫生服务的有效方法。龙瑞村的合作医疗经历了以下两个阶段：改革开放以前以大队为统筹单位、以赤脚医生为行医主体的初级合作医疗阶段；改革开放后逐步转为以镇、村两级为统筹单位，以执业医师为行医主体的合作医疗阶段。20 世纪 90 年代，龙瑞村实行的是镇、村两级合作医疗。1997 年为改善卫生站面貌，经村民代表大会通过，

---

① 村藏档案：《龙瑞村民政工作为民解难服务实施细则》，卷宗号：A12.1 - 86 - 1997 - 20。

投入 50 万元，建成一幢 700 平方米的新龙瑞卫生大楼。① 这是以农民自愿为原则，参加者以户为单位交费的传统合作医疗制度，村委会此后每年补贴的合作医疗费用逐年增加。《中山市新型农村合作医疗管理办法》（中府〔2004〕108 号）和《关于进一步提高新型农村合作医疗保障水平的意见》（中府〔2005〕117 号）两项文件的出台标志着中山市农村合作医疗由传统的"旧农合"转变为"新农合"。2005 年 8 月龙瑞卫生站由镇卫生院正式接管，农村"旧农合"进入以镇区为统筹单位、以专职医生为行医主体的"新农合"阶段。

新、旧农合最大的不同在于资金筹集方式和报销制度。旧农合以农民自筹资金为主、集体补助资金为辅，以门诊费用由集体报销为主。新农合以政府财政专项资金为主、集体补助和个人缴费为辅，其报销以大病住院政府报销为主。由于龙瑞村集体经济雄厚，集体包揽了新农合中集体补助和个人部分的所有费用，2006—2007 年集体每年为村民缴纳医疗统筹金达 33 万元。另外，集体依旧坚持自办村级合作医疗制度，由集体每年补贴 15 万元为村民报销部分门诊费用，有效地减轻村民小病门诊的负担。为了进一步提高本村村民医疗保障水平，经本村全体党员、村民（股东）代表表决同意，2006 年 12 月开始以经联社为参保单位、组织符合条件的股东参加中山市城乡居民住院医疗保险。② 根据《中山市城乡居民住院基本医疗保险暂行办法》规定，2006 年 7 月至 2007 年 6 月居民医疗保险缴费为每人 12 元/月。由此，经联社每月将为 2700 名股东上缴 32400 元的保险费。也就是说，这期间本村绝大部分股东同时享受三份医疗保险：一是新型合作医疗保险；二是集体村级合作医疗的门诊保险；三是城乡统筹的住院保险，这属于较为典型的重复参保现象。对村民股东来讲，重复参保确实大大降低了参保人就医成本，但也有可能造成部分医疗资金的浪费。

2007 年 12 月，沙溪镇政府出台的《2008 年度沙溪镇新型农村合作医疗章程》对上述重复参保的现象进行清理，第四条明确规定："凡属本镇户籍的村民均可按自愿原则以户为单位全体成员报名参加农村合作医疗。

---

① 村藏档案：《龙瑞党支部三年工作总结（1997—1999 年）》，卷宗号：122.58 - A - 1999 - 4。

② 村藏档案：《关于龙瑞村村民参加农村基本养老保险、农村医疗保险的有关规定》，卷宗号：122.58 - A - 2006 - 6。

已参加中山市城乡居民住院基本医疗保险（简称'城乡医保'）的人员不能再参加农村合作医疗。因受股份限制等特殊原因未能参加村组集体举办城乡医保的村民，可自愿参加合作医疗。已参加职工住院医疗或其他非商业性医疗保险的人士，也可自愿参加。"[1] 这样，2006 年 12 月参加了中山市城乡居民住院基本医疗保险的股东便不能继续参加 2008 年度的新型农村合作医疗，本村户籍居民在"城乡医保"和"新农合"之间只能二选一。由于"城乡医保"的保障水平高于"新农合"，大部分村民选择前者，只有少部分非股东的本村村民继续参加"新农合"。

　　中山市为进一步提升农民医疗保障水平，2009 年开始推行新农合与"城乡医保"并轨，沙溪镇 2009 年 1 月起取消新农合，意味着龙瑞村的那部分只参加新农合的村民将失去基本医疗保障。为了不让这部分村民因病致贫，2009 年 3 月经本村股东代表年终开会通过，同意将这部分未参加中山市农村基本医疗保险的本村户籍人口重新纳入"城乡医保"的体系中。[2] 2009 年 4 月，在龙瑞村全民参加中山市"城乡医保"的基础上，龙瑞村全体村民又参加中山市城乡居民门诊基本医疗保险，以此帮助村民减轻门诊医疗费用。[3] 2013 年中山市地方税务局、中山市社会保险基金管理局联合发出通知，将全市社会基本医疗保险和补充医疗保险的缴费基数由 1850 元调整为 2080 元，门诊基本医疗保险的缴费基数为 2000 元。[4] 龙瑞村为老百姓提供的这两项医疗保险的负担从每人每月 27.75 元上涨到 31.2 元。若以参保人数 3000 人计算，集体每月向中山市社保局缴纳的医疗保险费为 9.36 万元，全年不低于 112.32 万元。至此，龙瑞村所有符合相关政策的村民都享受到了住院保险和门诊保险双重医疗保险，农民家庭的医疗负担因为依托集体和地方政府的财政投入而大为减轻。

　　相比而言，农村居民养老保险的变化比上述医疗保险要简单。2004 年 3 月，中山市劳动和社会保障局出台《中山市农村基本养老保险暂行办法》并于 2005 年 1 月 1 日起正式实施，逐步在全市范围内建立起以

①　村藏档案：《2008 年度沙溪镇新型农村合作医疗章程》，卷宗号：122.58 - A - 2007 - 62。

②　村藏档案：《龙瑞村村民（股东）代表大会村务审议表决会议记录》，卷宗号：122.58 - A - 2009 - 24。

③　村藏档案：《中山市龙瑞村农民居住小区建设》，卷宗号：122.58 - A - 2009 - 31。

④　村藏档案：《中山市人民政府关于印发〈中山市门诊基本医疗保险办法〉的通知》（中府〔2013〕57 号），卷宗号：122.58 - A - 2013 - 99；中山市地方税务局及中山市社会保险基金管理局颁发的《通知》，卷宗号：122.58 - A - 2013 - 49。

"个人缴费、集体补助、政府补贴相结合的筹资方式"为基础、社会统筹与个人账户相结合的新型农村居民养老模式。2006 年 11 月，经本村股东代表大会同意，组织全村 3265 名符合条件的村民参加中山市农村基本养老保险。① 根据《中山市农村基本养老保险暂行办法》规定，确定 2006 社保年度（至 2007 年 6 月止）农村基本养老保险缴费基数：500 元，缴费比例为 16%，其中：单位负担 8%，个人负担 8%—10 元（市财政补贴个人缴费）；300 元，缴费比例为 16%，个人负担 6%—10 元（市财政补贴个人缴费）。② 龙瑞经联社选择了最高档，即 500 元档为本村"老人""中人"一次性补缴了 1230 多万元的养老保险费。③ 此后，龙瑞村每月为股东缴交养老保险费约 8.7 万元，其间随着每月参保人员的人数的增减变化而略有波动。从 2006 年 12 月份起，龙瑞村 546 名老人每月可领取养老金 260 元，2007 年 6 月养老金提升至 285 元，2009 年 12 月达到 335 元。

2009 年中山市为加快城乡统筹发展的步伐，开始制定城乡居民基本养老保险制度向城镇职工基本养老保险制度转换衔接的政策。2010 年 5 月沙溪镇政府出台《沙溪镇农村基本养老保险整转为城镇职工基本养老保险工作实施方案》（沙府办〔2010〕22 号文件）和《沙溪镇农村养老保险整转为城镇职工基本养老保险补贴方案》（沙府办〔2010〕21 号文件），标志着该镇开启了农村养老保险制度与城镇养老保险制度并轨的历史阶段。农保整转城保的缴费基数为 600 元，缴费比例为 18%，其中单位（即集体组织）负担 10%，个人负担 8%，分"老人"、"中人"和"新人"三类人群分类缴费。2010 年 4 月，村民代表（股东）大会审议表决通过了本村村民农保整转城保的方案，于 2010 年 5 月 28 日由集体包揽集体补助和个人缴费部分，一次性向中山市社保局缴纳 574 万元，另乡镇财政一次性补贴该村约 30.2 万元，在全镇率先完成了集体农保转城保的工作。④ 从当年 7 月 1 日开始，本村参保人员开始享受调整后的新待遇，即凡达到年龄的股东可享受每人每月 600 元的养老金，且参照城保退

---

① 村藏档案：《关于龙瑞村村民参加农村基本养老保险、农村医疗保险的有关规定》，卷宗号：122.58 – A – 2006 – 6。

② 说明：这项规定的含义是，2006 年社保年度共有 2 档缴费基数即 500 元和 300 元。其中个人负担部分为缴费基数的 8% 或 6% 减 10 元，这 10 元由市财政补贴。

③ 村藏档案：《关于龙瑞村村民参加农村基本养老保险、农村医疗保险的有关规定》，卷宗号：122.58 – A – 2006 – 6。

④ 村藏档案：《龙瑞村 2010 年工作总结及 2011 年工作计划》，卷宗号：122.58 – A – 2010 – 62。

休待遇逐年调升。另外，老人死亡后可申领丧葬费、抚恤金，现时发放的标准为 15846 元。

综上可知，2007 年龙瑞村在村民的养老和医疗方面的投入已达到 300 多万元，人均在养老、医疗方面的投入达 4706 元；2008 年两项投入共 250 万元，人均投入达 5934 元；2010 年以来，城乡养老保险每年村集体缴费约 400 万元，医疗保险每年村集体需缴费 110 多万元，两项共投入至少在 500 万元以上。此后村集体为本村村民提供的社会保障基本定型。集体组织利用公益金承担了这笔巨大的社区福利开支，在村内构筑了一个"低成本、高效率"的社会保障体系，基本解决了村民的养老和医疗后顾之忧。

（三）集体年终再分配的变化及其影响

非农集体经济收益除了用于上述社区公益性支出和集体成员社会保障支出外，第三项重大支出项目是针对全体集体成员的年终再分配。一般情况下，非农集体经济收益扣除当年公积金和公益金的剩余将全部用于年终再分配。按照惯例先由村两委拟定具体方案，然后提交村民代表大会讨论表决，经 2/3 以上村民代表同意后便可按该方案发放现金。

《龙瑞区 1989 年征地补偿分配及年终经济再分配关于人口变动细则规定》（以下简称《1989 年再分配细则》）是最早对本村集体经济年终再分配原则进行详细规定的"村规民约"。其中"年终再分配"[①] 与人口变动的关系如下。年终再分配：1. 人口出生以一年为限予以分配。2. 人口迁入以一年内为限予以分配。3. 人口迁出以一年为限不予分配。4. 人口死亡以上半年 50%、下半年 100% 分配。5. 外出人口依照上列征地分配第五项细则执行。6. 对已婚不迁者照上列（征地分配）第七项处理，如属 1989 年间结婚未迁者不予分配。7. 对于超生或抢生小孩给予分配。[②] 从具体细则来看，它表明此后一段时间内集体经济年终再分配坚持"人口生增死减、进补退不补"的动态分配规则。这最大限度地保证了集体成员的内部平等，其中特别明确了外嫁女、新媳妇和计划外小孩等特殊人群

---

① 这里的"再分配"与第四章定义的"狭义再分配"内涵一致，只是其分配对象不同而已，第四章仅限于讨论农业集体经济的纯收入分配秩序，这里是指非农集体经济纯收入的分配秩序，即优先提取"两金"，然后再进行分红分配。

② 村藏档案：《龙瑞区 1989 年征地补偿分配及年终经济再分配关于人口变动细则规定》，卷宗号：D1.1-26-1989-9。具体内容参见附录四。

的分配规则，获得村民多数认可的"村规民约"可有效减少集体成员与集体组织以及家庭成员之间的矛盾。该细则的出台首先是集体经济持续稳定发展的结果，其次是集体经济民主化、规范化自我管理的结果。《1999年龙瑞村户口管理暨年终再分配等细则》在此基础上略有修订。①

2003年7月，龙瑞村村民代表大会通过了《沙溪镇龙瑞村股份合作社经济联合章程实施细则》（后文简称《股份合作社章程》），其涉及集体经济清产核资、股权界定及处置、股东权利和义务、股东违反规定的罚则、收益分配、组织机构、财务管理和监督审计等共62条内容。从2004年1月1日起，集体经济的经营、管理和分配便开始按照相关规定执行。其中关于集体经济收益分配方面的规定与《1989年再分配细则》存在较大的差异，表现在以下几个方面：

首先，根据《股份合作社章程》第四条"本社按2003年9月30日24时截止时点为界限，实行'固化股权，固化后生不增、死不减'的原则，实行股份制后，股东享有的权益不能往前追溯"②的规定可知，2004年以后非农集体经济收益再分配的对象完全锁定、不再增减，此后不论是新生的集体成员还是新进的媳妇均不在受益范围内，同时"个人股股东迁出或股东死亡后，其所持股份可以赠予或继承，但不得转让、出售"。在大多数村民看来，随着时间推移，这项"新规定"可能会人为地制造集体成员内部的不公平，"它对村干部来说，确实减少了往年统计实时变化的管理成本，但对一个家庭人口必然变动的家庭而言，家庭内部父母股份的分割、家庭与家庭之间不平衡的人口结构，都将因为这个股权固化产生家庭矛盾或社会矛盾！"③

其次，《股份合作社章程》第二十六条明确当年非农集体经济收益的分配顺序，从而有效保障集体经济的可持续发展以及社区各项公共开支。其规定的分配顺序为：（1）弥补亏损；（2）提取10%以上的公积金，提取5%的公益金；（3）提取村中老人（男60周岁，女55周岁）年终生果金，④

---

① 村藏档案：《1999年龙瑞村户口管理暨年终再分配等细则》，卷宗号：A12.1 – 112 – 1999 – 1．具体内容参见附录四。

② 村藏档案：《沙溪镇龙瑞村股份合作社经济联合章程实施细则》，卷宗号：A12.1 – 125 – 2003 – 1．

③ 访谈资料：刘×，现任龙瑞村团委书记，编号：2017 – 07 – 16．

④ 年终生果金，顾名思义即给老年人购买生鲜、水果的现金，相当于村集体给本村老人发放的春节慰问金。

按当年收益利润由董事会确定比例提取；（4）集体股、个人合作股进行股份分红；（5）经股东代表大会决定当年不进行分配股红的，结转下年未分配收益，作为下年度的股份分配。本社必须根据开源节流、量入为出的原则，其股份分红按实际情况而定。若股份分红后还有盈余，则划入公积金，作为日后的分配基金；若集体的分红少于当年的福利费等开支，在经过股东代表会议通过后，超出部分可从股份分红前的利润中先提取后分配。① 从这个分配顺序中可知，股份制改革后非农集体经济收益是在弥补集体经济亏损和提取公积金、公益金的前提下，先保证老人年终生果金、再按照集体股和个人股的比例进行分红，其中集体股占当年总股本金的30.265%、个人股占总股本金的69.735%。② 也就是说此后用于股份分红的收益大概按照3∶7的比例在集体经济组织和集体成员之间分配，属于典型的"共享型"分配。

　　另外，根据《股份合作社章程》第二十五条"当年经营总收入（包括经营收入、发包收入、企业上交收入、提留收入、投资收入和其他收入）扣除经营总支出（包括经营支出、管理费用、其他支出）和国家税金为当年税后收益。经营总收入不包括土地转让款收入，经营总支出不包括福利事业费支出"③ 规定可知，股份制改革后的"集体经营性收益再分配"不含土地转让款的分配，其中"集体股"每年30%的股份分红主要用于社区公共事务管理和福利事业开支，④ 这一用途与集体公益金、公积金的用途高度一致。在维持传统集体公益金、公积金提取的前提下，股份制改革后集体股的设置实际上进一步提升了集体经济在公共品供给和公共管理服务方面的能力。

　　根据相关档案资料整理的非农集体经济收益再分配的基本情况如表6-6所示，据此可大致了解集体再分配内容的变化。

---

　　① 村藏档案：《沙溪镇龙瑞村股份合作社经济联合章程实施细则》，卷宗号：A12.1-125-2003-1。

　　② 村藏档案：《龙瑞村股份合作联合社配股情况表》，卷宗号：A12.1-125-2003-9。

　　③ 村藏档案：《沙溪镇龙瑞村股份合作社经济联合章程实施细则》，卷宗号：A12.1-125-2003-1。

　　④ 具体包括：社区公共福利设施的维护（如道路、桥梁、学校、幼儿园、老人院、公园等）、文化体育活动开支、社区治安和环境卫生开支、优抚对象补助及其他福利开支。参见村藏档案《沙溪镇龙瑞村股份合作社经济联合章程实施细则》，卷宗号：A12.1-125-2003-1。

表 6-6　龙瑞村非农集体经济收益再分配情况统计（1986—2013 年）　单位：元

年份	1986	1990	1999	年份	2006	2010	2013
按人口分配	64000	320000	2210000	老人生果金	1200	1500	1500
人均	20	100	650	集体股分红	4022317	5989496	8357374
老人生果金	20000	60000	—	福利费	2395700	5989496	8227578
人均	—	—	400	个人股分红	9265813	25221800	35756090
年终奖励	26000	90000	—	股东平均	2800	7300	10779
年末未分配额	0	275158	—	年末未分配额	956430	1306560	3177107

资料来源：《1986 年度年终决算收益分配修订方案》，卷宗号：D1.1-23-1986-1；《1990 年年终决算分配修订方案》，卷宗号：D1.1-27-1990-6；《1999 年集体收益分配调查表》，卷宗号：A12.1-112-1999-2；《龙瑞村两委明确思路，扎实推进新农村建设》，卷宗号：122.58-A-2007-183；《龙瑞村村民（股东）代表大会村务审议会议记录》，卷宗号：122.58-A-2011-7；《龙瑞 2013 年度年终收益分配方案》，卷宗号：D1.3-1-2014-1。均藏于中山市沙溪镇龙瑞村档案室。

　　表 6-6 显示，2003 年股份制改革以前，非农集体经济收益再分配包含三项内容，即按人口分配的年终分红、村中老人的生果金和年终奖励，其中年终奖励主要针对当年在集体经济管理和村务行政工作方面做出过突出贡献者的奖励。这三项费用是在集体经营总收入减去经营总支出，进而提取国家粮食税、公益金、公积金、生产基金和折旧基金后的收益余额。而股份制改革后，非农集体经济收益再分配项目发生了变化，原来的"年终奖金"纳入总支出的"干部和工作人员的工资和奖金"中，其增加的项目则是"集体股分红"。集体股分红主要用于支付当年福利费，如2006 年集体股分红有近 160 万元承担了公共事务管理方面的开支，而2010 年则全部用于当年的福利费开支，2013 年略有结余。

　　表 6-6 中最值得关注的是集体成员的老人生果金和年终个人分红。在南方宗族性农村，凭借传统长老权威的历史惯性，当地老人一直保持了较高的社会地位。这种社会地位在现代家庭伦理和市场经济的冲击下主要表现为社区敬老文化。龙瑞村最早的老年人普惠性福利应该是 1985 年发放的"退休金"，1988 年改为老人慰问金，1989 年改称"超龄生果费"，之后在集体收益分配项目中便一直沿用"生果金"。1999 年经村民代表大会同意正式建立农民退休补助制度，标志着自治性社区养老的制度化。该

制度规定"凡本村常住农业人口，女性年满 55 周岁，男性年满 60 周岁，年终一次性发放生果金 400 元"。① 此后老年人生果金随非农集体经济收益增幅同步增长，2006 年生果金标准达到 1200 元/人，2010 年达到 1500 元/人，2015 年达到 1800 元/人。② 生果金一年一次，其主要作用是"让老人们能够开开心心过个年"，平常老年人的生活主要靠每月养老金和往年积蓄来维持。

从年终个人分红来看，1986 年人均 20 元，1990 年人均 100 元，1999 年人均 650 元，2006 年人均 2800 元，2010 年人均 7300 元，2013 年人均 10779 元，2016 年人均 113000 元。③ 也就是说在改革开放 30 年间，集体成员（股东）从集体经济中获得非劳动性收益增长了 5650 倍。这些针对集体成员个体的年终现金分红，并非集体成员参与集体劳动所得，这种未经个体付出的非劳动所得收益最终将个体与集体紧紧地捆绑在一起。

二　集体土地增值收益分配的私享倾向

集体土地增值收益是指集体土地被征收后的征地补偿款以及集体征地留用地转让所得的出让金。根据表 6-1 可知，改革开放以来，龙瑞村共获得征地补偿款 10761.98 万元。这些征地补偿款一部分用于投资建设，一部分用于集体成员分配。与集体经济经营性收益相比，集体土地增值收益并非稳定且持续的收益，它只在土地被征收的情况产生。而集体土地是否被征收则取决于城市发展的速度以及城市空间扩张的方向，因而集体土地的区位是关键。从龙瑞村集体入地征收的情况来看，征地并非每年都有发生，因而土地增值收益亦并非每年都存在。据相关材料显示，集体往往根据集体经济发展计划，在充分平衡集体投资建设和集体成员收入的情况下进行分配。龙瑞村自改革开放以来进行集体土地增值收益个人分配的基本情况如表 6-7 所示。

---

① 村藏档案：《1999 年龙瑞村代表会议记事簿》，卷宗号：A12.1-112-1999-7。

② 村藏档案：《龙瑞村村民（股东）代表大会村务审议会议记录》，卷宗号：122.58-A-2016-68。

③ 村藏档案：《龙瑞村村民（股东）代表大会村务审议会议记录》，卷宗号：122.58-A-2017-57。

表6-7 龙瑞村集体土地增值收益分配情况

年份	分配总额（元）	人均分配（元）	集体提留比（%）	分配规则	收益来源
1989	3000000	—	—	自治规则	此前土地征收积累款
1992	15378600	—	—	自治规则	1992 年所征收土地补偿款*
2006	14877000	4500	49.98	股东分配	2006 年留用地转让款
2007	178524000	54000	50.4	股东分配	2007 年留用地转让款、征地补偿款
2008	152076	460	50.1	股东分配	2008 年沙朗地区征地补偿款
2010	3973200	1200	53.4	股东分配	2010 年沙朗仁围征地补偿款
2011	—	930		股东分配	2011 年沙朗农田征地补偿款
2012	787846	1780	—	股东分配	2012 年沙朗顷八围征地补偿款

注：1992 年所征收土地补偿款*：1992 年共有土地补偿款 1537.86 万元，其中上年结余 747 万元，本年收入 809.9 万元，办证等费用支出 19.04 万元，即 1992 年末结余 1537.86 万元。

资料来源：《1989 年度龙瑞集体经济分配概况（分配部分）》，卷宗号：D1.1-26-1989-4；《1992 年度龙瑞经济年终结算表》，卷宗号：D1.1-29-1992-2；2007 年、2008 年、2011 年《关于征地补偿款分配方案的请示》，卷宗号分别为：122.58-A-2007-101、122.58-A-2008-38、122.58-A-2011-233；《2012 年沙溪镇龙瑞村土地补偿分配审核表》，卷宗号：122.58-A-2012-217。均藏于中山市沙溪镇龙瑞村档案室。

结合表6-1和6-7可知，并非每次征一次集体土地就分配一次土地增值收益。据老书记刘×光介绍，20 世纪 80 年代至 90 年代的土地征收，如果当年征收土地面积较多、土地补偿款及时到账，便会安排一次分配；如果当年征收土地面积较少或者土地补偿款无法及时到账，则直接转入积累基金待下次一起分配。① 另外，集体经济固定资产投资建设也是影响土地增值收益分配的重要因素。如果集体计划在未来 1—2 年内进行大规模投资，则会将这部分土地补偿款提留大部分，然后将剩余的分配给集体成员。表6-7显示，2000 年以前进行较大规模个人分配的只有 1989 年和 1992 年，其中 1989 年共分配土地补偿款 300 万元，1992 年共分配 1537.86 万元。另根据表6-1可知，1995 年私营企业征地和电力局转让土地共有土地增值收益 1755 万元，应该也进行了一次分配，但并未找到

① 访谈资料：刘×光，70 岁，前任村书记，编号：2017-07-18。

相关材料。土地增值收益分配关系到每个集体成员的利益，因而每次进行土地增值收益分配之前，集体组织都需要确定一个具体的分配方案，这个方案由村委会草拟，经村民代表大会审议通过后实施。

征地补偿款分配细则的核心在于确定什么人可以参与土地增值收益分配，涉及当年新增人口，比如新出生的人口、新结婚迁入人口，以及减少人口如当年去世人口和当年结婚迁出人口。从每项规则来看，它在时间、对象和事由等多方面的界定均非常细致，目的是让集体成员一目了然，对照上述条件确认自己是否为分配对象。值得一提的是，本细则第 10 条规定"凡超生子女及抢生子女（到 1989 年还未到间隔时间者）一律不予分配"。[1] 可见，在全国范围内计划生育任务最难完成的情况下，龙瑞村率先以"村规民约"的方式通过集体控制的资源来约束本村农民的生育行为。这一规定在此后的修订方案《1992 年度转让土地补偿款分配细则》中得到延续，其中第四条规定"凡违反计划生育条例，超生、抢生（除 1984 年 12 月 31 日前的分配）未办理结婚证书非婚生育的子女，及其本人不给予分配。本村男青年以领取结婚证书之日起 9 个月后出生的小孩为合理分配。对夫妇已生育小孩 2 个，应结扎未扎在逃的不给予分配，其子女可享受分配"。[2] 在这条规定中，不仅涉及超生/抢生子女，还包括"非婚生育子女"且以"结婚证书"为准，这实际上将国家关于结婚法定年龄的规定吸收到"村规民约"中。

2003 年集体经济股份制改革后，仍旧将土地增值收益单独列出，其第二十八条规定："本社开发、转让土地形成的土地转让净收益（收入扣除开发、转让土地的各种费用的余额），按照政策规定的比例（不能超过土地转让净收益的30%）向个人合作股的股东进行分配，剩余部分转入历年土地公积金，用于本社生产经营性的投资发展和福利设施的建设。土地转让款分配方案由本社董事会制定，经本社的股东代表大会通过后，报经龙瑞村委会审核，并经镇主管部门审批后方可实施。"[3] 与改革前的分配规则相比，股份制改革后自上而下的政策性约束力加大

① 村藏档案：《龙瑞区 1989 年征地补偿分配及年终经济再分配关于人口变动细则规定》，卷宗号：D1.1-26-1989-9。其他规定可参见附录四。
② 村藏档案：《1992 年度转让土地补偿款分配细则》，卷宗号：A12.8-50-1992-2。
③ 村藏档案：《沙溪镇龙瑞村股份合作社经济联合章程实施细则》，卷宗号：A12.1-125-2003-1。

了，比如规定向个人股分配的最高比例，以及分配方案必须经镇主管部门审批方可实施。

　　但这一上限分配比例并没有在实践中得到落实。在表 6 - 6 的土地增值收益分配方案中，2006 年的个人股分配比例占当年分配总额的 50.2%，2007 年的个人股分配比例占分配总额的 49.6%，这两次较大份额的分配远超过相关政策规定的 30%。上级政策规定和村级自治章程的相关规定之所以难以执行，关键在于集体对这部分土地增值收益的个体化占有倾向随着土地资本化所产生的级差地租的快速增长而日益膨胀。用老百姓自己的话来说就是"这些钱还是放在自己口袋里最安全"。在村干部看来，这也算是农民理性的一种表现："因为现在集体投资经营的市场风险越来越大，老百姓更相信自己而不是村干部。如果上级政府不同意这 50% 的分配比例，以后地方政府再来征地，老百姓就可能直接投票否决，这也是将压力转移至给政府。"①

　　这种来自基层的扩大土地增值收益分配比例的压力倒逼地方政府不断重新修订相关政策。2007 年沙溪镇出台《关于完善农村征地社会保障工作的通知》（中沙府〔2007〕92 号）"决定我镇凡是未落实农村'两保'工作的村集体，在今后村集体征地或村集体的自留用地出让时，必须从土地款总额中提留 50% 作为被征地农民的'两保'专项资金，设立专账，实行专款专用，严禁任何单位和个人挤占挪用"。② 2010 年沙溪镇出台《沙溪镇农村集体征用、转让土地补偿款管理办法》，其中第三条规定："土地补偿款分配一般不得超过土地补偿纯收益的 50%，余下部分应按照分项使用的原则，严格用于发展集体经济的固定投资及重大村政建设、福利设施建设。"第四条规定："土地补偿款分配方案及使用方案由村两委会和董事会制定，经本村组党员和村民（股东）代表联席会议或村民（股东）大会审议通过，并报镇政府农业办公室审批备案。土地补偿款分配累计额度超过土地补偿款纯收益的 50%，须提交镇党委审批同意后方可实施。"③ 可见，地方政府将土地补偿款的分配比例从 30% 提升至 50%，应该算是在最大限度地满足村民个人股的分配需求。从这两份政府

---

　　① 访谈资料：刘 × 源，现任村书记，编号：2017 - 07 - 06。

　　② 档案资料：《关于完善农村征地社会保障工作的通知》，卷宗号：122.58 - A - 2007 - 58。

　　③ 村藏档案：《关于印发〈沙溪镇农村集体征用、转让土地补偿款管理办法〉的通知》，卷宗号：122.58 - A - 2011 - 30。

文件来看，地方政府试图将土地增值收益的使用逐步纳入政府监控中，并尽可能地为集体组织的提取提供明确的政策支持，以保证土地增值收益尽可能地为集体福利事业和集体经济发展做贡献。

但有政策规定而没有具体的监控方法，倾向于个人私利的集体成员总有办法突破政策底线。于是，《沙溪镇农村集体征用、转让土地补偿款管理办法》（中沙府〔2011〕1号）在上述管理基础上为进一步规范土地增值收益的使用，其第六条规定"农村集体征用、转让土地补偿款实行土地款银行专用账户管理制度"，"严禁以任何形式和理由将集体征用、转让土地补偿款收入资金划入其他银行账户（包括集体基本账户）"，"村集体使用土地款专用账户资金（包含转存定期存款）时，须由村两委填制《土地款专用账户资金使用审批备案表》，报镇政府农业办公室审批备案。《审批备案表》作为银行支付印签，未经审批同意，各村及其土地款专用账户开户银行不得办理土地款资金的支付业务"。① 如此严格的资金使用管理制度大大压缩了集体自主分配的空间。但这些规定对"征地留用地货币折现补偿款"并不适用。当年沙溪镇政府随后对上述规定发布了一个补充规定，即中沙府〔2011〕55号文件，其中提到这部分土地增值收益的分配方案及使用方案由村两委和董事会制定，留用地折现补偿分配累计额度超过土地补偿款纯收益的70%，须提交镇党委审批同意后方可实施。②

综上可知，尽管土地增值收益管理的规范化程度越来越高，但征地补偿款收益的个人股分配比例由最初的30%提升至50%，而征地留用地折现补偿款收益的个人股分配比例最高可达70%，这种越来越强调股东个体利益而不断削弱集体利益的私享倾向与日俱增。21世纪以来，这种以个人股东个体利益为主导的分配方案逐渐取代20世纪以集体利益为主导的分配方案，其优缺点非常明显：对集体经济发展而言，集体从中获得发展资金的能力将大幅度下降，这可能导致集体经济在越来越激烈的市场竞争环境中发展后劲不足；对集体成员而言，这一笔笔不可预期的土地增值收益分红，对一个家庭来说，大大减轻了他们进城的压力。表6-7显示，

---

① 村藏档案：《关于印发〈沙溪镇农村集体征用、转让土地补偿款管理办法〉的通知》，卷宗号：122.58-A-2011-30。

② 村藏档案：《〈沙溪镇农村集体征用、转让土地补偿款管理办法〉的补充规定》，卷宗号：122.58-A-2011-31。

单笔分配到个人的土地增值收益最大额度是 2007 年的人均 54000 元，按户均 4 口人计算，当年仅这笔收入一家人便有 21.6 万元。村党委副书记刘 × 江反映，老百姓拿到这笔收入后，主要用于三个方面：一是建房或者购房；二是购买代步工具即汽车；三是做点小生意。① 这说明，本村村民在市区买房的成本或者在村内修建楼房的成本均可由这笔土地增值收益来承担部分，从这个角度讲，集体土地增值收益的分配大大减轻了本村村民城市化的压力。

第三节　小结：公有公用共享型集体产权的隐忧

本章扼要地展现了龙瑞村村域城镇化的历史过程：首先集体土地被持续征收的历史意味着村庄所在的物理空间和建筑景观的城镇化；其次伴随村域工业和商贸业的发展，集体成员的职业逐步转向非农产业，生活水平日益提高，本地农民在生产与生活方式方面与城市市民趋同；最后依托非农集体经济收益和集体土地增值收益，集体提留部分成为集体成员社会福利与保障的主要资金来源，而个人分配部分则成为集体成员改善生活条件、维持中产消费的重要经济来源。集体组织在为工业发展和城市扩张提供稀缺且必要的土地要素过程中，通过集体土地征收、征地留用地转让等方式获得巨额的土地增值收益。在集体与地方政府的博弈过程中，随着土地市场中国家垄断地位的强化以及制度性土地指标稀缺带来的地价上涨，集体试图不断提升集体土地所有权权属转化的价值，尽可能地实现每一寸集体土地增值收益的最大化，其本质是集体土地所有权变更带来的土地开放权的博弈，非农集体经济逐渐走向食利性的、对抗式的集体经济。

从农民发展的角度来看，龙瑞村发生了两大变化：一是农民家庭再生产方式的转变。由集体时代以农业为基础的“农副结合”的家庭分工逐步转变为改革开放初期以工业为基础的“全家务工”的家庭劳动力配置方式。随着租赁型的集体物业经济稳步发展，尤其是 21 世纪以来，年终集体分红也成为家庭收入的重要组成部分，农民家庭收入呈现为典型的“非农就业收入 + 集体分红”的结构，而集体分红的本质就是集体土地的租金收入。二是农民家庭社会保障范围的扩大。在改革开放前 20 年，由

---

① 访谈资料：刘 × 江，现任村党委副书记，编号：2017 - 07 - 12。

于集体组织处于扩大再生产阶段，因“无暇且无力”顾忌本村村民的社会保障，其集体福利水平有所下降。21 世纪以来，随着新型集体经济走向正轨以及国家关于农民福利政策的出台，集体组织逐步扩大了本村村民的福利范围，集体给不同年龄层次的村民提供不同类型的社会保障与福利，以保证本村村民“中产化”的生活质量，集体福利保障从一种底线生存式保障转变为一种中产发展式保障。

故传统集体经济建构的公有公用共享型集体产权在新的历史条件下得以延续，但其经济基础已发生巨变：前者是依托集体土地与集体劳动相结合的“劳动经济”，后者是土地资源在地资本化催生的“产权模糊且坐地生财式”的“吃租经济”。[①] 这种以地租经济为基础、以食利阶层为主体、以社区福利为依托的新社区可称为“食租社区”。“食租社区”以“全保障、高福利”的方式提升农民应对社会转型风险的能力。这一做法，从提升农民生活水平、增加农民财产性收入的角度来看，确实无可厚非。但“高密度的集体福利”正在潜移默化地建构着本地农民三个新的价值倾向：一是关于土地增值收益“涨价归私”的“按份私有”的倾向；二是关于劳动价值去市场化的倾向；三是“宁做农民、不做市民”农民身份固化的倾向。这种“全保障、高福利”的再分配会加重新型集体经济的财政负担，集体经济组织在承重的社会福利压力下不得不由原来的发展型集体逐渐转变为耗散型集体。正如有学者所言，珠三角这种以“二产、人口与土地”要素为基础、通过外资和政府推动的“外向型城镇化”模式不可持续，[②] 如何实现城镇化动力转型，即从“土地要素”转向“知识要素”从而推动更高质量的城镇化成为当前包括龙瑞村在内的珠三角地区农村集体经济面临的新课题、新挑战。

---

① 温铁军等：《解读珠三角：广东发展模式和经济结构调整战略研究》，中国农业科学技术出版社 2010 年版，第 10 页。

② 周春山、代丹丹：《珠江三角洲城镇化转型研究》，《热带地理》2015 年第 3 期。

第七章

结　语

第一节　珠三角农村集体经济的变迁图景

20世纪50年代至80年代初，龙瑞村传统集体经济的发展脉络与全国大多数农村地区基本一致。从产权组合结构来看，它经历了私有公用私享型合作经济向公有公用共享型集体经济的转变。这种以土地集体所有制为基础、以集体统一经营管理和集体成员按劳分配为特点的公有公用共享型集体产权，因生产大队与生产队在农业经济核算与分配权的不同安排而产生两种具体实践形式：一是以生产大队为单一核算单位、在生产大队范围内统筹分配的大队一级集体经济；二是以生产队为基本核算单位、在生产队范围内统一分配，同时保留生产大队部分核算与分配权力以发展大队工副业经济的"大队与小队并存"的二级集体经济。

龙瑞村传统集体经济发展轨迹略有不同的是，生产大队凭借"宗族社会"的传统与遗风并未完全下放所有权利和资源，而且在具备"天时、地利、人和"的特定条件下，大队还能重新收回下放的权力与资源，即1969年生产大队通过说服富队小队长、赎买小队固定资产、动员穷队社员等手段，重新收回了土地资源与劳动力的调配权，建立以大队为基本核算单位和分配单位的"一级集体经济"。需要注意的是，这次回归不是"还原式"而是"螺旋式"的，其中的关键不同在于农业与工副业差异化管理和分配。在更加复杂和多元的管理经营体制下，龙瑞大队一级集体经济得到持续发展，老百姓的生活水平、社区公共福利等方面也在稳步提升。

集体时代通过高度组织化和政治化的地方基层政权实现了国家对各项

生产性要素的高度控制。这种行政性控制大大降低了生产资料及产品的流动性，生产资料市场、劳动力市场以及产品市场在全国一盘棋的计划经济体制下难以形成。如果将国家自上而下的计划与统筹看作一台围绕国家早期工业化运转的复杂机器，此时的农村集体经济就好比这台机器中的最为基础也是至关重要的部分。农村集体经济与外部世界的联系已经被这台机器的程序所规定，作为新生事物，它主要处理集体经济内生性的基本问题：首先是生产资料的占有形式问题，即如何实现农村土地私有制向集体所有制的转变；其次是生产资料的配置方式问题，即如何实现集体所有的土地资源与集体调配的劳动力最优结合问题；最后是劳动产品的分配问题，即集体如何实现国家汲取与社员分配的平衡问题。

从龙瑞村传统集体经济的实践来看，龙瑞大队具有一种"具体问题具体分析、具体问题具体解决"的自觉性。集体经济组织正是在不断积累解决具体问题经验的基础上形成了一整套相对成熟且精细化的统一经营制度和统筹分配制度。与此同时，大队干部充分利用社区传统资源和区域市场，通过积极发展集体工副业来实现集体经济质量的提升。传统集体经济在强制性制度变迁背景下运用自成体系的经营管理制度，实践着以"做大蛋糕"为发展目标的"自主发展模式"。该模式至少在三个方面取得了成绩：一是龙瑞传统集体经济得以持续稳定发展；二是集体组织得以获得社员认同及合法性；三是集体组织的管理者得以积累社会性权威。这三个方面都为改革开放以来的集体经济再出发奠定了必要的经济、社会和政治基础。

改革开放以来，在特区政策的支持下，龙瑞村的传统集体经济主要围绕农业现代化、乡村产业化以及村域城镇化发生转型：

首先，农业集体经济的发展重新定义了集体统筹与现代农业的关系。在人多地少的人地关系限制下，龙瑞村农业现代化的基本方向是黄宗智先生提到的"劳动 + 资本"双密集的新时代家庭农场。形成这种小规模家庭农场的前提条件是本村农民实现了较为稳定的非农就业，分散耕种的农地日益向专业户亦称"职业农民"集中，集体经济组织在农地流转市场中发挥相应的统筹作用以提升新时代家庭农场的生产效率。在龙瑞村，集体统筹表现在三个方面：一是集体组织成为农地经营权在承包户与专业户之间高效流转的重要中介者；二是集体组织成为现代农业生产所需公共品的主要供给者；三是集体组织成为集体农地经营权市场化流转收益的分配者。

其次，非农集体经济的发展丰富了集体经营与乡村产业的关系内涵。在全球经济和区域经济双重影响下，龙瑞村的产业结构由 20 世纪末以制农业为主导的轻工业集聚转向 21 世纪初以市场交易为主导的商贸业集聚，非农集体经济经营内容亦由厂房物业出租转向商贸物业出租。非农集体经济经营对象与方式的转变导致集体经济收支结构的变化。其中，物业租金收入取代集体工副业利润，物业经营成本和社区管理成本成为主要支出项目。集体经济组织在与其他市场主体博弈中如何实现集体物业经营收益最大化，成为非农集体经济的核心目标。与传统的集体直接经营企业相比，集体物业出租的市场风险相对较小，"集体经营"的关键内容包括四个方面：在物业建设时期筹措建设资金并控制建筑成本、在物业出租时期稳定租赁关系并保证租金收入、对集体物业进行日常性管理与维护以及对非农集体经济进行精细化的收支管理。

最后，村域城镇化过程中新型集体经济再分配与农民进城的关系。在村域工业和商业的强力推动下，以及在中心城市空间扩张的进程中，本村村民实现了在地化的职业转型、居住转型、消费转型以及社保转型，属于学界公认的"离土不离乡"的在地城镇化类型。其中集体组织依托集体经济收益为本村农民进城提供了充分的福利和保障。集体成员依托普惠性社区福利，相对从容地实现了现代生产生活的转型。但这份从容的背后隐含着集体成员对集体经济收益的高度依赖，其实质是个体农户对集体土地地租的高度依赖，集体经济的发展由此背负了沉重的经济和社会负担。因而，如何平衡集体经济扩大再生产与集体成员再分配期待之间的关系成为龙瑞村集体经济面临的新问题。

龙瑞村集体经济的发展脉络充分展现了"农民集体"——这一特殊法人在中国农村现代化实践中的复杂面向，其组织形式、占有方式、经营方式以及分配方式都处在不断的调整之中，由此生成了不同类型的集体产权秩序。总的来看，推动龙瑞村集体产权秩序变迁的基本动力源于工业化和城市化，这两股力量与地方政策一起形塑了不同特征的区域市场环境，宏观的市场环境的变动推动着农村集体资源配置方式的转型，其转型是否成功的关键在于，农村集体经济能否通过及时调整内部关系和内外关系来获得新的有效实现形式。

第二节　珠三角农村集体产权再认识

产权这一概念在不同学科中有不同理解。在民法学范畴内，"产权"是财产权利的简称，所有权（自物权）是一切财产权利的基础与核心，它是财产权利的静态规则。在此基础之上通过交易活动而产生的财产权利的动态规则，如他物权、债权，都属民法学意义上的"产权"。在经济学范畴内，"产权"是指由物的存在及关于它们的使用所引起的人们相互认可的行为关系。从产权经济学的研究对象和理论目标来看，产权经济学要处理和解决的就是人对利益环境的反应规则和经济组织行为规则。[①] 因而，二者关于产权的理解均指向某种社会规则，其中民法学倾向于静态规则，而经济学倾向于动态规则。农村集体产权所蕴含的基本社会规则主要包括所有权、经营权、承包权、收益权以及它们的交易规则。

在市场经济条件下，产权一般具有以下三个属性：第一，产权具有经济实体性。一般认为经济实体必须具备三个基本特点：一是必须有一定的财产作为参与社会再生产的前提；二是必须直接参加社会再生产活动；三是有自己独立的经济利益，其参与社会盈利性经济活动的主要目的是实现经济利益最大化。第二，产权具有可分离性。所谓可分离性是指财产的价值形态运动与使用价值形态的发展而分离。第三，产权流动具有独立性。所谓独立性是指产权一经确定，产权主体就有在合法范围内自主运用获得的权利，而不受其他主体的干扰。就集体产权而言，其经济实体性体现为集体经济。随着时间推移，集体经济的财产从早期单一的土地资源逐渐扩展到公共固定资产和资金，这些财产成为上述权利规则的约束对象。

在实践中集体产权的财产总称为集体"三资"，即资源、资产与资金。其中，集体产权最重要的资源是土地，其所有权在宪法中规定为"农村集体土地所有制"，即集体土地所有权。资产主要指集体组织通过自有资金投入所创造的非土地类固定财产，其中有些固定财产可以通过经营活动产生经济收益，比如集体厂房、集体商贸大楼、集体宿舍等。而有些固定财产则属于非盈利性的公共设施，比如文化广场、体育活动室、村委会大楼、村社内公共道路等。资金则主要指以集体组织名义利用集体所

---

① 卢现祥：《西方新制度经济学》，中国发展出版社2003年版，第154页。

有的资源或资产而获得的现金，在具体交易过程中或表现为债权与债务，或表现为社区福利与年终再分配等。集体产权的委托代理组织——集体经济组织利用集体"三资"积极参与社会再生产活动从而谋取集体利益，这是集体产权一般属性的基本表现。

　　林毅夫根据产权变迁的内外动力之别将产权形成过程区分为"诱致性制度变迁"的结果或"强制性制度变迁"的结果。[①] 中国农村集体产权的形成，是由中国共产党依托政治权力自上而下输入的，它属于典型的"强制性制度变迁"的结果而非中国市场和社会分工的自然结果。结合当时国家层面出台的"统购统销"政策与工业发展战略可知，当时以"公有公用共享型"为基本特点的集体产权是国家政权在特定的国际国内环境中经过"深思熟虑"理性计算的结果。

　　从农村最重要的资源——土地的所有权安排来看，土地集体所有权的权利主体"农民集体"是一个超越个体农民的抽象主体，它虽包含集体成员但不等于集体成员之和。尽管农民集体的资源边界对国家、地方政府和其他农村集体组织而言是非常清晰的，但在农民集体内部，集体成员之间的权利界定则是模糊的。清晰化的产权是指产权所有者是确定且唯一的，而农民集体是一个动态的集合体，集体成员生老病死、婚丧嫁娶和人口迁徙导致其没有清晰的边界。[②] 而产权经济学认为，对社会来说，市场交换是分配财富的最有效方式，但要使它运转起来，交易者还必须对所要交换的物品有明确的、专一的和可以自由转让的产权。否则，为分配财富进行谈判的费用将非常高。[③] 若以清晰化产权的经济效率来判断集体经济的效率偏低，无可厚非，进而认定中国农村的"集体产权"是一个有待积极改造的"模糊产权"。

　　本书对龙瑞村集体经济长达半个多世纪的发展脉络的考察发现，如果仅从经济效率来判断甚至否定集体产权的历史合理性，也是过于简单和片面的。正如韩松所言，我们不能片面地将以私有制为基础的土地所有权的

---

　　① 林毅夫：《关于制度变迁的经济学理论；诱性变迁与强制性变迁》，载于［英］罗纳德·科斯等著《财产权利与制度变迁：产权学派与新制度学派译文集》，刘守英等译，格致出版社 2014 年版，第 391 页。

　　② 陈小君、高飞等：《我国农村集体经济有效实现法律制度的实证考察——来自 12 个省的调研报告》，《法商研究》2012 年第 6 期。

　　③ 卢现祥：《西方新制度经济学》，中国发展出版社 2003 年版，第 155 页。

权能结构硬套在我国农民集体土地所有权之上，因为农民集体土地所有权具有以公有制为基础、集体成员的集体共有权、集体土地的社会保障性、集体土地的资源型等特殊性质。①

　　这里可从集体产权的社会效益和政治效益两方面来理解：一方面，从最初的《初级合作社章程》到《高级合作社章程》以及 2003 年《股份合作制章程》，均赋予了依托集体土地所产生的集体经济收益在承担社区公共品供给、集体成员社会福利等方面的责任，这充分展现了土地集体所有权的社会效益。这种社会效益的本质是集体成员的"公共利益"。它是建立在"集体利益"基础之上的，在一个特定的集体内部，集体利益区别于成员的个人利益，是全体成员人人有份但又不具体分割给个人的整体利益。② 另一方面，这种模糊性的土地集体所有权赋予集体组织灵活利用农村土地应对内外环境变化的自主空间。以农地制度为例，不论是集体时代的"集体农业"还是改革开放以来的"承包制"或"承租制"或"反租倒包"等制度创新，它们是由集体、农户与市场相互调适以适应具体历史条件而产生的，这种调适空间的制度基础正是模糊性集体土地所有制。这至少说明这种模糊性的产权安排让基层社会拥有自我调整、自我发展、自我完善的空间，这便是集体土地制度的政治效益。

　　在集体经济发达的村庄，集体经济的财产除了不可移动性的土地资源之外，还有大量固定资产和集体资金，其中固定资产可细分为经营性固定资产和非经营性固定资产。其中，经营性固定资产如集体厂房、集体市场、集体商贸楼等的市场交易过程并没有因这些财产的"模糊性所有权"而受到明显的不利影响。事实上，正如部分学者所呼吁的，我们应该跳出这些年来长期形成的产权归谁所有的思维定式，因为产权归谁所有不是什么重要问题，关键是谁来使用的问题。谁有能力，谁能使资源有效使用，谁能使生产要素得到最佳配置，谁就应该是产权的使用者。效率应该是产权转让的实质。初始产权的界定可能是低效的，但是通过转让和交易，产权可能会变成高效的。③

　　在所有集体财产中，完整程度最高的产权莫过于集体物业和集体资

---

① 韩松：《农民集体土地所有权的权能》，《法学研究》2014 年第 6 期。
② 韩松：《农民集体土地所有权的权能》，《法学研究》2014 年第 6 期。
③ 卢现祥：《西方新制度经济学》，中国发展出版社 2003 年版，第 156 页。

金。在二三产业发达、市场发育充分的珠三角地区，龙瑞村集体组织在具体实践中尽可能地采取各种措施来调整这类产权以实现集体资产的保值增值，农地经营宜分则分、宜统则统，集体物业可以独资开发也可合作开发。这类经营性集体财产的经营权、租赁权、发包权、收益权等在社会主义市场经济的交易过程中均享受与其他市场主体同等的地位。因而，笼统地认为农村集体产权模糊且低效并不符合全部历史事实。实际上，农村集体产权因集体财产的不同类型而产生完全不同的产权安排，它是一组包含多种财产且属性多元的复合型产权群，而不是一个单一化的产权。

　　总体来讲，集体经济的权利主体"农民集体"主要根据政策环境和市场环境来调整不同财产、不同层面的产权安排，其总体趋势是经营权向"农民集体"集中并以公用为主，这是模糊性所有权蕴含的制度优势；而收益权向"集体成员"倾斜并以个体私享为主，这是以收益权清晰化为目标的集体产权股份制改革的核心。前者以集体统筹和集体经营延续了社会主义理想对集体经济的期待，集体组织将农村集体"三资"以组织化的方式参与市场交易，基本实现了资源的有效配置。后者以"集体再分配"的方式保证集体成员的个人利益与集体成员的公共利益同步增长。不论是20世纪90年代的"份田"还是21世纪以来的"股份"分红，"集体再分配"与集体成员的劳动无关，仅与他们的"成员身份"有关。在不断强化个体农民财产权利的政策话语推动下，这些密集且巨额的"集体再分配"在一些珠三角农村产生了不少意外后果，成为当下农村社区治理、地方公共建设、城市二次更新的直接阻力。

　　其中，"农民集体"凭借土地集体所有权在土地征收过程中与地方政府讨价还价成为城市扩张和更新的主要矛盾。不论是龙瑞村委会书面向镇政府提出将征地留用地比例从15%提升至20%的建议，[①] 还是集体成员不断突破政策设定的集体土地增值收益分配比例底线，这些情况都直接反映了个体农民与集体组织试图扩大土地增值收益的诉求。正如贺雪峰所言，因为主要收入来自村社集体土地租金收入，农户就有了越来越强烈的村社共同体意识，这种村社共同体意识不同于过去建立在公有制基础上的集体所有制，而是一种建立在共有基础上的集体地主形态，村社集体农户越来越强烈地排斥共同体以外的力量，包括国家、上级政府、外面的人从

---

① 村藏档案：《关于适当提高征地农村自留用地指标的建议》，卷宗号：122. 58 – A – 2012 – 63。

村社集体分享利益，也越来越强烈地维护和扩大村社集体利益。① 在珠三角的某些村庄，已经出现了因土地的不可移动性而坐地要价的农民，他们向地方政府索取超额土地增值收益，这无形中增加了整个地方基础设施建设和公共工程、公益项目的落地成本。而围绕土地增值收益进行的激烈博弈的本质，是以个体私利为集合的"集体大私"与代表全民公共福利的"国家大公"之间的矛盾。

21 世纪以来，集体产权股份制改革后绝大部分农村都设置了"集体股"和"个人股"。在具体实践中如果能够保证集体股与个人股具有同等地位和待遇，这为"集体利益"的获取提供了制度保障。事实上，由公益金、公积金和集体股收益三项构成的集体公共积累是集体公共福利的物质基础，集体组织通过再分配将"集体收益"转化为公益性的社会服务、村庄公共品供给、改善集体成员的生活环境等能力，以此获得集体成员的认可。如此，农村集体组织在一个相对封闭的单元体系内完成了"取之于民、用之于民"的积累与分配，其统筹权力才具有合法性和人民性。② 正是这些具有公共性的分配资金成为其统筹权力持续稳定的基础。然而，随着集体成员私人化、个体化分配的期待越来越强烈，以及"集体股"的收益因各种原因低效、无效使用或者被村干部挪用私吞，导致降低集体股比例乃至直接取消集体股的声音也越来越响亮。在社区共同体内部，公共积累和股民分红的博弈展现了集体成员公共利益的"集体小公"和集体成员个人利益的"个体小私"之间的张力，集体收益分配的公私边界成为当下集体经济需要谨慎处理的重要问题。

第三节　社会主义市场变迁下"农民集体"的不同内涵

在现有研究中，大部分学者从"农民与国家"的视角来讨论农民集体的内涵，本书则从"农民与市场"的视角来重新认识农民集体的现实意义。农民与市场的互动模式取决于农民参与区域市场的机会、能力与动

---

① 贺雪峰：《论农民的地权意识与公共治理———以珠三角地区为例》，《北京工业大学学报》（社会科学版）2018 年第 1 期。

② 孙敏：《农村集体土地所有权式微的实践逻辑及其困境——基于宁海县 × 镇近郊土地开发历程的思考》，《北京社会科学》2018 年第 11 期。

力。就全国各地农村的调研情况来看,① 农民参与市场的上述三大维度受各种因素的影响。其中,客观因素如本地第二、三产业的发展状态决定了区域市场所能提供的非农就业岗位的数量;地方政策对农民与市场发生联系的行政干预;不同地区人地关系的紧张程度影响农民参与市场的意愿;等等。而主观因素如农民个体的文化水平、社会资本、生活观念等影响其参与市场的能力;农民家庭发展目标的层次性影响农民参与市场的动力;等等。本书侧重于从客观的区域市场环境来理解当地"集体与农民"的关系,如表 7 – 1 所示。

表 7 – 1　　　　　　　　不同时期"农民集体"的内涵解读

农民集体	国家主导的计划汲取型	集体主导的自主发展型	农民主导的自我耗散型
时间	20 世纪 50—70 年代	20 世纪 80—90 年代	21 世纪 00—10 年代
市场特点	生产要素高度垄断	生产要素高度流动	生产要素有序流动
集体产权	由私有公用私享型转向公有公用共享型	农业集体经济:公有私用私享型;非农集体经济:公有公用共享型	与前阶段基本一致,但集体土地增值收益的私人化分配增强
市场与农民关系	个体化农民与劳动力、土地和资本市场相对隔绝;由组织化农民集体参与其中	个体化农民参与劳动力市场的动力充足;组织化农民集体参与资本和土地市场	个体化农民参与劳动力市场的动力减弱;组织化农民集体参与资本和土地市场的动力增强

从农民与市场的角度理解集体经济在中国农村现代化过程中所扮演的角色,由此形成表 7 – 1 中不同时期"农民集体"的实现形式及其内涵。

首先,前工业化时代"国家主导的计划汲取型"农民集体。20 世纪50 年代至 70 年代,统购统销政策将农产品流通市场纳入国家计划经济之中;严格的城乡二元户籍管理制度与集体劳动制度相配合,将农业劳动力强有力地捆绑在集体土地之上;通过社会主义"三大改造"成功地将私人资本转化为国有资本和集体资本。由此形成一个高度封闭和垄断的全国性计划经济体系,劳动力要素、资本要素和土地要素的流动性大大降低,而且这些要素所有者的支配权也受到国家各项政策的限制,三大要素的自

---

① 从 2015 年至 2018 年,笔者先后驻村调研的农村社区分布在中部地区的湖北、湖南、河南,东部发达地区的江苏、浙江、上海、广东、山东,西部地区的宁夏、陕西、贵州等省份。

由流动在计划经济体制下难以形成。在这种情况下，由强制性制度变迁催生的农村集体经济成为广大农村地区农业生产的组织者、农产品的分配者和农村社区的管理者。在国家利益、集体利益与社员利益的分配中，完成国家任务是首要的，在此基础上兼顾集体与社员利益是次要的，"农民集体"更多地成为国家提取农业剩余的代理人。

其次，工业时代"集体主导的自主发展型"农民集体。20世纪80年代至90年代，市场机制在经济建设中发挥越来越重要的作用，珠三角地区特区政策的落实成为放活三大要素市场的关键变量。其一，集体时代对劳动力自由迁移与从业选择的限制逐渐解除，劳动力要素市场的活力在20世纪90年代基本恢复正常；其二，集体时代对外来资本与国内私人资本自由流动的限制大范围取消，私人资本要素市场逐步形成；其三，伴随工业用地与城市建设用地的增加，日益旺盛的建设用地市场需求催生了近郊村的土地要素市场。珠三角地区农村集体经济正是在这三大要素市场日趋活跃的市场环境中迅速调整自己的发展策略、推动集体经营管理制度变革，在集体资源处置方面拥有最大自由裁量权的情况下走"自主发展"的道路。该阶段"农民集体"以集体利益为本，在不断做大集体蛋糕的同时提升集体成员的福利，更多地扮演了农村社区集体成员当家人的角色。

最后，后工业时代"农民主导的自我耗散型"农民集体。21世纪以来，珠三角地区三大要素市场发生以下变化：一是本地农民逐渐退出第二产业、转向第三产业，外地农民成为第二产业工人的主要来源，劳动力市场的分布结构趋于稳定；二是国内外资本在亚洲金融危机的冲击下逐步调整投资策略，尤其是经济危机之后，工业资本紧缩或转移、商业和高新产业资本缓慢进入，产业资本要素的市场结构发生变化；三是随着国家和地方政府出台更加细致的土地管理文件，土地要素市场的交易规则、交易主体日益清晰化。总之，在政府强有力的政策干预下，具有高度流动性和自发性的三大要素市场逐渐步入相对有序的有管理的市场。集体经济的经营管理制度随着有序市场的建立而趋于稳定，集体成员对集体经济的关心重点便从经营体制转向分配体制。集体经济收益增长速度在相对规范化的市场环境下逐步放缓，而股份制改革将集体收益的个人分配部分制度化，农民集体在这两股力量的推动下走向自我耗散的道路。

第四节 从宗族到集体：村落共同体的
变与不变

龙瑞村集体经济的变迁与选择展现了"集体"在不同的区域市场环境中进行自我延续、自我发展的建构方式和能力，这一过程可称为"集体再生产"。它既包括农民集体这一抽象主体权能的再生产，也包括集体经济这一实体化的物质再生产。集体经济的经营能力与公共积累能力是相辅相成的生产性能力，它和农民个人分配与国家提取形成一对基本矛盾。作为抽象主体的"农民集体"的统筹权利和分配权利是相辅相成的政治性能力，它的实现程度受制于集体成员的民主权利和国家政策。当自上而下的制度供给和制度改革话语不断强化集体成员的财产权利和民主权利时，集体组织的统筹权利与集体所有权便可能走向虚化。没有政治能力做保障的集体难以发挥生产性能力。故抽象的农民集体与具体的集体成员之间的张力塑造了两种"农民集体再生产"类型：耗散性集体再生产和发展性集体再生产，两者在内部分配特点、外部对抗能力、土地市场行为、农民地利观念四个方面存在以下差异，如表7-2所示。

表7-2 不同类型"集体再生产"的差异

类型	耗散性集体再生产	发展性集体再生产
内部分配特点	以轻集体积累、重个人分红为主；集体积累以保障公共福利为主，不愿兼顾扩大再生产和公共管理	以重集体积累、轻个人分红为主；集体积累以扩大再生产为主，公共管理与公共福利兼顾
外部对抗能力	以私利最大化为导向，集体成员利用集体和政策话语，形成强大的、一致性的集体行动能力，以对抗为主	在国家、集体和私利之间寻求平衡，集体利用政策法律教育农民以限制私欲非理性膨胀，以合作为主
土地市场行为	在集体土地交易或使用过程中，强调近期货币化地利最大化，倾向于在土地一级市场中获利	在土地交易或使用过程中，强调长远地利的最大化，倾向于在土地二级市场中获利
农民地利观念	农民对集体土地地租依赖较强，地利倾向于"按份共有"，以彰显土地财产属性为主	农民对集体土地地租依赖较弱，地利倾向于"集体公有"，以彰显土地生产属性为主

表7-2从四个方面概括了"农民集体"与集体成员、地方政府、区域市场以及土地资本的互动规则。在具体实践中，中国农村集体的"层级性"、"内部治理结构"与"人地关系"这三大要素成为影响上述两种集体再生产类型的关键变量。首先，就集体的层级性而言，在珠三角地区形成了行政村—自然村—生产队三级"集体"，集体产权单元的层次越低，农民集体的生产性能力越弱，政治性能力越容易为集体成员所左右，其耗散性的倾向越明显。其次，就集体内部治理结构而言，在当前股份制改革的推动下，集体经济组织与集体政治组织的分离导致原本统一性的政经关系走向分离性的政经关系。农民集体内部治理结构主要体现在行政权力与经济权力的关系处理以及代理人与委托人的关系处理，其中经济权力越不受政治权力控制、委托人民主权利越不受代理人集中权利约束，其耗散性的倾向越明显。最后，集体内部人地关系是指集体成员与土地直接收益和间接收益的剥离程度。集体内部人地关系剥离的程度越高，集体的发展性倾向越明显；反之，其内部人地关系黏合程度越高，集体的耗散性倾向越明显。

尽管作为一种新的村社共同体，农民集体在最近半个多世纪里发生了巨大的变化，但它毕竟是在传统宗族社会的废墟基础上建立起来的。当代社会以集体经济为基础的村社共同体与传统社会以宗族经济为基础的村社共同体有着千丝万缕的联系，探讨这些联系将有助于从更加广阔的视角来认识当下的中国农村。从村社共同体的经济基础来看，宗族经济与集体经济既有相似之处也有不同之处。其中的相似之处，一是两者均依托一种抽象主体如"祖宗""农民集体"土地占有形式建立其产权基础；二是抽象主体通过代理人经营集团土地不断积累其他资产由此形成集团"公产"；三是两者的经营方式都不约而同地倾向于出租经营因而从根本上两者都属于食租经济；四是抽象主体依托公产收益为内部成员提供社会福利和公共安全，由此形成个体成员对共同体的归属感。而宗族经济与集体经济的不同之处体现在以下几个方面：

其一，抽象主体占有土地的边界弹性空间不同。其中，宗族土地具有较大的扩张性，其边界随着宗族势力大小、地方官僚管控意愿和能力而变化；而集体土地是在打破传统土地占有格局的基础上依托强大的政治力量重新划定的，集体土地的边界便是建制村的边界，其边界清晰、稳定且不具有扩张性。事实上，这正是现代国家行政能力的体现。

　　其二，内部成员参与公产管理与监督的权限不同。正如陈翰笙先生所言，宗族经济的一切收入和支出统归理事或理数管理支配，在没有内部成员的监督下，宗族的公共财产由主管人自由支配而变相地成为私有财产，久而久之村落共同体内部分化日益加剧，即产生一个可将族田之类公共世袭财产变为私人财产的剥削阶级，以及一个毫无地位最后甚至无权过问那些行使权利者的所作所为的佃农阶级。① 但集体经济则不同，从集体经济诞生之日起，强制性制度便赋予了集体成员民主参与集体经济活动的权利，尽管这种"制度性权利"的落实需要一个历史过程。21 世纪珠三角农村集体经济产权制度改革以来，集体成员的经济民主权利开始在实践中落实，并逐步成为约束农民集体代理人——村干部权力的重要力量，将"微权力关进笼子里"② 成为东部发达地区的总体趋势。

　　尽管工业化、城市化和市场化带来巨大的社会变迁，但正如周大鸣对"城市宗族"的理解，农村现代化确实使宗族最早存在的基础受到冲击，但宗族并没有与那些传统的生存方式共存亡。相反，随着城市化，宗族已经慢慢通过适应性调整，以新的形式存在于现代都市社会中。③ 这种"适应性调整"便是蓝宇蕴所指的"小传统"向"大传统"的有效对接，这些小传统包括诸如宗族、宗教与习惯法等非正式的乡土资源。在村庄非农化推进过程中，这些非正式关系网络的支持以及非正式制度的运作起着关键性的保护作用。④

　　在现代国家进村和现代产业进村的历史背景下，当代村落共同体在身份边界、权力来源、权威再生产、社会认同等方面均发生了重大转变。如集体成员的资格认定早已打破唯血缘的"自然法则"，取而代之的是代表国家力量的地缘规则；再如村落共同体的当家人尽管依然尊重"农民自选"的权利，但村干部尤其是村党组织的领导地位则体现了当家人的权力来源是双向的。从集体成员对土地资本化收益和土地增值收益的高度依赖中可以感受到，当代珠三角非农化的农民对"农民集体"的认同是基

---

　　① 陈翰笙：《解放前的地主与农民——华南农村危机研究》，冯峰译，中国社会科学出版社1984 年版，第 42—43 页。

　　② 孙敏：《农村集体土地所有权式微的实践逻辑及其困境——基于宁海县 × 镇近郊土地开发历程的思考》，《北京社会科学》2018 年第 11 期。

　　③ 周大鸣：《凤凰村的变迁》，社会科学文献出版社 2006 年版，第 174 页。

　　④ 蓝宇蕴：《都市里的村庄：一个"新村社共同体"的实地研究》，生活·读书·新知三联书店 2005 年版，第 428—429 页。

于"共享式地利"而非"共同记忆的祖先",由此完成了利益认同对祖宗认同的替代性转换。东部沿海发达地区的集体经济在与市场经济对接的过程中,"集体经济需要由身份集体向利益集体转型"。① 但限于本书研究资料,类似变化有待做进一步的讨论和考察。

---

① 徐勇、沈乾飞:《市场相接:集体经济有效实现形式的生发机制》,《东岳论丛》2015 年第 3 期。

附　　录

一　中山市龙瑞村藏档案（部分）

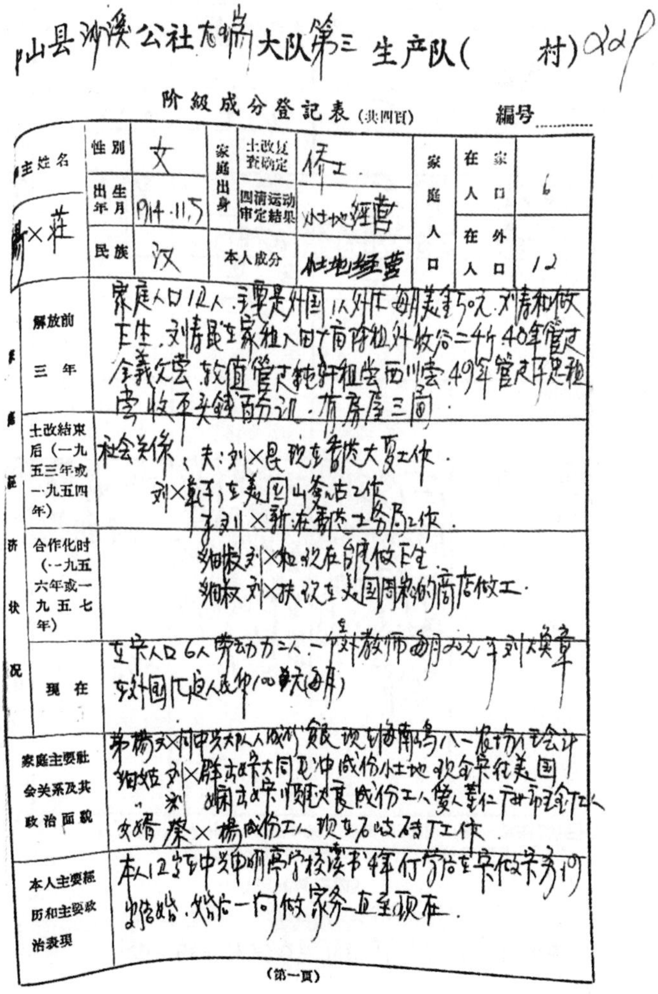
中山县沙溪公社龙瑞大队第三生产队（　　村）

阶級成分登記表（共四頁）　　編号

户主姓名	性別	女	家庭出身	土改复查确定	侨工	家庭人口	在家人口	6
杨×莊	出生年月	1914.11.5		四清运动审定結果	小土地经营			
	民族	汉	本人成分		小土地经营		在外人口	12

家庭经济状况	解放前三年	家庭人口12人，主要是外国汇款，每月美金50元。刘青和做医生，刘清民在家租入田七亩，除租外收谷二千斤。40年管过全義文会，較值管过鈍轩祖尝、西川会。49年管过仔思祖尝，收平头钱百分之二。有房屋三间。
	土改結束后（一九五三年或一九五四年）	社会关系：夫：刘×民现在香港大厦工作。刘×章（子）在美国山备店工作。子刘×新在香港工务局工作。
	合作化时（一九五六年或一九五七年）	细叔刘×和现在台湾做医生。细叔刘×扶现在美国同乡的商店做工。
	现在	在家人口6人，劳动力二人，一个系教师每月24元。子刘×章在外国汇返人民币100元（每月）。
家庭主要社会关系及其政治面貌		弟杨×树中兴大队人成份贫农，现在海南岛八一农场做会计。细姑刘×胖出嫁大同乡冲成份小土地，现全家在美国。细姑刘×娴出嫁沙溪大象成份工人，爱人黄仁广州市手工业合作社工人。女婿蔡×杨成份工人，现在石岐砖厂工作。
本人主要經历和主要政治表現		本人12岁在中兴申明亭学校读书4年，停学后在家做家务，19岁出嫁结婚，婚后一向做家务直至现在。

（第一頁）

附图1－1　阶级成分登记表（杨×庄）

家 庭 成 员 简 况

姓　　名	杨×莱	刘×卿	刘×卿	刘×卿	刘×卿
与户主关系	户主	女	女	女	女
性　　别	女	女	女	女	女
出生年月	1914.11.15	1943.2.1	1946.7.11	1949.11.26	1939.12
家庭出身 土改复查时定的 / 四清运动审定结果	侨工 人土地经营	侨工 人土地经营	侨工 人土地经营	侨工 人土地经营	侨工 人土地经营
本人成分	人土地经营				
文化程度	初小	高中	初中	初中	初中
宗教信仰					
政治面貌	群众	群众	群众	群众	群众
现在职业及职务	在家劳	三角支明代销店工作			
何时迁来	1933.	本店	本店		
参加过何种反动组织及任何职					
何时何故受过何种奖励与处分					
主要经历和主要政治表现	详见一页.	7-19岁读书后待嫁布成发师半年后到三角支明小学当教师.	54年读书考上中小学初中毕业64年毕业后当民办教师后来居.	曲八岁开始读书到初读书刊初立.	读书到初中后家务已读半石经荣单杨小来庄.

注：①户主填在第一格；②十五岁以下的小孩，只计入人口栏内，不单独填写；③个人成分一概填写达大"四清"运动后审定的成分。

（第二页）

附图1-2　家庭成员简况登记表（杨×庄）

本卷内需要说明的情况

该人在划时家庭成份被划为侨工，现经从队大队下级登记审查小组决定改划为小土地经营，原因：

1）其夫夫到×昆在47年耕租了亩田是完全请人做的，而自己则参加轻微劳动，48、49年主要靠管公堂为同乡收平关钱百分儿）加上这了亩也是靠请工做的。而且划秀昆本人至解放前三年就做保长（牧社丁黄）

2）该人家庭成份被划侨工群众意见很大认为该人成份不能划为侨工，划为小土地经营为适合，另外该家庭在文化大革命破四旧立新表现非常不好，态度恶劣。

3）根据上述情况经深入调查群众和小队大队下阶级登记审查小组决定改划为小土地经营。

填表人： 罗×昌

审查人： 大队四清工作队长 _____

大队贫下中农协会主席 _____

一九六六年十月卅一日

注：①凡更正成分的户，审定成分的事实和依据，度在此页内详细说明。
②群众中一些有疑案的，也应在此页内说明。
（第四页）

附图1-3　阶级成分说明（杨×庄）

家 庭 成 员 简 况

姓　　名	杨×惠	刘×鉴	杨×	刘×烨	刘×媚
与户主关系	户主	夫	家姑	细叔	女
性　　别	女	男	女	男	女
出生年月	1919.1.11.	1918.5.	1808.5.26.	1930.11.03.	1943.8.
家庭出身（土改复查确定 / 四清运动审定结果）	地主 / 地主	地主 / 地主	地主 / 地主	地主 / 地主	地主 / 地主
本人成分	地主	地主	地主	地主	地主
文化程度	高中	高中	高小学	高小	高中
宗教信仰					
政治面貌	摘帽地主	暂摘帽地主	群众	群众	群众
现在职业及职务	农业社之员	农业社之员	老人	患神经病	破咽喉癌病
何时迁来	1931.	祖居	祖居	祖居	祖居
参加过何种反动组织及任何职					
何时何故受过何种奖励与处分	土改时常被斗争过,劳动时挨地主斗争				
主要经历和主要政治表现	请看一页	七岁读书,斗争四年其中回来当教师,解放后随时也到五三年三六年教师	偷教富陈,九月二十当同村半为改造,港国学校教师手的报纸化大革命,从小跟随父亲,千岁到肃反斗线	婚婚玻璃随家务工作到老,由于手老说话有问题以今不多详细,十三岁莫五二年	不能老加学劳,二十主岁神经病,石收五市军读五四年三二岁迁

注：①户主填在第一格；②十五岁以下的小孩，只计入人口栏内，不单独填写；③个人成分一概填写这次"四清"运动后审定的成分。

（第二页）

附图1-4　家庭成员简况（杨×惠）

中山县沙溪公社杏端大队第八生产队（杏瑞村）

阶级成分登记表（共四頁） 编号□□□

户主姓名	性别	X	家庭出身	土改复查评定	地主	家庭人口	在家人口	8
	出生年月	1919.1.11		四清运动审定结果	地主		在外人口	1
杨X惠	民族	汉	本人成分		地主			

经济状况	解放前三年	61-64年人口8人，劳1个。主要靠13亩田生活，60亩发娟租出，每年收租8000斤左右，短期批来63亩，解放八千左右，另列欢誉主要靠出卖劳师，每月650斤左右，靠每个制造储生活，有屋，平房大厅。
	土改结束后（一九五三年或一九五四年）	
	合作化时（一九五六年或一九五七年）	
	现在	61-66年人口8人，劳力2人，主要靠劳作过及劳师来生活。夫欢誉劳师每月425元，61年-66年九月比。集体45入每年45入大约外记45入，每月港中120元，61年到现生。120元左右。内侄刘子云在基口年中有钱寄回。

家庭主要社会关系及其政治面貌	姑刘金左，姑夫郑社国劳动解大打工，外甥郑佰雪劳动好打工。姑夫彭江麻生美口，女刘春媛，又婿徐健强生中山炙史公司。妹扬永娟保教工托儿所成份工人，弟扬唉成果供销社成份工人。细姑刘金限下今乡侨委，成份侨工。细姑刘重主，姑夫李忠元康乐大队，成份华侨地主。

本人主要经历和主要政治表现	八岁读书到永年毕业，17岁结婚，婚后家务工作，过着剥削生活到解放。52年先加劳动，跟随入集体直到现在，参加防旱劳争过，在本村4000斤左右，外地5000斤左右，没有受剥削过。

（第一頁）

附图1-5 阶级成分登记表（杨X惠）

家史简述　　　　　　户主　杨×惠

我家上代是虑贫苦农民家族。家翁到民道从小就租种了人家一些
地，自己耕种，贫寒过活。直到廿六岁的时候才跟着亲人前往澳洲
谋生。在当地一向以耕种菜园为主要事业。四十年来先后回
祖国六次。自己省吃俭用把一些积累逐渐将家乡兴起。以后
家中生活全部是依靠了侨汇维持。并各别的收入。直到1931
年家翁最后一次从澳洲回国。已届年老。失却了劳动力。在家北公又
照顾只有在家坐食。1937年就使与农人结婚。当时农人还是
在外乡当教师的。家翁那时引开始买下一些田地。家庭经济一部分则
依靠了地租剥削和农人每月的工资。另方理靠从外国带回的一些
积累来维持全家八口人的生活。当时家计统由家翁负担。1940
年以后家翁又先后将积累下来的赊款买田。一共买下约29.27亩
从此家中生活则大部分都靠田租剥削。农人的每月工资只供养有秋和
16七二人之用。按当时剥削情况。大部分沙田是长期批出耕种给农民
圆口其他则原裕批。每年靠着剥削约八千斤左右。但未有进行过放
高利贷等行为。1944年家翁已去世。所有的文绪由家姑接手当家
我是向来无权过问的。也不许参加意见。我的农人自离开学校
后则往外乡当教师。从1936年起一直到现在已有30年时间。大
半生的精神都是从事教育事业。亚未参加过任何行动组织及伪
职。在家时间少主事家。因而也少理家事。
　　土改时我家及举的成员都被戈1为地主。家姑和我。农人等
均先后在沙田所在地区和本村。接受过农民的说理斗争。
认识了家中过去的剥削罪恶。享受了农民的但汗就进深巨的
罪恶史。亚我的在诛从思想和行动都要服罪。在农民群众的
宪本底下。对合理令的退租，赎粮等都已交清。甘额接受
政府对地主阶级的一切处理。

附图1-6　家史简述（杨×惠）

二　龙瑞经联社与承租企业的经济纠纷概况

附表1-1　龙瑞经联社与承租企业的经济纠纷概况（1992—2010年）

被告	纠纷概况	处理结果
刘×华、高×泉，华×制衣厂	1997年刘×华等租用龙瑞村厂房及宿舍，按1997年6月签订的《租赁合同》以及1998年2月签订的《合同补充协议》计算，截止到1999年5月刘×华已拖欠厂房租金约29.58万元。龙瑞经联社多次向刘某索取租金未果，于是向中山市人民法院提请诉讼，除及时偿还上述拖欠租金外，同时追加期满最后三月的租金约7.48万元	合伙投资人高×泉（香港人）下落不明，刘×华无法在法院规定的日期偿还所欠厂房租金，于是，中山市人民法院于2000年10月依法拍卖刘某和高某共有的华×制衣厂的设备等财产，共拍得价款8.1万，还剩32.62万元未偿还，但法院也找不到其他可执行拍卖的财产，龙瑞村不得不同意延期执行。这部分欠款至今未追回
张×平，美芳时装厂	2001年张×平租用龙瑞厂房、宿舍和铺面开设美芳时装厂，按照双方签订的《租赁合同》，张某已经拖欠龙瑞村四个半月共计约7.36万元租金，龙瑞村多次派人前往协商、催缴，但张某一直口头承认保证，实际上却一直拖延，截止到2001年10月底，已断绝电话联系。故龙瑞村委托法律事务所律师试图走司法途径解决问题	张×平（新加坡人）收到律师函及时与龙瑞村沟通，双方签订《设备折价还款协议书》以民事调解的方式解决。根据该协议，张某自愿将美芳制衣厂的所有制衣设备及办公室一切用品交由龙瑞村委会全权处理，这些财产共折价为120857元，此款项用以清还龙瑞村的厂房租金及滞纳金和该厂员工工资4.5万元
嘉丰制衣厂	嘉丰制衣厂早在1988年便入驻龙瑞村，在2014年以前，该厂经营状况良好，并未出现长期拖欠租金的行为。但2015年3月该厂负责人欠薪逃逸，厂房关闭停工。根据双方签订的《租赁合同》，截止到2015年2月底，该厂共拖欠龙瑞村集体租金约30.11万元，龙瑞村决定单方面终止合同，并通过司法途径追缴租金	暂未查阅到相关的法院判决材料，按照以往的惯例，龙瑞股份合作社应该也是通过法院拍卖该厂的生产设备、办公用品等所得款项来弥补厂房租金的，同时还要处理该企业的欠薪问题。幸运的是，嘉丰空出的集体物业（工业大楼A、B、E幢共4147.40平方米和空地面积8000平方米）在2015年下半年整体发包给美汇商业经营管理有限公司开发电商产业园，承租期10年

资料来源：村级档案：《关于龙瑞村集体的民事纠纷案件资料（1992—2010年）》，卷宗号：122.68-A-2010-226；《2015年村民（股东）代表会议决策记录》，卷宗号：122.58-A-2015-69。

三　中山市龙瑞区（村）出台部分人（户）口管理相关细则

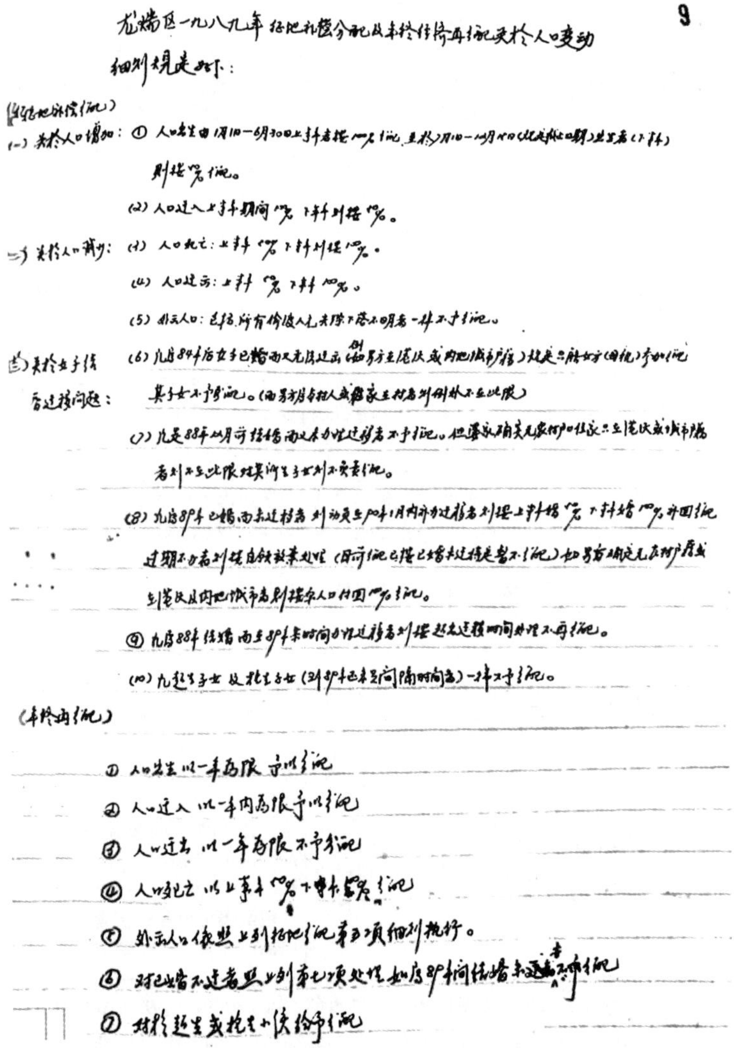

龙瑞区一九八九年征地补偿分配及本年度再分配关于人口变动
细则规定如下：

9

（征地补偿分配）

（一）关于人口增加：① 人口出生由1月1日—6月30日以上者按一次分配，其余7月1日—12月31日（此是按此时期）出生者（下半）则按半份分配。

（2）人口迁入：上半年期间向□％，下半年则按□％。

（二）关于人口减少：（3）人口死亡：上半年□％，下半年按□％。

（4）人口迁出：上半年□％，下半年□0％。

（5）挂名人口：凡挂名所有原迁入人在本区下届分明点一律不予分配。

（三）关于女子婚后迁移问题：（6）凡在88年后女子已婚期内又无法迁走（男方在居住或内地成未迁出户口）视此为解决（固死）分份分配，其余不予分配。（因男方结婚人或因未在村务则例补分此项限）

（7）凡是88年以内可结婚而又在本区内迁移者不予分配，但婚后解决夫妻俩们口住宅=主居住或城市服务到此为止限内其亦不予分例不受影响。

（8）凡在87年已婚而未迁移者列为成立户口月内补办迁移者列上半年婚□完，下半年婚□％，并回流过期不办者列为自放弃某末处理（同例已属已婚未迁移走要不分例）如男方明定已居村户及成列□并及因地城市者到例□接受人口切回□％分例。

（9）凡在88年结婚而未办未迁移者在内迁移者列上半或迁程期间处理不再分例。

（10）凡招入子女 及招入女婿（对外地未在村□两明两向）一律不予分配。

（年终再分配）

① 人口出生以一年为限方以分配

② 人口迁入以一年内为限予以分配

③ 人口迁出以一年为限不予分配

④ 人口死亡以上半年半份分例，下半年照全例分例

⑤ 外迁人口依照上列征地分配第五项细则执行。

⑥ 对已婚不迁者及以列本七项处理，如属招婿同居婚不迁者分部分□例

⑦ 招婚迁出或招入以依例分例

附图 1—7　《龙瑞区 1989 年征地补偿分配及年终经济
再分配关于人口变动细则》

10

　　为进一步贯彻依法治村的精神,根据《中华人民共和国村民委员会组织法》和广东省实施《中华人民共和国村民组织》办法等有关规定,暨不违反上级的各项政策、法令、结合本村实际,特制定本细则:

　　第一条:完善户口管理,凡符合国家法定年龄结婚妇女是本村户口的,婚后应随夫生活,原则上应将户口迁出本村,而本村男青年与外省、市的妇女结婚,户口迁入本村的,应向村委会提交书面申请,经上级部门批准,方可办理迁入。凡原籍在本村的,由于各种原因,将户口迁出本村,现又将户口迁回本村入户的人员,要先向村委会提交书面申请,村加盖意见后,待上级公安部门批准后,方可迁回本村入户。已离婚的妇女,原则上应将户口迁回原籍。

　　第二条:加强社会治安综合治理,凡本村常住户籍的居民,及暂住一个月以上的人员,每年需交上级部门规定收取的治安费、水利费和本村的清洁费。凡本村管辖范围的住宅及宅基地,原则不准转让给外省市人员。出租房屋要办理出租屋许可证,缴交上级规定收取的出租屋管理费,实行谁得益,谁负责的原则,承租人所拖欠集体款项,由出租屋主负责尝还。

　　第三条:在自愿的原则下,农业户参加镇村两级合作医疗,参加者以户为单位交费,不得选择个别人参加,凡参加者以当年为一期,中途不得退出,亦不加入。

　　附图1-8　　《1999年龙瑞村户口管理暨年终再分配等细则》(一)

11

第四条：年终再分配

1、以下人员可享受本村分配

凡本村农业户口，现役军人（军队干部除外），在校学生（含升读大学、中专户口在校的，毕业后除外），没有违反国家计划生育条例的，当年合理出生，抢生当年已够间格，超生、收养入户后年满六年的，当年迁出，当年身故的，都给予分配。

2、以下人员不得享受本村分配

户籍在本村属非农业户口，判刑在押，身故无直系亲属的，非婚生子女，应结扎未结扎的，不属本村户籍，已离婚的妇女，凡属当年迁入的，经批准到港澳和其他国家务工，合同期满后未回来的，一九八五年一月一日后，女方已婚出本村，户口至今没有迁出，其本人及所生子女不给予分配。

3、户口在本村，而没有正当理由壹年以上不在本村居住，或非法前往港、澳的，不给予分配。经上级批准出国或港澳，而村中无直系亲属的，可用委托书，委托他人到村财会处领取当年分配。

第五条：本细则由村民代表会议讨论表决通过，由村委会自1999年5月1日起执行实施。

中山市沙

龙瑞村民委员会

1999.4.29

附图1－9 《1999年龙瑞村户口管理暨年终再分配等细则》（二）

参考文献

一　专著、译著

《马克思恩格斯文集》（第三卷），人民出版社 2009 年版。

《马克思恩格斯文集》（第四卷），人民出版社 2009 年版。

《列宁选集》（第三卷），人民出版社 2012 年版。

《列宁选集》（第四卷），人民出版社 2012 年版。

《毛泽东选集》（第一卷），人民出版社 1991 年版。

《毛泽东选集》（第三卷），人民出版社 1991 年版。

《邓小平文选》（第二卷），人民出版社 1994 年版。

《邓小平文选》（第三卷），人民出版社 1993 年版。

《关于建国以来党的若干历史问题的决议》，中国共产党中央党委会通过，中共党史出版社 2010 年版。

陈翰笙：《解放前的地主与农民——华南农村危机研究》，冯峰译，中国社会科学出版社 1984 年版。

陈吉元：《中国农村社会经济变迁（1949—1989）》，山西经济出版社 1993 年版。

费孝通：《江村经济——中国农民的生活》，商务印书馆 2003 年版。

冯平主编：《广东当代农业史》，广东人民出版社 1995 年版。

冯荣球主编：《中山市档案馆指南》，中国档案出版社 2008 年版。

高王凌：《人民公社时期中国农民"反行为"调查》，中共党史出版社 2006 年版。

广东省土地改革委员会编：《广东土地改革法令汇编》，新华书店华南分店 1950 年版。

广东叶剑英研究会、中共广东省委党史研究室编：《叶剑英在广东》，中央文献出版社 1996 年版。

国家统计局编：《奋进的四十年（1949—1989）》，中国统计出版社 1989
　　年版。

黄道霞主编：《建国以来农业合作化史料汇编》，中共党史出版社 1992
　　年版。

黄永豪：《土地开发与地方社会——珠江三角洲沙田研究》，香港文化出
　　版社 2005 年版。

纪坡民：《产权与法》，生活·读书·新知三联书店 2001 年版。

蓝宇蕴：《都市里的村庄：一个"新村社共同体"的实地研究》，生活·
　　读书·新知三联书店 2005 年版。

李培林：《村落的终结：羊城村的故事》，中国社会科学出版社 2014
　　年版。

李培林：《另一只看不见的手：社会结构转型》，社会科学文献出版社
　　2016 年版。

列宁：《列宁论新经济政策》，人民出版社 2020 年版。

凌志军、李春林著：《历史不再徘徊——人民公社在中国的兴起和失败》，
　　人民出版社 1997 年版。

刘金海：《产权与政治：国家、集体与农民关系视角下的村庄经验》，中
　　国社会科学出版社 2006 年版。

刘云生主编：《中国不动产法研究》第五卷，法律出版社 2010 年版。

卢现祥：《西方新制度经济学》，中国发展出版社 2003 年版。

陆学艺主编：《改革中的农村与农民——对大寨、刘庄、华西等 13 个村
　　庄的实证研究》，中共中央党校出版社 1992 年版。

罗平汉：《农村人民公社史》，人民出版社 2017 年版。

莫宏伟：《新中国成立初期的广东土地改革研究》，中国社会科学出版社
　　2010 年版。

孙宪忠：《争议与思考：物权立法笔记》，中国人民大学出版社 2006
　　年版。

王海娟：《地尽其利：农地细碎化与集体所有制》，社会科学文献出版社
　　2018 年版。

王玉贵、娄胜华：《当代中国农村社会经济变迁研究：以苏南地区为中心
　　的考察》，群言出版社 2006 年版。

温铁军：《三农问题与世纪反思》，生活·读书·新知三联书店 2005 年版。

温铁军、孔祥智：《解读珠三角：广东发展模式和经济结构调整战略研究》，中国农业科学技术出版社 2010 年版。

文魁主编：《制度支柱与体制根基——论科学发展的经济基础》，首都经济贸易大学出版社 2017 年版。

吴毅：《村治变迁中的权威与秩序——20 世纪川东双村的表达》，中国社会科学出版社 2002 年版。

行龙：《走向田野与社会》，生活·读书·新知三联书店 2007 年版。

行龙主编：《回望集体化：山西农村社会研究》，商务印书馆 2014 年版。

杨承训：《市场经济理论典鉴——列宁商品经济理论系统研究》，知识产权出版社 2019 年版。

杨国安：《明清两湖地区基层组织与乡村社会研究》，武汉大学出版社 2004 年版。

杨国安、周荣：《明清以来的国家与基层社会》，科学出版社 2013 年版。

岳谦厚、李卫平：《从集体化到"集体化"：1949 年以来郝庄的经济社会变革之路》，中国社会科学出版社 2015 年版。

张厚安、徐勇等：《中国农村村级治理——22 个村的调查与比较》，华中师范大学出版社 2000 年版。

张乐天：《告别理想：人民公社制度研究》，上海人民出版社 2012 年版。

中共广东省委农村工作部、广东省档案馆编：《广东农业生产合作制文件资料汇编》，广东人民出版社 1993 年版。

中共广东省委党史研究室：《回忆中共中央华南分局》，中共广东省委党史研究室 2000 年版。

中共广东省委党史研究室：《中国共产党广东历史·第二卷（1949—1978）》，中共党史出版社 2014 年版。

中共中央文献研究室编：《建国以来重要文献选编（第四册）》，中央文献出版社 1993 年版。

中山市沙溪镇人民政府编著：《沙溪访古问俗（下册）》，岭南美术出版社 2012 年版。

周大鸣：《凤凰村的变迁》，社会科学文献出版社 2006 年版。

周大鸣等：《告别乡土社会——广东农村发展 30 年》，广东人民出版社

2008 年版。

[美] R. 麦克法夸尔、费正清编：《剑桥中华人民共和国史·上卷·革命的中国的兴起（1949—1965 年)》，谢亮生、杨品泉等译，中国社会科学出版社 1990 年版。

[美] R. 科斯、A. 阿尔钦等：《财产权利与制度变迁——产权学派与新制度学派译文集》，刘守英等译，格致出版社 2014 年版。

[美] 杜赞奇：《文化、权力与国家：1900—1942 年的华北农村》，王福明译，江苏人民出版社 2003 版。

[法] 费尔南·布罗代尔：《地中海与菲利普二世时代的地中海世界》，唐家龙、曾培耿、吴模信译，商务印书馆 1996 年版。

[美] 黄宗智：《中国的隐性农业革命》，法律出版社 2010 年版。

[美] 詹姆斯·C. 斯科特：《弱者的武器：农民反抗的日常形式》，郑广怀、张敏、何江穗等译，译林出版社 2007 年版。

二　期刊

陈小君、高飞等：《农村集体经济有效实现的法律制度研究论纲》，《私法研究》第 9 卷。

陈小君、高飞等：《我国农村集体经济有效实现法律制度的实证考察——来自 12 个省的调研报告》，《法商研究》2012 年第 6 期。

常明明：《效益下降抑或增收差异：农业合作化后农民退社原因再研究——基于 1955—1956 年合作社中各阶层农户收入的视角》，《中国农史》2011 年第 1 期。

陈春声：《中国社会史研究必须重视田野调查》，《历史研究》1993 年第 2 期。

程文仕：《从农民的视角研究农村土地私有化的可行性》，《国土资源科技管理》2009 年第 3 期。

党国英：《让农民真正成为土地的主人》，《科学决策》2006 年第 8 期。

邓宏琴：《包夹：集体化时代乡村阶级斗争的运作机制》，《开放时代》2011 年第 12 期。

邓宏琴：《反省：集体化时代塑造乡村干部群体的运作机制》，《开放时代》2009 年第 12 期。

杜鹏：《土地与政治——集体土地制度的政治社会学研究》，博士学位论文，华中科技大学，2018 年。

冯尚春、冯蕾：《比较视域下我国农村集体规模经营绩效研究》，《财经问题研究》2013 年第 12 期。

高飞：《论集体土地所有权主体之民法构造》，《法商研究》2009 年第 4 期。

高鸿宾：《对农村集体经济中双层结构的历史认识》，《农业经济问题》1985 年第 3 期。

高鸿宾：《论农村经济中联合的存在与发展》，《农业经济问题》1985 年第 5 期。

辜胜阻、李正友：《中国自下而上城镇化的制度分析》，《中国社会科学》1998 年第 2 期。

郭家：《对农村集体经济的再认识》，《江西社会科学》1987 年第 3 期。

郭于华等：《诉苦：一种农民国家观念形成的中介机制》，《中国学术》2002 年第 4 期。

韩松：《坚持农村土地集体所有权》，《法学家》2014 年第 2 期。

韩松：《论农村集体经济内涵的法律界定》，《暨南学报》（哲学社会科学版）2011 年第 5 期。

何干强：《中国特色社会主义的城镇化道路的探索——江苏部分地区城镇化的调查与思考》，《马克思主义研究》2011 年第 3 期。

何浩堃：《谈规范深圳市农村股份制改造的几个问题》，《广东社会科学》1993 年第 3 期。

何磊、王柏杰：《中国乡村城镇转型的依据、内涵及模式》，《中共天津市委党校学报》2012 年第 3 期。

贺雪峰：《论农民的地权意识与公共治理———以珠三角地区为例》，《北京工业大学学报》（社会科学版）2018 年第 1 期。

贺雪峰：《论中坚农民》，《南京农业大学学报》（社会科学版）2015 年第 4 期。

贺雪峰：《农地集体所有是"三农"底线》，《同舟共进》2006 年第 2 期。

胡同恭：《论工业反哺农业》，《现代经济探讨》2005 年第 3 期。

黄瑞标、郑奔：《股份合作经济与农村集体经济运行机制转换》，《中国农村经济》1992 年第 6 期。

黄勋拔：《广东的土地改革》，《当代中国史研究》1995 年第 1 期。

黄珍德、赖勖忠：《广东省全面土地改革前征粮问题初探》，《当代中国史研究》2018 年第 2 期。

金晓斌、魏西云等：《被征地农民留用地安置方式的特征与模式分析》，《中国农业通报》2008 年第 8 期。

蓝宇蕴：《都市村社共同体——有关农民城市化组织方式与生活方式的个案研究》，《中国社会科学》2005 年第 2 期。

蓝宇蕴：《非农集体经济及其"社会性"建构》，《中国社会科学》2017 年第 8 期。

黎初：《关于农村集体经济和土地所有权问题的论争》，《学习与研究》1986 年第 2 期。

李放春：《苦、革命教化与思想权力——北方土改期间的"翻心"实践》，《开放时代》2010 年第 10 期。

李金铮：《土地改革中的农民心态：以 1937—1949 年的华北乡村为中心》，《近代史研究》2006 年第 4 期。

李里峰：《阶级划分的政治功能——一项关于"土改"的政治社会学分析》，《政治学研究》2008 年第 1 期。

李里峰：《经济的"土改"与政治的"土改"——关于土地改革历史意义的再思考》，《安徽史学》2008 年第 2 期。

李里峰：《"运动"中的理性人——华北土改期间各阶层的形势判断和行为选择》，《近代史研究》2008 年第 1 期。

李立志：《土地改革与农民社会心理变迁》，《中共党史研究》2002 年第 4 期。

李培林：《透视"城中村"——我研究"村落终结"的方法》，《思想战线》2004 年第 1 期。

李巧宁：《农业合作社与农民心态》，《浙江学刊》2005 年第 1 期。

李伟、常利兵：《被改造的剃头匠：以山西临汾为民理发社为例》，《山西大学学报》2008 年第 3 期。

李志刚、李郇：《新时期珠三角城镇空间拓展的模式与动力机制分析》，《规划师》2008 年第 12 期。

刘家强：《"苏南模式"形成机制探析》，《理论与改革》1997 年第 9 期。

罗洪陔：《对农村集体经济的再认识》，《中国农村经济》1990 年第 11 期。

罗伟洲：《基于利益博弈视角的留用地开发利用制度研究》，《暨南学报》（哲学社会科学版）2016 年第 3 期。

马维强、邓宏琴：《生计与生存：集体化时代的村庄经济与农民日常生活——以山西平遥双口村为考察中心》，《中国农业大学学报》（社会科学版）2016 年第 1 期。

马维强：《红与黑：集体化时代的政治身份与乡村日常生活》，《开放时代》2011 年第 8 期。

潘威：《发展农村集体经济的新路子——深圳市横岗镇股份合作经济调查》，《探求》1993 年第 1 期。

彭海红：《警惕土地私有化思潮对农村土地集体所有制的冲击》，《红旗文稿》2016 年第 7 期。

石霞：《重建集体经济组织——深圳横岗股份合作制调查》，《燧石》1995 年第 5 期。

苏昕：《"城市新移民"公民权的缺失及回归探析》，《中国行政管理》2012 年第 5 期。

孙敏：《农村集体土地所有权式微的实践逻辑及其困境——基于宁海县×镇近郊土地开发历程的思考》，《北京社会科学》2018 年第 11 期。

孙敏：《三个走向：农村集体经济组织的嬗变与分化——以深圳、苏州、宁海为样本的类型分析》，《农业经济问题》2018 年第 2 期。

田孟、贺雪峰：《中国的农地细碎化及其治理之道》，《江西财经大学学报》2015 年第 2 期。

汪晖：《去政治化的政治、霸权的多重构成与六十年代的消逝》，《开放时代》2007 年第 2 期。

王景新：《村域经济转型发展态势与中国经验》，《中国农村经济》2011 年第 12 期。

王景新、郭海霞：《农民市民化：中国 10 个著名经济强村实证研究》，《广西民族大学学报》（哲学社会科学版）2014 年第 1 期。

王景新：《中国农村发展新阶段：村域城镇化》，《中国农村经济》2015 年第 10 期。

王晓桦：《对〈对农村集体经济中双层结构的历史认识〉一文的一点不同看法》，《农业经济问题》1986 年第 4 期。

王晓毅：《资源独享的村庄集体经济》，《北京行政学院学报》1999 年第

3 期。

王亚新：《"四化同步"下的农村土地经营模式探索——基于广东湛江的实践》，《经济地理》2015 年第 8 期。

文贯中：《市场畸形发育、社会冲突与现行的土地制度》，《经济社会体制比较》2008 年第 2 期。

吴毅：《从革命到后革命：一个村庄政治运动的历史轨迹——兼论阶级话语对于历史的建构》，《学习与探索》2003 年第 2 期。

武力：《农业合作化过程中合作社经济效益剖析》，《中国经济史研究》1992 年第 4 期。

冼润洪、梁祥发：《推行股份合作制再造顺德农村集体经济发展新优势》，《南方农村》1997 年第 6 期。

谢理、邓毛颖：《多方共赢的农村集体土地留用地开发新模式探讨——以广州市外围区为例》，《华南理工大学学报》（社会科学版）2015 年第 1 期。

辛逸：《制度"创新"与农村人民公社的缘起》，《山东师范大学学报》（人文社会科学版）2003 年第 6 期。

徐勇、沈乾飞：《市场相接：集体经济有效实现形式的生发机制》，《东岳论丛》2015 年第 3 期。

徐勇、赵德健：《创新集体：对集体经济有效实现形式的探索》，《华中师范大学学报》（人文社会科学版）2015 年第 1 期。

许兴亚、贾轶等：《我国社会主义新农村建设的榜样——河南省竹林镇、刘庄村、南街村集体经济考察报告》，《马克思主义研究》2008 年第 7 期。

叶显恩、周兆晴：《沙田开发与宗族势力》，《珠江经济》2008 年第 1 期。

叶显恩、周兆晴：《珠三角宗族制与农业耕作系统》，《珠江经济》2007 年第 12 期。

叶扬兵：《1956—1957 年合作化高潮后的农民退社风潮》，《南京大学学报》（哲学·人文科学·社会科学版）2003 年第 6 期。

于幼军：《中国农村股份合作经济初探》，《管理世界》1992 年第 4 期。

余盛珍：《潮汕地区农业合作化运动与农村社会研究（1953—1957）》，硕士学位论文，华南农业大学，2016 年。

张晖、于金富：《新时代创新农村集体经济实现形式的理论探索和实践反思》，《毛泽东思想研究》2018 年第 6 期。

张晓玲：《新中农在农业合作化运动中的心态分析（1952—1956）》，《历史教学》2010 年第 8 期。

张旭、隋筱童：《我国农村集体经济发展的理论逻辑、历史脉络与改革方向》，《当代经济研究》2018 年第 2 期。

赵伟：《工业化与城市化：沿海三大区域模式及其演化机理分析》，《社会科学战线》2009 年第 11 期。

赵伟鹏：《实行土地私有化解决农民增收问题》，载于《WTO 与我国农业系列研讨会论文集》，2001 年。

赵宇霞、褚尔康：《对我国农村集体经济法律规范的思考》，《毛泽东邓小平理论研究》2014 年第 5 期。

折晓叶、陈婴婴：《产权怎样界定——一份集体产权私化的社会文本》，《社会学研究》2005 年第 4 期。

折晓叶：《村庄边界的多元化——经济边界开放与社会边界封闭的冲突与共生》，《中国社会科学》1996 年第 3 期。

折晓叶：《"田野"经验中的日常生活逻辑：经验、理论与方法》，《社会》2018 年第 1 期。

郑清波：《中国当代社会史研究的问题意识与整体观念》，《河北学刊》2012 年第 2 期。

郑沃林、谢昊等：《经济快速发展地区的留用土地开发模式与效益分析：基于广州的实地调研》，《农业部管理干部学院学报》2017 年第 3 期。

郑艳婷、刘盛和等：《试论半城市化现象及其特征——以广东省东莞市为例》，《地理研究》2003 年第 6 期。

"中国经济体制改革研究会"课题组：《广东中山市探索社会主义商品经济新体制的实践》，《改革》1992 年第 2 期。

周锦廷：《探索特区农村集体经济新模式》，《广东经济》1993 年第 3 期。

邹东涛：《对农村集体经济的"再认识"》，《中国农村经济》1985 年第 6 期。

三　档案资料

1. 龙瑞村藏立册档案（共 11 册）

《龙瑞大队第一生产队阶级成分登记表》，1966 年，独立成册。

《龙瑞大队第二生产队阶级成分登记表》，1966 年，独立成册。

《龙瑞大队第三生产队阶级成分登记表》，1966 年，独立成册。

《龙瑞大队第四生产队阶级成分登记表》，1966 年，独立成册。

《龙瑞大队第五生产队阶级成分登记表》，1966 年，独立成册。

《龙瑞大队第六生产队阶级成分登记表》，1966 年，独立成册。

《龙瑞大队第七生产队阶级成分登记表》，1966 年，独立成册。

《龙瑞大队第八生产队阶级成分登记表》，1966 年，独立成册。

《退还各村民借款合同资料》，2001 年，卷宗号：A4. 6 – 2001 – 2。

溪角刘氏宗祠修缮筹备委员会编：《溪角刘氏族谱表册》，2009 年。

《关于龙瑞村集体的民事纠纷案件资料（1992 – 2010）》，卷宗号：122. 58 –
　A – 2010 – 226。

　　2. 龙瑞村藏会计档案（共 167 卷）

《龙瑞大队会计报表》（1958—1983 年），卷宗号：D1. 1 – 1 至 D1. 1 – 20。

《龙瑞乡会计报表》（1984—1988 年），卷宗号：D1. 1 – 21 至 D1. 1 – 25。

《龙瑞大队年终收支分配决算表》（1958—1983 年），卷宗号：D1. 1 – 1 –
　1958 至 D1. 1 – 20 – 1983。

《龙瑞年终决算收益分配表》（1984—1999 年），卷宗号：D1. 1 – 21 –
　1984 至 D1. 1 – 36 – 1999。

《2007 年度财务收支及资产负债的审计报告》，卷宗号：D1. 1 – 170 – 2007
　– 2。

《2013 年龙瑞村年终收益分配方案》，卷宗号：D1. 3 – 1 – 2014 – 1。

《2014 年龙瑞村农田发包情况台账》，卷宗号：122. 58 – D – 3 – 2014 – 1。

《2014 年龙瑞村土地租赁情况台账》，卷宗号：122. 58 – D – 3 – 2014 – 2。

《2014 年龙瑞物业租赁情况台账》，卷宗号：122. 58 – D – 3 – 2014 – 3。

《2014 年 4 月份农产品市场租金应收明细计提》，卷宗号：122. 58 – D – 3 –
　2014 – 4。

《2014 年 4 月份龙瑞国际服装城租金应收明细计提》，卷宗号：122. 58 – D –
　3 – 2014 – 5。

《2014 年 4 月财务收支情况公布表》，卷宗号：122. 58 – D – 3 – 2014 – 6。

　　3. 龙瑞村藏文书档案（共 162 卷）

《1955 年龙瑞乡编册串田亩、产量、人口校对书》，卷宗号：A12. 1 – 1 –
　1955 – 1。

《1955 年起隆村作物分类统计表》，卷宗号：A12.1－1－1955－3。

《1955 年芳瑞村作物分类统计表》，卷宗号：A12.1－1－1955－4。

《1955 年农税征收清册封面》，卷宗号：A12.1－1－1955－5。

《龙瑞乡 1956 年收支分配决算年报表》，卷宗号：A12.1－2－1956－1。

《龙瑞乡 1956 年农业社社员分配粮审核表》，卷宗号：A12.1－3－1956－1。

《龙瑞大队历年五业发展一览（1956—1976）》，卷宗号：A4.2－1。

《龙瑞大队历年经济收支分配情况表（1956—1976）》，卷宗号：A4.2－2。

《龙瑞农业社 1957 年农业税年报表》，卷宗号：A12.1－4。

《龙瑞农业社 1957 年财务收支决算明细分录》，卷宗号：A12.1－5。

《1957 年农业税计税面积产量及 1957 年农业实收入调查登记表》，卷宗号：A12.1－4－1957－1。

《1958 年第 1—10 队三包核算表》，卷宗号：A12.1－6－1958－8。

《1958 年度收入分配情况表》，卷宗号：A12.1－6－1958－3。

《1958 年三包总计表》，卷宗号：A12.1－6－1958－9。

《1961 年龙瑞大队各生产队年终分配综合汇总》，卷宗号：A12.1－7－1961－2。

《1961 年龙瑞大队决算分配表》，卷宗号：A12.1－7－1961－1。

《1962 年龙瑞大队年终决算分配统计表》，卷宗号：A12.1－8－1962－1。

《1962 年溪角公社各大、小队现金分配方案统计表》，卷宗号：A12.1－8－1962－2。

《1962 年公社大队企业收益分配表，卷宗号：A12.1－8－1962－6。

《龙瑞大队 1964 年大队企业、生产队年终决算方案统计表》，卷宗号：A12.1－10－1964－2。

《龙瑞大队 1965 年年终分配决算补充资料》，卷宗号：A12.1－11－1965－4。

《龙瑞大队 1965 年年终分配决算收支表》，卷宗号：A12.1－11－1965－2。

《龙瑞大队 1965 年年终分配决算统计表》，卷宗号：A12.1－11－1965－1。

《龙瑞大队年终分配方案》（1966—1981），卷宗号：A12.1－12－1966 至 A12.1－27－1981。

《1968 年度各生产队农业生产情况统计表》，卷宗号：A12.1－14－1968－1。

《1974 年龙瑞大队拨出土地与涌边大队》，卷宗号：A12.1－20－1974－1。

《1974 年龙瑞大队拨出土地与龙头环大队》，卷宗号：A12.1－20－1974－2。

《1976 年龙瑞大队固定资产总值统计表》，卷宗号：A12.1－22－1976－1。

《1975 年与 1976 年五业收支及分配比较表》，卷宗号：A12. 1 – 22 – 1976 – 4。

《1977 年龙瑞大队夏收主要经济收支比较表》，卷宗号：A12. 1 – 23 – 1977 – 1。

《1978 年上半年龙瑞大队工副业情况统计表》，卷宗号：A12. 1 – 24 – 1978 – 2。

《1978 年龙瑞大队早造预分核算表》，卷宗号：A12. 1 – 24 – 1978 – 1。

《1978 年龙瑞大队债权债务情况》，卷宗号：A12. 1 – 24 – 1978 – 6。

《1978 年龙瑞大队人口、劳动力基本情况》，卷宗号：A12. 1 – 24 – 1978 – 7。

《1979 年工副业单位人数与工分数统计表》，卷宗号：A12. 1 – 25 – 1979 – 4。

《1979 年上半年龙瑞大队工副业情况报表》，卷宗号：A12. 1 – 25 – 1979 – 3。

《1990 年龙瑞村支部中国共产党员名册》，卷宗号：A12. 1 – 48 – 1990 – 13。

《1991 年农业收益分配方案》，卷宗号：A12. 1 – 49 – 1991 – 2。

《1991 年收益分配汇总表》，卷宗号：A12. 1 – 49 – 1991 – 3。

《1991 年龙瑞经济联合社登记表》，卷宗号：A12. 1 – 49 – 1991 – 4。

《历任党支部书记名表》《历任主任名表》，卷宗号：A12. 1 – 50 – 1994 – 14。

《1992 年度转让土地补偿款分配细则》，卷宗号：A12. 1 – 50 – 1992 – 2。

《关于龙瑞村等申请用（征）地减免农业税的通知》（中计〔1993〕48
号），卷宗号：A12. 1 – 51 – 1993 – 1。

《关于市国土局等征（使用）地减免农业税的通知》（中计〔1993〕154
号），卷宗号：A12. 1 – 51 – 1993 – 2。

《1993 年关于"龙瑞治安巡逻队"成立及其管理费收取通知》，卷宗号：
A12. 1 – 51 – 1993 – 7。

《1991—1993 年度龙瑞土地征地补偿款清理情况统计表》，卷宗号：A12. 1 –
51 – 1993 – 9。

《1994 年中山市农村土地经营使用制度情况调查表》，卷宗号：A12. 1 – 52 –
1994 – 10。

《1994 年农田排灌闸及控制房搬迁重建补偿协议》，卷宗号：A12. 1 – 52 –
1994 – 13。

《1994 年乡镇企业基本情况过录表》，卷宗号：A12. 1 – 52 – 1994 – 5。

《1995 年龙瑞村关于加强对出租房屋的管理规定》，卷宗号：A12. 1 – 53 –
1995 – 17。

《1995 年治安保卫委员会治安工作专业承包责任制人员名册》，卷宗号：
A12. 1 – 53 – 1995 – 12。

《1996 年年终工作总结》，卷宗号：A12. 1 – 82 – 1996 – 6。

《关于 105 国道石岐过境公路征地减免农业税通知》（1996 年），卷宗号：A12.1 – 82 – 1996 – 2。

《关于沙溪镇征地减免农业税通知》（1996 年），卷宗号：A12.1 – 82 – 1996 – 1。

《1996 年农村特困户登记表》，卷宗号：A12.1 – 82 – 1996 – 7。

《1996 年龙瑞村归侨家庭情况登记表》，卷宗号：A12.1 – 82 – 1996 – 9。

《1996 年农村干部退休通知书（刘建群)》，卷宗号：A12.1 – 82 – 1996 – 15。

《1997 年龙瑞管理区年终总结》，卷宗号：A12.1 – 86 – 1997 – 1。

《1997 年龙瑞村合作医疗章程》，卷宗号：A12.1 – 86 – 1997 – 8。

《1997 年清退华侨私房合约》，卷宗号：A12.1 – 86 – 1997 – 18。

《1997 年农村经营管理调查表》，卷宗号：A12.1 – 86 – 1997 – 19。

《1997 年龙瑞管理区建设"五个好"工作总结》，卷宗号：A12.1 – 86 – 1997 – 2。

《龙瑞村民政工作为民解难服务实施细则》，卷宗号：A12.1 – 86 – 1997 – 20。

《龙瑞党支部三年工作总结（1997—1999 年)》，卷宗号：A12.1 – 112 – 1999 – 4。

《1999 年龙瑞村户口管理暨年终再分配等细则》，卷宗号：A12.1 – 112 – 1999 – 1。

《1999 年龙瑞村工作总结》，卷宗号：A12.1 – 112 – 1999 – 6。

《1999 年龙瑞村代表会议记事簿》，卷宗号：A12.1 – 112 – 1999 – 7。

《1999 年集体收益分配调查表》，卷宗号：A12.1 – 112 – 1999 – 2。

《沙溪镇龙瑞村延长土地承包期、建立土地经营收益分配制度工作方案（草案)》，卷宗号：122.58 – A – 1999 – 45。

《2000 年巡逻队治安保卫工作岗位责任奖惩办法》，卷宗号：A12.1 – 113 – 2000 – 30。

《沙溪镇农村干部工作岗位责任制奖励办法》，卷宗号：A12.1 – 113 – 2000 – 18。

《2000 年龙瑞村上半年工作总结》，卷宗号：A12.1 – 113 – 2000 – 3。

《2000 年土地经营收益再分配明细表》，卷宗号：A12.1 – 113 – 2000 – 19。

《龙瑞村委会 2001 年工作总结及 2002 年工作计划》，卷宗号：A12.1 – 114 – 2001 – 14。

《2001 年龙瑞经济联合社收益分配统计表》，卷宗号：A12.1 - 114 - 2001 - 21。

《中山市富都汽车修配厂资产转让协议》（2001 年），卷宗号：A12.1 -
　　114 - 2001 - 9。

《龙瑞村全体党员村民（股东）代表大会有关本村股份经济联合社股权界
　　定补充规定》，卷宗号：A12.1 - 127 - 2003 - 2。

《沙溪镇龙瑞村股份合作社经济联合章程实施细则》，卷宗号：A12.1 -
　　125 - 2003 - 1。

《沙溪镇龙瑞村股份合作社经济联合章程》，卷宗号：A12.1 - 125 - 2003 - 2。

《2004 年沙朗地区禾田公开投标承包耕地公示》，卷宗号：A12.1 - 137 -
　　2004 - 1。

《2005 年隆都医院与龙瑞村委会置换房地产权的协议书》，卷宗号：
　　A12.1 - 138 - 2005 - 9。

《2005 年龙瑞村治安工作总结》，卷宗号：122.58 - A - 2005 - 24。

《龙瑞村委会 2002 年至 2004 年工作总结》，卷宗号：122.58 - A - 2005 - 358。

《关于龙瑞村村民参加农村基本养老保险、农村医疗保险的有关规定》，
　　卷宗号：122.58 - A - 2006 - 6。

《2006 年构建和谐新型农村》，卷宗号：122.58 - A - 2006 - 13。

《龙瑞村两委明确思路、扎实推进新农村建设》，卷宗号：122.58 - A -
　　2007 - 183。

《2007 年度龙瑞村工作总结》，卷宗号：122.58 - A - 2007 - 184。

《2007 年有关集体资产经营情况向人大办回复》，卷宗号：122.58 - A -
　　2007 - 110。

《2007 年关于加强农村集体自留用地管理的补充意见》（沙府办〔2007〕
　　74 号），卷宗号：122.58 - A - 2007 - 45。

《关于刘乃成〈致镇政府、龙瑞村民公开信〉的复查报告》，卷宗号：
　　122.58 - A - 2007 - 70。

《2008 年土地经营收益再分配公布表》，卷宗号：122.58 - 2008 - 60。

《2008 年关于征地补偿款分配方案的请示》，卷宗号：122.58 - 2008 - 8。

《2008 年岐江公路改建工程（龙瑞村）征地补偿协议书》，卷宗号：
　　122.58 - 2008 - 320。

《2008 年龙瑞村土地证、房产证明细表》，卷宗号：122.58 - A - 2008 - 213。

《印发〈关于农村两委干部退休的管理规定（试行）〉的通知》（沙委办

〔2008〕26 号），卷宗号：122.58 – 2008 – 56。

《2008 年度沙溪镇龙瑞村"两委"班子工作总结》，卷宗号：122.58 – A –
2008 – 54。

《2008 年度沙溪镇新型农村合作医疗章程》，卷宗号：122.58 – A – 2008 – 62。

《2008 年龙瑞股份合作经济联合社收益分配审核表》，卷宗号：122.58 –
2009 – 22。

《龙瑞村村民（股东）代表大会村务审议表决会议记录》，卷宗号：
122.58 – A – 2009 – 24。

《2009 年沙朗农田招投标公示》，卷宗号：122.58 – A – 2009 – 55。

《2009 年中山市龙瑞村农民居住小区建设》，卷宗号：122.58 – A – 2009 – 31。

《2009 年龙瑞村建设及绿化情况统计表》，卷宗号：122.58 – A – 2009 – 58。

《2009 年广东沙溪龙瑞小商品市场工程项目绩效自评报告》，卷宗号：
122.58 – A – 2009 – 30。

《龙瑞村 2010 年工作总结及 2011 年工作计划》，卷宗号：122.58 – A –
2010 – 62。

《2010 年关于征地补偿款分配方案请示》，卷宗号：122.58 – A – 2011 – 233。

《2010 年度龙瑞股份合作经济联合社收益分配审核表》，卷宗号：122.58 – A –
2011 – 234。

《2010 年龙瑞村村务审议表决内容》，卷宗号：122.58 – A – 2011 – 14。

《关于印发〈沙溪镇农村集体征用、转让土地补偿款管理办法〉的通知》
（中沙府〔2011〕1 号），卷宗号：122.58 – A – 2011 – 30。

《龙瑞村村民（股东）代表大会村务审议会议记录》，卷宗号：122.58 – A –
2011 – 7。

《〈沙溪镇农村集体征用、转让土地补偿款管理办法〉的补充规定》，卷宗
号：122.58 – A – 2011 – 31。

《2012 年关于省道 S268 线龙瑞村段征地留用地指标折现的申请》，卷宗
号：122.58 – A – 2012 – 60。

《2012 年关于适当提高征地农村自留用地指标的建议》，卷宗号：122.58 – A –
2012 – 63。

《龙瑞村党员、村民（股东）代表联席会议村务审议表决会议记录》，卷
宗号：122.58 – A – 2012 – 35。

《龙瑞村党员、村民（股东）代表联席会议村务审议表决会议记录》，卷

宗号：122.58 - A - 2012 - 36。

《关于举办龙瑞国际小商品市场开业庆典的请示》，卷宗号：122.58 - A -
2013 - 65。

《龙瑞村党员、村民（股东）代表联席会议村务审议表决会议记录》，卷
宗号：122.58 - A - 2013 - 2。

《2013 年关于龙瑞国际小商品市场租金计收面积的公示》，卷宗号：
122.58 - A - 2013 - 160。

《关于调整沙溪镇农村退休干部福利待遇的意见》（中沙委〔2013〕21
号），卷宗号：122.58 - A - 2013 - 57。

《2013 年关于沙溪镇龙瑞村股份合作经济联合社"三旧"改造项目建筑密
度调整的请示及批复》，卷宗号：122.58 - A - 2013 - 13。

《龙瑞村委会 2014 年工作总结与 2015 年工作计划》，卷宗号：122.58 - A -
2014 - 174。

《2014—2016 年龙瑞村两委班子述职报告》，卷宗号：122.58 - A - 2016 - 2。

《小榄快线（龙瑞村）征地留用地货币折现补偿合同（二）》，卷宗号：
122.58 - A - 2016 - 43。

《小榄快线（龙瑞村）征地留用地货币折现补偿合同（二）》，卷宗号：
122.58 - A - 2016 - 44。

《国道 G105 线中山沙朗至古鹤段改建工程（沙溪龙瑞村）征地和留用地
补偿合同及图纸》，卷宗号：122.58 - A - 2016 - 45。

　　4. 龙瑞村藏土地档案（共 53 卷）

《村级土地征用档案》（1980—2016 年），卷宗号：122.58 - H（1 - 26）。

《1959 年龙瑞大队转让土地收据凭证》，卷宗号：H - 1 - 1959 - 13。

《1986 年土地使用协议书》，卷宗号：H - 1 - 1986 - 12。

《1986 年临时建筑工程报建批复通知书》，卷宗号：122.58 - H - 1 - 1986 - 5。

《1987 年广东私人建房申请宅基地施工队伍报建证》，卷宗号：122.58 -
H - 1 - 1987 - 13。

《关于中山市咀香园食品总厂征地建厂房的批复》（中国土征复〔87〕240
号），卷宗号：H - 2 - 1987 - 32。

《1988 年龙瑞村减免国家粮食任务核算表》，卷宗号：H - 3 - 1988 - 40。

《1988 年海兴公司征地协议书》，卷宗号：H - 3 - 1988 - 110。

《1988 年龙瑞村与咀香园土地换变压器协议书》，卷宗号：122.58 - H -

1988 – 87。

《关于咀香园威化厂征地建厂房的批复》（中国土征复〔88〕110 号），卷宗号：H – 3 – 1988 – 80。

《咀香园食品总厂等八间厂征地减免任务的通知》（中计〔88〕66 号），卷宗号：H – 3 – 1988 – 88。

《市粮食局饲料厂等单位征地减免粮食任务通知》（中计〔88〕40 号），卷宗号：H – 3 – 1988 – 84。

《1989 年富华道建设用地协议书》，卷宗号：H – 4 – 1989 – 52。

《石岐过境线（105 国道）征用土地及作物补偿协议书》，卷宗号：H – 7 – 1992 – 1。

《石岐过境线（105 国道）租用土地协议书》，卷宗号：H – 7 – 1992 – 2。

《1999 年沙溪建委转让"鸭仔塘"土地欠据》，卷宗号：H – 8 – 1999 – 3。

《2000 年关于富华道改造（105 国道平交）渠化口征地的请示》（中公用请〔2000〕73 号），卷宗号：H1 – 22 – 2000 – 11。

《2002 年沙溪镇人民政府转让龙瑞村"沙岗塘"土地使用权转让协议》，卷宗号：H1 – 21 – 2002 – 16。

《2003 年关于沙溪镇龙瑞村请求减免用地规费的申请和批示》，卷宗号：H1 – 22 – 2003 – 22。

《2003 年建设用地缴款通知书》，卷宗号：H1 – 22 – 2003 – 23。

《2004 年征用土地情况调查表》，卷宗号：H1 – 23 – 2004 – 1。

《2004 年沙溪镇人民政府征用龙瑞村"沙岗塘"土地作道路用地使用补偿协议、图纸》，卷宗号：H1 – 21 – 2004 – 26。

《2006 年关于使用土地指标的协议》，卷宗号：H1 – 22 – 2006 – 31。

《2008 年关于协助办理留用地的申请》，卷宗号：H1 – 22 – 2008 – 28。

《2006 年关于购买用地指标的请示》，卷宗号：H1 – 24 – 2006 – 18。

四　地方志

广东省地方史志编纂委员会编：《广东省志·农业志》，广东人民出版社2002 年版。

广东省地方史志编纂委员会编：《广东省志·经济综述》，广东人民出版社 2004 年版。

广东省地方史志编纂委员会编：《广东省志·粮食志》，广东人民出版社

1996 年版。

中山市地方志编纂委员会编：《中山市志》，广东人民出版社 1997 年版。

中山市地方志编纂委员会编：《中山市志（1979—2005）》，广东人民出版社 2012 年版。

中山市沙溪镇人民政府编：《沙溪镇志》，花城出版社 1999 年版。

五　访谈资料

蓝叔，云汉村普通村民，编号：2017 – 12 – 03。

刘×源，村民代表，编号：2017 – 07 – 08。

刘×柱，村两委退休干部，编号：2017 – 07 – 06。

刘×富，原村两委委员，编号：2017 – 12 – 29。

刘×洲，种田大户，编号：2018 – 01 – 03。

刘×潮，退休教师，编号：2017 – 07 – 08。

刘×朝，曾任雅登制衣厂报关员，编号：2017 – 07 – 10。

刘×安，退休干部，编号：2017 – 07 – 11。

刘×源，现任村书记，编号：2017 – 07 – 06。

刘×江，现任党委副书记，编号：2017 – 07 – 12。

刘×，现任团委书记，编号：2017 – 07 – 16。

刘×光，前任村书记，编号：2017 – 07 – 18。

张阿姨，普通村民，编号：2017 – 07 – 23。

汤×卿，集体时代的老会计，编号：2018 – 01 – 04。

王×波，村民代表、龙瑞国际服装城管理办公室主任，编号：2017 – 07 – 09。

六　网络资源

http：//www. 360doc. com/content/15/0121/00/8378385 ＿ 442447050. shtml，《中华人民共和国土地管理法（1988 年修订）》。

https：//baike. baidu. com/item/广东省征地管理规定/14468840？fr ＝ aladdin，《广东省征地管理规定》。

http：//mobile. zscgzf. gov. cn/display. php？id ＝ 7764&fid ＝ 99，《中山市人民政府办公室关于印发中山市征收农村集体土地留用地管理办法的通知》，2018 年 10 月 15 日。

索　引

后　记

距离博士毕业已经三年半了，在博士论文即将出版之际，导师杨国安老师当时善意的提醒在耳边响起："你的博士论文一定要花大力气认真写！不得马虎！因为它很有可能是你在学术界的第一本专著！"如今，杨老师的预言成为现实，这本依托博士论文修改而来的"人生首部专著"到底是自己学术之路的垫脚石还是绊脚石，自己内心是有些忐忑的。但本书从最初的田野调研、资料收集、数据整理、框架建构、论文撰写和修改，以及出版前的调整与润色、数据核对等，整个过程我尽力做到"勤、慎、精、细"。

个人的努力付出是应然的，实际上本书能够如此顺利出版，离不开师友、家人、朋友、乡镇领导，尤其是龙瑞村村组干部和村民的大力支持。

围绕博士论文，本人三次驻村调研。每天烦请已有身孕的阿婷爬楼打开档案室的门禁；超时下班或加晚班的时候会叨扰村委会门卫叔叔，但他从未抱怨，还很热情地带我去当地家禽批发市场转转；遇档案材料中不懂之处，老干部达叔总是耐心解释；团支部书记阿权尽可能地帮忙联系访谈对象，几乎是有求必应；两位德高望重的村书记也尽量抽出时间为我答疑解惑，毫不遮掩地将村庄历史、村级档案和现实问题向这个"陌生的博士生"开放！总之，驻村调研的细节，如今历历在目！

读博期间，有幸多次参与中国乡村治理研究中心的田野调研，在集体调研、集体研讨中收获经验质感、创作灵感；每晚与师友一起暴走东湖锻炼身体、放松身心，让枯燥且漫长的博士论文写作过程有了节奏感，不至于那么焦虑；家人们一路支持，尤其是孩子早产出生后，爷爷奶奶悉心照料"头孙"，免去了太多后顾之忧，让我能够将有限的精力投入到本书出版工作之中。总之，感谢师友、家人们在背后默默付出！同时，本书由湖南师范大学林增平基金资助出版，特此感谢！

作为中国特色社会主义经济的重要组成部分，农村集体经济在中国有着极其重要的意义和理论价值。后集体化时代不同地区农村集体经济的实践逻辑，尤其是东部沿海地区部分农村集体经济的发展路径，正在以新的形式重构社会主义在农村场域实现"共同富裕"的理想。当然，源自发达地区的经验在多大程度上适应欠发达的中西部农村、"先进经验"的推广需要怎样的历史条件、"先进经验"在未来面临哪些深层次的矛盾，等等问题，是自己未来学术研究的重心，本书仅仅只是自己研究的起点。

路漫漫其修远兮，吾将上下而求索。

孙　敏

2024 年 1 月